Ma vie parmi les morts

Catalogage avant publication de Bibliothèque et Archives nationales du Québec et Bibliothèque et Archives Canada

Williams, Lisa, 1973-
    Ma vie parmi les morts
    Traduction de: Life among the dead.
    ISBN 978-2-89436-392-8
    1. Williams, Lisa, 1973-   2. Médiums - États-Unis - Biographies.   I. Titre.
BF1283.W56A3 2013   133.9'1092   C2013-940289-6

Nous reconnaissons l'aide financière du gouvernement du Canada par l'entremise du Fonds du livre du Canada (FLC) pour nos activités d'édition.

Nous remercions la Société de développement des entreprises culturelles du Québec (SODEC) pour son appui à notre programme de publication.

Gouvernement du Québec - Programme de crédit d'impôt pour l'édition de livres - Gestion SODEC - www.sodec.gouv.qc.ca

© 2008 par Lisa Williams. Publié originalement par la maison Simon Spotlight Entertainment sous le titre *Life Among the Dead*.

Traduction : Alain Williamson
Infographie de la couverture : Marjorie Patry
Mise en pages : Josée Larrivée
Révision linguistique : Amélie Lapierre
Correction d'épreuves : Michèle Blais

Éditeur :   Les Éditions Le Dauphin Blanc inc.
                 Complexe Lebourgneuf, bureau 125
                 825, boulevard Lebourgneuf
                 Québec (Québec) G2J 0B9 CANADA
                 Tél. : 418 845-4045   Téléc. : 418 845-1933
                 Courriel : info@dauphinblanc.com
                 Site Web : www.dauphinblanc.com

ISBN : 978-2-89436-392-8

Dépôt légal :   2ᵉ trimestre 2013
                 Bibliothèque nationale du Québec
                 Bibliothèque nationale du Canada

Limites de responsabilité

L'auteure et l'éditeur ne revendiquent ni ne garantissent l'exactitude, le caractère applicable et approprié ou l'exhaustivité du contenu de ce programme. Ils déclinent toute responsabilité, expresse ou implicite, quelle qu'elle soit

Lisa Williams

Ma vie parmi les morts

Traduit de l'anglais par Alain Williamson

Le Dauphin Blanc

Avertissement

Les noms et les détails permettant d'identifier certaines personnes figurant dans ce livre ont été modifiés.

Ce livre est dédié au légendaire Merv Griffin, mon ange personnel.

J'ai rencontré Merv pour la première fois en juin 2004. Je n'imaginais pas, à ce moment-là, que cet homme merveilleux, chaleureux et dévoué changerait à jamais le cours de ma vie. Il m'a accompagnée dans toutes les étapes de mon cheminement, me guidant et me réconfortant inlassablement. Je n'oublierai jamais sa générosité.

Merv est décédé en août 2007 alors que je rédigeais cet ouvrage. Il m'a aidée à finaliser la rédaction de mon livre, et je peux vous assurer qu'il est encore avec moi depuis. Merv m'avait déjà dit que, même lorsqu'il ne serait plus de ce monde, il continuerait de soutenir la production de mon émission de télévision. Et il a tenu sa promesse.

Je tiens à te remercier, Merv, du fond de mon cœur, pour tout ce que tu as fait pour moi et ma famille. Nous t'aimons et nous sommes choyés de t'avoir connu.

Table des matières

Chapitre 1

Les intrus

J'avais trois ans lorsque j'ai vu pour la première fois des gens décédés.

Nous vivions dans un petit appartement de Birmingham, au cœur de l'Angleterre. C'était le premier véritable foyer de notre famille. J'ai vite découvert que nous n'étions pas seuls dans ce logement. D'étranges visages, semblables à des ballons et étrangement transparents, traversaient les murs de ma chambre en flottant dans les airs. Comme ils paraissaient légèrement gonflés comme des ballons remplis d'air, ils avaient une « drôle » d'apparence. En vérité, ce n'était pas amusant du tout.

Je suis allée retrouver mes parents pour leur parler de ça.

« Il y a des gens dans les murs de ma chambre, leur dis-je simplement.

– Qui sont-ils ? demanda ma mère.

– Je ne sais pas qui ils sont. Il y en a plusieurs. »

Maman me prit par la main et me ramena à ma chambre.

« Où sont-ils ? me demanda-t-elle.

– Eh bien, ils sont partis, mais ils étaient ici il y a une minute.

– Tu inventes tout cela.

– Non, me défendis-je.

– Qui sont-ils alors ? insista ma mère.

– Je ne sais pas. Ce sont simplement des gens. Certains ressemblent à des clowns.

– Des clowns ? Tout cela est dans ton imagination. Retourne dans ton lit. »

La nuit suivante, les visages étaient de retour. Je suis allée au salon et j'ai catégoriquement refusé de retourner dans ma chambre. Mes parents s'apprêtaient à se mettre au lit à leur tour et ils appréhendaient une autre nuit de sommeil écourtée. Mon père me jeta un regard furieux et quitta la pièce.

« Si tu veux passer la nuit sur le sofa, libre à toi, mais moi, je vais dormir », dit-il.

Je le fixai, même lorsqu'il éteignit la lumière et me laissa dans le noir. Quelques minutes plus tard, se sentant coupable, il revint au salon et me trouva encore assise à la même place et le fixant toujours. Je n'avais pas bougé d'un centimètre.

« Pourquoi donc es-tu une enfant aussi provocatrice ? soupira-t-il.

– Qu'est-ce que ça veut dire *provocatrice* ? » demandai-je d'un air renfrogné.

Sans dire un mot, il me prit dans ses bras et me ramena dans ma chambre. D'un mouvement ferme, il me déposa lourdement sur mon lit et quitta la pièce précipitamment, toujours sans rien dire.

Au cours des mois suivants, la scène se répéta parfois deux ou trois fois par semaine. Une collection infinie de visages émergeait des murs de ma chambre. Ils semblaient vaporeux, comme des fantômes. Ils m'observaient pendant un instant ou deux et essayaient même à certains moments de m'agripper, puis ils se volatilisaient. Quelques-uns s'adressaient à moi, mais je n'arrivais jamais à saisir ce qu'ils voulaient me communiquer. J'en étais plutôt effrayée.

« Que disent-ils ? me demanda un jour ma mère.

– Je ne sais pas. Il y en a une, parmi eux, qui passe par l'ampoule et qui essaie de me tirer les cheveux.

– Par l'ampoule ?

– Je ne vois que son bras.

– Et comment sais-tu que c'est une fille ?

– Je ne sais pas, dis-je en haussant les épaules. Je ne pense pas que les garçons tirent les cheveux. »

Exaspérés, mes parents décidèrent d'aménager pour moi une chambre dans la seule pièce libre de notre appartement. La même nuit, les visages étaient de retour : des hommes âgés aux os saillants, des garçons à l'allure angélique, de vieilles dames, des filles minces aux joues très pâles. J'ai accouru vers ma mère et je l'ai tirée jusqu'à ma nouvelle chambre pour qu'elle voie, elle aussi, les visages, mais ils n'y étaient plus.

« Il n'y a rien ici, dit ma mère. Ce n'est que ton imagination qui te joue des tours. Couche-toi et dors. »

Après m'avoir enroulée dans les couvertures, elle se coucha près de moi jusqu'à ce que je m'endorme.

Certaines nuits, j'étais effrayée. Je suppliais les visiteurs indésirables de me laisser tranquille. Je restais dans mon lit, la tête sous les couvertures, souhaitant qu'ils partent s'ils ne me voyaient pas. D'autres nuits, je leur criais mon refus : « Allez-vous-en ! C'est ma chambre ! Je ne vous aime pas ! »

Même si mes agissements les rendaient soucieux, mes parents restaient convaincus que tout cela était le fruit d'une imagination débordante. Consulter un thérapeute n'était pas une option dans ma famille. Nous ne démontrions jamais vraiment nos sentiments. Il faut dire que ces épisodes se sont déroulés il y a plus de 35 ans. Les thérapies étaient alors peu populaires dans mon entourage. Mes parents ont donc dû composer avec mes complaintes qu'ils décidèrent d'ignorer, ce qui porta des fruits ! Dès que je mentionnais avoir vu des visages, mes parents détournaient leur regard et poursuivaient leur activité. Avec le temps, prenant exemple sur mes parents, je cessai de parler des esprits et je les ignorai. Ils venaient toujours me voir, mais ils ne me dérangeaient plus.

À la même époque, j'ai aussi commencé à ignorer mes parents – du moins, c'est ce que je semblais faire.

« Lisa, je te parle ! M'écoutes-tu ? »

Je levais les yeux et délaissais pour un moment mes jouets sur le plancher.

« Quoi ? demandais-je.

– Qu'est-ce qui ne va pas ? Serais-tu sourde ? »

Il s'avéra en effet que je n'entendais presque pas. Inconsciemment, j'avais compensé mes problèmes d'ouïe en lisant sur les lèvres des gens qui s'adressaient à moi. J'ai sans doute dû me servir de cette technique dès le début de mon apprentissage du langage. Si je ne regardais pas directement une personne, je n'arrivais jamais à saisir ce qu'elle me disait. J'avais fait face à la même difficulté avec mes visiteurs nocturnes.

Plus tard, lorsque j'eus cinq ans, ma mère m'emmena à l'hôpital pour enfants de Birmingham. Les médecins informèrent ma mère que mes conduits auditifs étaient presque complètement obstrués. Une chirurgie fut nécessaire pour les dégager. Du même coup, on me retira les amygdales et les « adénoïdes », par prévention. Par la suite, je pus entendre parfaitement bien. À l'hôpital, tous les après-midi, à quinze heures, une infirmière m'apportait de la crème glacée. J'aimais tant la crème glacée que je ne voulais plus quitter l'hôpital.

L'été, je jouais sur la grande pelouse devant notre immeuble et j'y attendais la venue du vendeur de crème glacée. Lorsque je l'entendais au loin, je criais vers le troisième balcon : « M'man ! » Quelques minutes plus tard, une pièce de monnaie m'était lancée, tournoyant sur elle-même dans sa descente. J'observais attentivement où elle finissait par atterrir et je la récupérais pour me précipiter vers le vendeur de crème glacée.

À l'exception des visages hantés, la vie était belle, spécialement depuis que nous possédions notre propre demeure. Ma mère, Lorraine, restait à la maison pour prendre soin de moi, tandis que mon père, Vic, était travailleur autonome dans le domaine de la construction. Auparavant, nous avions vécu chez les parents de mon père, Jack et Rosie, dans le quartier West Heath de Birmingham. Mes grands-parents avaient une maison à deux chambres. Derrière s'étalait un grand et magnifique jardin. Inlassablement, je courais de long en large dans le jardin, forçant mes grands-parents à me surveiller. Mon grand-père était toujours dans le jardin à s'occuper de ses plantes, ce qui m'amusait bien.

Durant les hivers froids, je prenais plaisir à faire des combats de balles de neige avec mon père puis à rentrer et à me joindre au reste de la famille réunie autour du foyer.

Je me rappelle particulièrement les mardis soir, parce que tous les mardis, sans exception, maman et mamie Josie sortaient jouer au bingo à la salle du quartier. J'ai alors commencé à surnommer ma grand-mère « Mamie Bingo ».

En 1976, deux ans après que nous ayons emménagé dans notre propre maison, mon frère Christian est né. Je me souviens de ma mère qui revint à la maison avec, dans les bras, cette petite créature tout emmitouflée. J'ai cru – et espéré – que les cris incessants de mon frère feraient fuir les esprits, mais ces derniers ne furent aucunement dérangés par les pleurs et les gémissements d'un bébé. En fait, ils ne semblaient même pas intéressés à lui.

Épuisés de m'entendre me plaindre des visiteurs indésirables, mes parents décidèrent de nous changer de chambre, mon frère et moi. J'allais donc occuper la chambre du bébé et Christian, la mienne. C'est la mère de ma mère, Frances Glazebook, qui paya les frais de la décoration de ma nouvelle chambre. De concert avec mes parents, elle choisit un papier peint à l'effigie d'Holly Hobbie. Holly Hobbie était une petite fille coiffée d'un bonnet bleu. Elle était censée représenter l'innocence de l'enfance. Elle était plutôt jolie, mais elle avait des yeux qui m'effrayaient la nuit. Dorénavant, j'avais à composer avec les esprits et le regard d'Holly Hobbie !

En septembre 1977, je fis mon entrée à la maternelle. J'avais quatre ans. La première journée, maman me conduisit à l'école, mais dès la seconde journée, je fus encouragée à joindre la parade d'enfants qui passait chaque matin devant la maison pour se rendre à l'école. J'ai essayé d'être brave et de suivre le groupe, mais je me suis aperçue que la plupart des enfants de ma classe avaient été accompagnés par leur mère. L'un d'eux avait même apporté des fleurs à notre enseignante. J'étais si en colère que je retournai en courant à la maison.

«Tu es censée m'amener à l'école, dis-je à ma mère en sanglotant. Et tu as oublié les fleurs pour mon enseignante.»

Ma mère et moi avons alors cueilli des fleurs autour de la maison et elle m'a amenée à l'école. J'offris les fleurs à l'institutrice, qui sembla apprécier mon geste, et je m'assis à ma place. J'adorais l'école, mais j'étais plutôt timide et anxieuse. Je nouais difficilement des liens d'amitié avec les autres enfants. La solitude marqua donc ma première année à l'école.

Je m'étais habituée à la visite des esprits intrus, mais je me cachais encore parfois sous les couvertures pour essayer de les ignorer. Un soir, alors que maman m'annonçait que le dîner était servi, un homme à l'allure distinguée, vêtu d'un élégant veston brun et d'un pantalon assorti, apparut dans l'entrée et me suivit à la salle à manger. Cette fois, je ne voyais pas seulement un visage ou un bras ; je voyais l'homme en entier.

« Ne mange pas tes pois, me dit-il.

– Hein ? murmurai-je.

– Si tu manges tes pois, tu vas mourir. Ne les mange pas », reprit l'homme.

Mon père me regarda, perplexe.

« Parles-tu à l'un de tes amis imaginaires ? demanda-t-il.

– Il n'est pas imaginaire, argumentai-je en pointant l'homme esprit. Ne peux-tu donc pas le voir ? »

Mon père regarda dans la direction où je pointais, mais ne vit rien.

« Où ? demanda mon père.

– Là ! Il est debout, juste là !

– Ne mange pas tes pois, répéta l'homme.

– D'accord, répondis-je.

– Je ne vois personne, dit papa.

– Il me dit de ne pas manger mes pois, sinon je vais mourir », avouai-je.

Mes parents pensèrent que j'inventais toute cette histoire parce que je n'aimais pas les pois. C'est vrai que je n'aimais pas les pois, mais il était également vrai que l'homme se tenait près de moi, aussi clair que le jour. Mes parents ne me crurent pas, mais ils n'avaient aucunement le désir d'argumenter avec moi.

« D'accord, dit maman en roulant les yeux. Ne mange pas tes pois. »

Récemment, j'ai découvert que le grand-oncle de mon père mangeait toujours une tarte, des croustilles et des pois pour le *lunch*. Il appert qu'un jour, quelques années avant ma naissance, il s'étouffa avec un pois et mourut. Depuis, j'ai une épouvantable phobie des pois.

À l'époque, mon mets favori – le seul qui m'intéressait vraiment – était un sandwich au fromage. Et même pas grillé ! Juste du fromage entre deux tranches de pain tartinées d'une sorte de mayonnaise avec du raifort.

Un soir, il y avait des tomates dans mon assiette. L'homme est revenu vers moi.

« Ne mange pas les tomates non plus. Tu peux t'étouffer. Évite tout ce qui contient des pépins.

– D'accord, dis-je.

– Quoi ? demanda maman.

– Ce n'est pas à toi que je parlais, répondis-je.

– Il n'y a personne d'autre, insista ma mère.

– Il est juste là, m'man ! Il m'a dit de ne pas manger les tomates.

– Non, c'est faux ! C'est juste une ruse pour ne pas avoir à manger tes légumes. Il est comme ton singe. »

Elle marquait un point, là. J'avais un singe imaginaire que j'avais appelé « Singe ». Je l'emmenais partout, car il était d'agréable compagnie pour discuter. Il était un singe parlant. Nous étions inséparables. Si jamais je l'oubliais, je pleurnichais jusqu'à ce que nous retournions à la maison pour le récupérer.

L'année suivante, celle de mes cinq ans, nous avons déménagé dans une maison à loyer modique, à Tillington Close, dans le secteur de Redditch, à Worcestershire, à quelque trente kilomètres au sud de Birmingham. J'y ai vécu jusqu'à mes dix-neuf ans. C'était une maison jumelée, en briques rouges. Elle comptait trois chambres à coucher, une salle à manger et un grand salon. Devant la maison se trouvait une immense pelouse que nous partagions avec nos voisins immédiats.

J'étais très excitée par ce déménagement. J'ai choisi ma nouvelle chambre. J'espérais que les esprits visiteurs ne me suivraient pas dans notre nouvelle demeure. Mais, dès la première nuit, des visages – différents cette fois – étaient présents. Décidée à prendre un nouveau départ, j'ai tout fait pour les ignorer.

J'ai fait mon entrée à une école tout près de la maison, la Ten Acres First School. Dès le premier jour, je me suis liée d'amitié avec Samantha Hodson. Elle est toujours mon amie au moment d'écrire ce livre. À cause de ma surdité, avant d'être opérée, cette année-là, j'avais un peu de retard à l'école. Je ne lisais pas et n'écrivais pas aussi bien que les autres enfants. Cela dit, j'ai rapidement récupéré ce retard et j'ai finalement beaucoup aimé cette école. J'aimais les sports et la musique, particulièrement le chant. Je fus ravie d'être invitée à me joindre à la chorale.

Sans vraiment savoir pourquoi, j'entrai en compétition avec une fille de l'école. Cela dura jusqu'à ce que nous quittions l'école à dix-huit ans. Elle s'appelait Helen Waugh. Elle savait jouer de la flûte à bec et même lire la musique, ce qui m'impressionnait considérablement et me rendait jalouse, même si j'aimais bien Helen. Motivée par les habiletés de cette fille, j'appris à jouer de la flûte et à lire la musique à mon tour. Par la suite, Helen étudia le violon, ce que je fis à mon tour. Ce petit jeu compétitif se poursuivit au fil des ans. En fin de compte, grâce à Helen, j'ai maintenant des goûts très variés en musique. À l'époque, je pratiquais le chant, la danse et les sports. Mes journées étaient si bien remplies que je me couchais complètement exténuée chaque soir, ce qui ne me laissait aucun temps pour me préoccuper de mes visiteurs d'outre-monde.

Les samedis, mon petit frère et moi allions visiter ma grand-mère maternelle, Frances, et mon grand-père, Jack, à leur maison de Bartley Green. J'y retrouvais souvent mes cousins. Nous nous amusions alors à danser, à courir et à tirer sur de petites boîtes de conserve vides avec un fusil à air comprimé.

Les dimanches, nous avions l'habitude de visiter les parents de mon père, Jack et Josie. Les adultes entretenaient de longs débats au sujet de Margaret Thatcher, la première ministre britannique de l'époque. Selon mon grand-père, madame Thatcher était en train de ruiner le pays. Comme mon père était enfant unique, il n'y avait aucun cousin chez mes grands-parents paternels. Il n'y avait que Christian et moi comme enfants, et comme mon frère n'était encore qu'un bébé, je recevais presque toute l'attention des adultes.

Les dimanches soir, nous revenions toujours tard à la maison. Je prétendais souvent être endormie pour que mon père me prenne dans ses bras et me mette au lit. Une nuit, complètement épuisée de ma journée, je fis un cauchemar terrifiant d'une réalité confondante. Au matin, je me rendis à la cuisine pour le petit-déjeuner en me frottant les yeux pour me sortir du sommeil, et je me laissai lourdement choir sur ma chaise.

« Vous souvenez-vous de ces chiens qui m'ont attaquée ? demandai-je à mes parents.

– Quels chiens ?

– Je ne sais pas de quelle race ils étaient. C'étaient trois gros chiens noir et brun.

– Ne sois pas idiote, dit ma mère. Tu n'as jamais été attaquée par des chiens.

– Oui, je l'ai été, insistai-je.

– Calme-toi et mange ton petit-déjeuner. Tout cela est dans ton imagination.

– Non, je sais que c'est arrivé ! protestai-je. Pourquoi me dis-tu le contraire ? »

Une fois de plus, ils ignorèrent mes complaintes, ce qui me mit encore plus en colère. Je savais que ça n'avait été qu'un rêve, mais d'une certaine façon, c'était si réel. Dans le rêve, je devais avoir trois ou quatre ans. J'avais de longs cheveux blonds et fins. Mes véritables cheveux étaient drus et d'un brun clair. Ils étaient coupés selon la forme d'un bol et recourbés vers l'intérieur sur les côtés de mon visage. Des années plus tard, j'allais arborer des cheveux comme la petite fille dans mon rêve. Mais, à l'époque, la différence était notoire. J'avais alors sept ans et j'ignorais tout au sujet des vies antérieures ou de la réincarnation, mais j'étais convaincue que ce rêve était réel.

La petite fille n'était pas moi dans la présente vie, mais il me semblait qu'elle était une autre version de moi.

« Il y avait trois gros chiens, insistai-je. Ils me mordaient, je pouvais sentir leurs dents traverser ma peau. »

Ma mère eut une exclamation désapprobatrice et détourna le regard.

« Mais c'est vrai ! C'est vraiment arrivé ! J'ai même entendu une femme qui criait… ça pourrait bien être toi, d'ailleurs. »

Ma mère me regarda d'un air désabusé, comme pour dire : « Et ça continue. »

« Je n'invente rien, répliquai-je. C'est vraiment arrivé.

– Finis ton petit-déjeuner et prépare-toi pour l'école », dit mon père pour mettre fin à mon insistance.

Je ne pouvais pas comprendre pourquoi mes parents ne me croyaient pas. Après tout, Frances, la mère de ma mère, avait déjà eu des visions qui s'étaient avérées exactes et elle voyait les gens décédés, elle aussi. Puis, Josie, la mère de mon père, lisait dans les feuilles de thé et parlait souvent de visions prémonitoires, de rêves réels et d'étranges pressentiments. J'ai souvent entendu mon père se moquer de ses « prétendus dons », martelant qu'il n'en croyait pas un mot. Il ne croyait en rien, pour tout dire, à commencer par la religion. J'ai fréquenté une école de l'Église d'Angleterre, mais aucun de mes parents n'allait à l'église. « Je ne crois pas en Dieu ni au paradis ni en rien d'autre prétendument au-delà de cette vie, disait mon père. Quand tu es mort, tu es mort, voilà tout. »

Ma mère s'avérait plus ouverte. Elle me disait souvent qu'elle avait l'impression que quelque chose nous attendait après la mort. Cependant, elle ne croyait pas que Dieu ou Jésus aient un rôle dans cette après-vie ou qu'ils soient une condition pour s'y retrouver. Elle ne s'en préoccupait nullement d'ailleurs.

Je me rappelle avoir demandé à mes parents pourquoi je n'avais pas été baptisée comme la plupart de mes amis. La réponse de mon père avait été directe et catégorique : « Parce que je ne suis ni croyant ni hypocrite. Si tu veux te faire baptiser, alors fais-le, mais tu devras assister à la messe tous les dimanches par la suite. À toi de choisir. »

J'avais déjà un horaire chargé les dimanches, alors j'ai décidé de ne pas opter pour le baptême. Par contre, ce n'était pas par manque de foi. J'étais une enfant et je ne savais tout simplement pas en quoi croire. Il était clair que mes parents n'allaient m'être d'aucune utilité dans ce domaine.

Tout juste avant mes huit ans, mon grand-père maternel mourut. Ma mamie Frances dut s'adapter à sa vie de veuve. Presque immédiatement après les funérailles – pour une raison quelconque, je n'avais pas été autorisée à y assister –, elle commença à fréquenter l'Église spiritualiste de la région, ce qu'elle ne s'était jamais permis de faire lorsque son mari était vivant. Ce dernier était un non-croyant endurci. Il était évident, depuis longtemps, qu'elle avait un don. Rapidement, elle en vint même à offrir des démonstrations publiques. Son endroit favori était le Harborne Healing Center, une communauté spiritualiste d'une banlieue de Birmingham. À cet endroit, elle communiquait avec les morts et partageait leurs messages à leurs bien-aimés toujours vivants. Elle commença à faire des consultations privées chez elle. Ses lectures étaient si appréciées qu'avant longtemps, elle se mit à voyager partout dans le monde pour offrir des consultations à ses clients les plus fortunés. J'ai alors commencé à la surnommer « Mamie Avion ».

De temps en temps, j'entendais mes parents parler de ma grand-mère particulière. Mon père rejetait ses activités spirites, mais ma mère démontrait de la curiosité. Je crois qu'elle était plutôt impressionnée par le don de sa mère. Frances allait tout naturellement jouer un rôle important dans ma vie. Tout en douceur, elle remplissait ce rôle graduellement.

Je n'ai jamais posé de questions au sujet des activités de Frances. Je savais que le sujet était en quelque sorte tabou, mais je prenais néanmoins plaisir à la visiter. Elle n'était pas une grand-mère traditionnelle, comme la mère de mon père qui cuisinait des gâteaux, jouait avec nous et préparait de si merveilleux repas. Non, Mamie Avion était sophistiquée. Elle n'avait aucun intérêt pour les jeux. Elle allait chez la coiffeuse chaque semaine, raffolait des bijoux et adorait rire. Son rire était d'ailleurs communicatif ; si vous l'entendiez, vous ne pouviez vous empêcher de rire aussi, même si vous n'aviez aucune idée de ce qui avait provoqué son éclat de rire.

Elle était aussi constamment à l'affût de produits modernes de son époque. Elle avait le meilleur téléphone disponible. Elle n'hésitait pas à se procurer le répondeur ou le lecteur vidéo dernier cri, mais elle appréciait aussi les trucs plus anciens. Elle possédait une collection de grelots en cuivre que l'on faisait jadis porter aux shires, d'imposants chevaux originaires du nord de l'Angleterre qui tiraient les tonneaux de bière. Elle les avait placés au-dessus du foyer, avec un plateau de cuivre reluisant. Elle en retirait beaucoup de joie et de fierté. Elle possédait aussi une poupée en cuivre, avec une clochette sous sa jupe, qui reposait sur le manteau de la cheminée. Je ne me lassais jamais de faire résonner la clochette, ce qui finissait par irriter les autres.

Inévitablement, je croisais quelques-uns de ses clients. Et je fus invitée chaque fois à ne pas traîner autour lorsque ma grand-mère recevait quelqu'un.

« Tu dois aller jouer dehors, disait-elle. Quelqu'un vient me voir.

– Pourquoi ces gens viennent-ils te voir ? » lui avais-je finalement demandé un jour. Je ne comprenais pas ce que toutes ces personnes attendaient d'elle ni pourquoi elle ne répondait jamais au téléphone, qui sonnait constamment.

« Je suis une clairvoyante ; je fais des lectures pour les gens, m'expliqua-t-elle. Je parle avec leurs êtres bien-aimés qui sont dans la dimension spirituelle et je suis aussi capable de voir l'avenir.

– Oh ! » dis-je simplement. Je n'ai alors pas pensé à lui demander comment elle s'y prenait, mais j'ai supposé qu'elle devait se servir des cartes qu'elle laissait sur le manteau de la cheminée. Une fois, je l'avais interrogée au sujet de ces cartes et elle m'avait rétorqué : « Tu ne dois jamais toucher à mes cartes. Elles sont très spéciales. Ce ne sont pas des cartes pour jouer et elles ne sont pas pour toi. Pas encore, en tout cas. »

À neuf ans, je fis un autre rêve qui me semblait très réel.

« Est-ce que l'une de nos maisons fut détruite par le feu lorsque j'étais petite ? demandai-je à mes parents.

– Pourquoi demandes-tu une telle chose ? s'enquit ma mère.

– J'ai fait un rêve la nuit dernière. J'étais entourée par le feu, mais je me suis réveillée avant de mourir calcinée.

– J'espère que tu ne parles pas de ces choses-là en dehors de la maison, dit mon père sur son habituel ton de mépris.

– Je ne le fais pas », le rassurai-je. Cependant, ce n'était pas tout à fait vrai. J'en avais déjà parlé à Sam Hodson, ma meilleure amie, car j'étais certaine qu'elle saurait garder cela pour elle.

Et je continuais sur le sujet de mon cauchemar.

« Ce n'était pas véritablement un rêve. J'avais l'impression que ça m'arrivait vraiment, affirmai-je.

– Tu as une imagination débordante, dit ma mère.

– Je ne pense pas, répliquai-je. Mon enseignante me dit toujours d'être plus imaginative. »

Les mardis, après l'école, j'avais l'habitude d'aller chez Sam pour y jouer et y dîner avant de repartir à la maison vers dix-neuf heures trente. Les jeudis, Sam venait chez moi pour la même routine. À l'occasion, nous restions à dormir chez l'une ou l'autre.

Un soir où elle était restée dormir chez moi, nous avons parlé de ma grand-mère, Frances, qui commençait à être reconnue pour ses activités psychiques à Birmingham et dans les environs.

« Crois-tu qu'elle a le don ? me demanda Sam.

– Le don ? Je ne sais pas si c'est un don. C'est simplement quelque chose qu'elle fait. Elle lit les cartes et dit aux gens ce qu'elle voit.

– C'est un don, je te le dis, insista Sam. J'ai entendu dire que ça se transmet dans certaines familles.

– Où as-tu entendu une telle chose ?

– Je ne sais plus… À la télé, je crois. Dis donc, vérifions si, toi aussi, tu as le don. As-tu un jeu de cartes ? »

Incertaine de vouloir aller plus loin, j'ai tout de même trouvé le jeu de cartes et je l'ai remis à Sam. Nous nous sommes assises sur mon lit, les jambes croisées, et Sam plaça la pile de cartes devant elle. Elle me demanda d'essayer de deviner les cartes. Elle les tira une à une en les tenant chaque fois devant son visage.

« As de trèfle, dis-je.

– Exact !

– Quatre de cœur.

– Encore exact !

– Neuf de carreau.

– Oh, mon Dieu ! »

Nous avons ainsi passé à travers le jeu complet de 52 cartes sans que je me trompe une seule fois. Sam en était bouche bée.

« Lisa ! C'était incroyable ! Je n'arrive pas à le réaliser. Tu as le don ! Tu as le don ! me dit Sam.

– Non, je ne l'ai pas, dis-je bêtement. Regarde derrière toi. La lumière du lampadaire dans la rue passe par la fenêtre et rend les cartes pratiquement transparentes. Je peux voir à travers elles. »

Malgré mon explication, elle refusa de me croire, persuadée qu'il n'y avait pas que la lumière des lampadaires en cause. Elle insista pour faire un nouvel essai. Il était passé 22 heures et j'avais éteint les lumières de ma chambre. Nous étions censées être déjà endormies. Sam parcourut des yeux la chambre sombre et son regard s'arrêta sur l'une des tablettes de ma bibliothèque. J'avais une collection d'une centaine de livres de la série *Ladybird* que j'adorais. Tous ces livres n'avaient aucun ordre de classement particulier, et dans la pénombre, il était impossible de lire les titres sur le dos des livres.

« Tu sais quoi ? commença Sam, je vais toucher du doigt le dos de l'un des livres et tu me diras de quel titre il s'agit.

– D'accord, acquiesçai-je, mais je vais devoir être en contact avec le livre à travers toi.

– Pourquoi ?

– Je ne sais pas. Quelqu'un m'a dit de le faire. » Et c'était vrai. J'avais entendu une voix me disant comment procéder.

« Tu es bizarre, dit Sam en me regardant comme si j'étais folle, mais toujours avec le sourire.

– Je sais, tu n'arrêtes pas de me le dire », répliquai-je.

Sam prit ma main dans sa main droite et, de sa main gauche, elle toucha de l'index l'un des livres. J'ai alors vu apparaître dans ma tête l'image du livre que j'avais lu une centaine de fois déjà.

« *The Princess and the Pea* », dis-je avec confiance.

Elle retira le livre de la bibliothèque et le mit sous la lumière du lampadaire de la rue qui traversait la fenêtre.

« Oh, mon Dieu ! Tu as raison ! » dit-elle, excitée.

Nous avons tenté de nouveau l'expérience, et encore une fois, je trouvai le titre du livre. Nous l'avons refait deux autres fois et, chaque fois, ma réponse était bonne. Nous étions déboussolées. La porte de la chambre s'ouvrit alors, nous éblouissant de la lumière du corridor. C'était maman, alertée par nos cris et nos rires.

« Que se passe-t-il ici ? Vous êtes censées être déjà endormies.

– Maman, devine ce qui est arrivé ! » Et je lui racontai nos expériences sans presque prendre le temps de respirer tant j'étais excitée. Elle m'écouta attentivement jusqu'à ce que j'aie terminé. Elle me regarda alors d'un air sérieux.

« C'est le temps de vous mettre au lit, maintenant, mais je crois que tu auras besoin de parler à ta grand-mère. »

Sam et moi sommes restées longtemps éveillées cette nuit-là, mais nous sommes demeurées silencieuses, à la fois trop excitées et apeurées.

La fin de semaine suivante, je suis allée visiter mamie Frances et je lui ai raconté mon histoire.

« Ça ne m'étonne pas, dit-elle. Tu es une enfant très spéciale.

– Toutes les mamies disent cela à leurs petits-enfants, non ? dis-je.

– Peut-être, mais ce que je veux dire est différent. Tu es spéciale.

– Que veux-tu dire exactement ?

– Tu comprendras mieux le temps venu », dit-elle en souriant. Elle se tourna et montra du doigt les cartes de tarot sur le manteau de la cheminée.

« Souviens-toi de ce que je t'ai dit au sujet de ces cartes. Tu ne dois jamais les toucher, ni la table ouija d'ailleurs. Tu n'es pas prête, spécifia-t-elle.

– Pourquoi ? Quelque chose de mauvais arriverait ? demandai-je.

– Non, mais tu n'es tout simplement pas prête, dit-elle en tapotant le revers de ma main. Tu pourrais attirer des esprits avec lesquels tu ne saurais pas composer. Nous reparlerons de tout cela lorsque tu seras plus vieille. »

Soudainement, je compris que mes visiteurs nocturnes indésirables étaient en fait des esprits essayant de communiquer avec moi.

Cette même semaine, Sam décida de parler de moi aux autres enfants à l'école en racontant de quelle façon j'avais identifié les livres sans en avoir lu les titres. « Elle a un don ! » dit-elle aux autres en riant.

Je me sentais rougir. « Lisa est bizarre ! » ajouta-t-elle.

Je n'étais pas offensée ; je savais que Sam avait été impressionnée et elle ne répétait pas tout cela méchamment. J'ai voulu laisser croire que j'avais eu de la chance, tout simplement, mais Sam persista.

« Non, non, dit-elle. Tu es différente de nous. Tu es spéciale. »

J'avais partagé beaucoup de choses avec Sam, mais heureusement, je ne lui avais jamais parlé des visages nocturnes ni des rêves qui me semblaient réels. Je ne lui avais pas parlé non plus de toutes les impressions que je percevais au fil des jours depuis peu de temps. Par exemple, je savais qu'il y aurait un examen-surprise à l'école avant même d'entrer en classe ou qu'un étudiant allait être retourné chez lui parce qu'il était souffrant. Il m'arrivait même de me sentir désolée pour un garçon assis près de moi à l'école, sans savoir pourquoi, pour apprendre deux jours plus tard qu'il s'était fracturé un bras. Parfois, je savais que le téléphone allait sonner et qui serait à l'autre bout du fil.

« P'pa, Mamie Avion va téléphoner à m'man. »

Quelques instants plus tard, le téléphone sonnait. Mon père me jetait un regard dans lequel je pouvais voir qu'il me trouvait bizarre et il se levait pour répondre.

Le plus cocasse dans tout cela était que mon amie Sam croyait beaucoup plus à mon don que moi. Pour être vraiment honnête, je n'étais pas réellement intéressée par mon supposé don. À vrai dire, il me « confrontait ». Je voulais être comme les autres filles, je ne désirais pas être différente. Une fois de plus, ma réaction fut de l'ignorer. J'ai ignoré les visages qui traversaient les murs de ma chambre la nuit. J'ai ignoré les voix dans ma tête. J'ai ignoré les rêves qui me semblaient réels. J'ai ignoré les intuitions qui me venaient au fil des jours. J'ai même ignoré la douleur dans mes jambes qui apparaissait chaque fois que quelque chose de mauvais allait survenir. À la place, j'ai mis toutes mes énergies sur la danse, la natation, la gymnastique, la musique et le chant. Je m'épanouissais à travers ces activités, mais sans cesse une petite voix dans ma tête me répétait la même chose : « Ce n'est pas dans ces activités que résident tes talents. » Hélas ! Dans ma quête de normalité, j'ai aussi ignoré ce message répété.

Sans parler de résultats extraordinaires, on peut dire que je réussissais bien à l'école. J'avais des amies, mais je ne peux pas dire que j'étais immensément populaire. En vérité, j'étais une enfant quelque peu solitaire. Je revenais de l'école en milieu d'après-midi et je flânais à la maison jusqu'au retour de mes parents, habituellement vers dix-huit heures. Ma mère travaillait alors comme couturière et mon père bossait toujours dans la construction. C'est pourquoi les mardis et les jeudis étaient mes journées favorites. Je les passais avec Sam. Les mardis, chez elle, en compagnie de ses adorables parents, Sue et Ray, et son frère Darren, et les jeudis, chez moi, car c'était la journée de congé de ma mère.

Lorsque j'avais onze ans, l'Angleterre traversait une récession importante. Mes parents devaient travailler plus fort que jamais pour essayer de joindre les deux bouts. Papa travaillait généralement six jours par semaine ; il passait son temps libre sur le terrain de golf. Ma mère avait congé le jeudi et le dimanche. Tout cela amena mon frère et moi à passer les fins de semaine avec Jack et Rosie, mes grands-parents. Mes parents me manquaient et j'aurais voulu être avec eux, mais on n'y pouvait rien.

Cet été-là, et durant plusieurs vacances d'été par la suite, j'ai passé beaucoup de temps avec mamie et papi à leur roulotte – maison mobile – à Diamond Farm Brean, dans le Somerset, à environ une heure et demie de Birmingham. Ces vacances d'été furent les plus heureuses de ma vie.

Mon grand-père nous entassait dans son Austin Allegro rouge et nous chantions tout le long de la route. Grand-papa avait une superbe voix. Nous chantions des chansons de Barbra Streisand ou des mélodies de la production musicale *Fame*. Mon frère Christian nous demandait de nous taire tandis que mamie nous donnait des menthes pour atténuer le mal des transports. À chacun des kilomètres, l'excitation montait d'un cran, jusqu'à la sortie de l'autoroute et à l'arrivée à leur maison mobile.

Plusieurs autres enfants passaient leurs vacances d'été à cet endroit, avec leurs parents, dans leur propre roulotte. Au fil des étés, nous les connaissions tous. Parfois, nous nous rendions à la piscine publique de Burnham, une localité tout près, ou nous gravissions les 365 marches qui nous menaient à Brean Down où nous pouvions admirer d'anciens remparts et l'océan juste derrière. Nous allions nous baigner dans la mer, même si l'eau était glaciale.

Le soir, ou lorsqu'il pleuvait, j'organisais de petites fêtes ou des concerts, ou alors je rassemblais un groupe de jeunes pour jouer aux cartes. Chaque été, à la mi-juillet, une douzaine d'enfants de la ville venaient passer deux semaines entières accompagnés d'une organisation religieuse appelée le « Sunshine Group ». Ils étaient facilement identifiables avec leur chemise rouge clair. Nous jouions aux *rounders* avec eux – un sport qui s'apparente au baseball américain – ou au cricket. Parfois, nous flânions en leur compagnie, question de mieux nous connaître mutuellement.

Certains jours, je visitais, avec mon grand-père, un homme de l'âge de mon papi et qui passait les étés dans la roulotte voisine de celle de mes grands-parents. Cet homme était branché à une machine à dialyse et, tous les deux jours, il devait partir pour recevoir des traitements. Lorsqu'il se sentait bien, il jouait du violon. Il avait été violoniste pour le Bristol Phiharmonic. C'est lui qui m'a appris à bien me débrouiller avec un violon.

Notre roulotte n'offrait pas toutes les commodités souhaitées sur le plan de la plomberie. Nous devions nous doucher à la salle de bain commune et faire le lavage du linge à la main. J'aidais souvent ma grand-mère à le faire. J'adorais l'impression de revenir dans le temps.

C'est à Diamond Farm, à l'été de 1986, que j'ai vécu ma première expérience religieuse. J'avais treize ans à l'époque et c'était le troisième été que je passais là-bas. Comme les autres années, la communauté Sunshine Group était de passage à la mi-juillet. Les enfants n'étaient jamais les mêmes, mais les responsables du groupe revenaient été après été. Un jour, l'un d'eux m'invita à assister à l'une de leurs réunions. Je savais que c'était un truc religieux et je n'étais pas certaine si je devais y assister, mais j'étais curieuse. En plus, une petite voix dans ma tête me disait d'accepter.

J'ai dit à mamie que je voulais voir à quoi ressemblait une telle assemblée. Elle était d'accord. Je me suis donc retrouvée au Village Hall à écouter quelques-uns des responsables du Sunshine Group parler du christianisme, de la foi et de l'importance d'accueillir Dieu dans notre cœur. C'était plutôt intense. J'étais intriguée, mais en même temps, j'adorais les chants entre les sermons.

À la fin de la soirée, on nous demanda d'incliner la tête pour prier. J'ai regardé autour et j'ai fait comme les autres personnes. Puis, la voix d'un homme à l'avant retentit : « Si vous nous visitez pour la première fois et que vous désirez accueillir Dieu dans votre vie, je vous en prie, levez la main. »

Je ne sais pas exactement ce qui s'est passé, mais ma main s'est levée, comme par elle-même. Ce n'était pas une décision consciente de ma part. J'avais plutôt le désir de faire marche arrière, à vrai dire. J'avais l'impression qu'une ficelle était nouée à mon poignet et que quelqu'un au-dessus de moi avait tiré sur elle sans mon consentement.

« Vous pouvez vous avancer », dit l'homme. J'ai levé la tête et j'ai remarqué six ou sept personnes qui se dirigeaient vers l'avant de la salle. Je me suis levée et je les ai suivies. Jusque-là, tout le monde avait prié, la tête inclinée, mais il me sembla qu'en nous levant, les autres personnes et moi avions donné le signal pour l'arrêt des prières.

J'eus l'impression que toutes les personnes présentes nous observaient. Et c'est ce qu'elles faisaient, en fait, de sorte que je me sentis nerveuse. Je me suis retrouvée tout près d'un garçon blond et grassouillet avec qui j'avais joué plus tôt dans la journée. J'ai regardé l'animateur qui me souriait. « Veux-tu dire une petite prière au Seigneur ? » me demanda-t-il.

J'ai acquiescé d'un signe de tête et j'ai fermé les yeux en pensant à ce que je voulais dire. L'animateur me demanda de le dire à voix haute. « Dis simplement ce que tu ressens dans ton cœur, reprit-il. Peu importe ce que tu ressens, c'est bien. Peu importe les mots que tu diras, ils seront accueillis. »

J'ai joint les mains devant moi et j'ai prié : « Je suis désolée si j'ai causé du tort à quelqu'un, Seigneur. Je vais essayer d'être une bonne personne. Je vais travailler sur ma foi. »

Je me suis sentie un peu mal en prononçant ces mots. J'avais l'impression de trahir mon père, qui était athée, et ma mère, qui ne se prononçait pas concernant la religion. Ce sentiment s'évanouit rapidement. Après tout, je ne faisais rien de mal. Soudainement, je fus envahie par d'agréables émotions. Je ne sais pas comment décrire cette expérience. Tout ce que je peux en dire, c'est que j'eus l'impression que le vide immense en moi venait soudainement d'être comblé. Je me suis sentie étrangement complète.

Je suis retournée m'asseoir, souriante et, je l'avoue, plutôt abasourdie. Les gens venaient me féliciter. L'expérience était si sincère et chaleureuse que j'en eus les larmes aux yeux. Je me suis sentie en communion avec les gens présents dans la salle. Il me semblait que le monde, la vie, en fait, commençait à prendre tout son sens.

J'étais encore sous le choc à mon retour à la roulotte. Je ne savais pourquoi je m'étais proposée volontaire ni ce qui s'était réellement passé, mais je me sentais merveilleusement bien. J'ai décrit toute l'expérience à ma mamie, presque sans prendre le temps de respirer. Elle m'écouta puis me sourit en me disant seulement : « Je suis heureuse que tu aies passé une belle soirée. » Je n'ai jamais su ce qu'elle en pensait vraiment.

J'étais très sérieuse quant à ma nouvelle dévotion. Le jour suivant, l'animateur me remit une Bible de poche en me disant d'en lire des passages de temps à autre et de m'accorder du temps pour prier. Chaque jour, je lisais quelques passages et le soir, en me mettant au lit, je disais une prière : « Merci pour cette journée, Dieu. Je t'en prie, protège ma famille et moi-même. »

À mon retour à la maison, à la fin de l'été, j'ai annoncé à ma mère que je voulais être baptisée. Elle me dit que ça ne lui posait aucun problème et que je devais penser à choisir un parrain et une marraine. Lorsque j'ai avoué mon intention à mon père, ce dernier n'était pas du tout enthousiaste devant mon projet. « Ça ne me dérange pas, dit-il, mais comme je l'ai dit auparavant, ça signifie aller à l'église tous les dimanches matin. »

On en revenait à ce même point !

« Qui m'accompagnera à l'église ? ai-je demandé.

– Demande à ta mère, tu sais ce que j'en pense. »

Je ne voulais pas demander à ma mère. Avec ses cinq jours de travail à l'extérieur, l'entretien de la maison et les soins aux enfants, elle avait suffisamment de choses à faire. J'ai pris un temps pour réfléchir aux paroles de mon père. Moi non plus, je ne savais pas si je croyais vraiment en Dieu, mais je ne pouvais pas renier l'expérience que j'avais vécue. Je me sentais transformée, plus légère en quelque sorte. Je me suis tournée vers ma Bible pour obtenir des réponses. Au bout de quelques jours, mon intérêt pour Dieu, le baptême et la rédemption a commencé à s'estomper. Après tout, je n'étais qu'une enfant et peut-être bien que je n'étais pas prête à sacrifier mes dimanches matin.

L'été passa et je commençai alors mes études à l'Arrow Vale High School. Je songeais sérieusement à devenir enseignante en musique ou en éducation physique. Mon amie Sam fréquentait la même école, mais comme nous étions dans des classes différentes, nous nous sommes quelque peu éloignées. Je fréquentais d'autres filles : Zoé, Lynn et une autre Lisa. Je pratiquais beaucoup la musique et les sports. Tout ce qui concernait le paranormal était relégué à l'arrière-plan de ma vie, mais je ressentais toujours des choses : une bataille allait éclater dans la cour d'école, le père d'un garçon allait mourir, un enseignant allait démissionner avant la fin des classes…

En Angleterre, on pouvait quitter l'école à seize ans. J'étais à l'école secondaire depuis trois ans lorsque j'eus seize ans. Mes trois nouvelles amies avaient choisi de partir, mais j'étais déterminée à poursuivre mes études et à devenir enseignante. Alors, je suis restée pour obtenir mon «niveau A», ce qui était requis pour entrer à l'université. Sam aussi poursuivit ses cours jusqu'au niveau A. J'ai recommencé à la fréquenter et j'ai connu une autre fille appelée Andeline.

En tout et partout, nous n'étions pas plus d'une vingtaine, dans toute l'école, qui étudiaient pour l'obtention du niveau A. J'étais la seule qui s'orientait vers la musique.

Un jour, nous étions une douzaine à étudier dans la salle commune. Je m'étais retirée dans une pièce adjacente pour écouter l'opéra de Purcell, *Dido et Aeneas*. Je portais un casque d'écoute. De l'endroit où j'étais, je pouvais voir en partie la salle commune par une ouverture vitrée entre les deux pièces. Je voyais les fauteuils et les bureaux. De ma position, je ne pouvais pas voir la cuisinette, le réfrigérateur, la cafetière et le four à micro-ondes qui complétaient la salle commune.

Quelque vingt minutes plus tard, une petite voix dans ma tête me dit d'arrêter la musique et d'aller voir ce qui se passait. J'ai retiré mon casque d'écoute et j'ai traversé dans la salle commune.

Les étudiants me fixaient ; deux ou trois d'entre eux étaient aussi livides que des fantômes.

« Qu'est-il arrivé au verre ? ai-je demandé en n'ayant aucune idée de ce dont je parlais. Qui l'a brisé ? »

Sam jeta un coup d'œil vers la cuisinette sur la droite, mais hors de ma vue, de l'endroit où j'étais. Elle se retourna vers moi. Je me suis avancée et je vis du verre brisé éparpillé sur le plancher. « Alors ? » demandai-je de nouveau à Sam.

Sam pointa mon étui à crayons que j'avais laissé sur un bureau. « Andeline avait besoin de "Typex", dit-elle. Je savais que tu en avais dans ton étui, alors nous avons décidé d'essayer de le déplacer par notre esprit. Nous nous sommes concentrées à déplacer ton étui à crayons par la force de notre esprit. »

Une autre fille intervint : « C'est alors qu'un verre a éclaté dans la cuisinette.

– Nous ne voulions que nous amuser un peu, dit un garçon en s'excusant presque. Tu sais, nous voulions un peu faire comme toi avec ton don. »

Ils avaient tous entendu parler de mon supposé don et de ma grand-mère. Ils me regardaient tous comme si j'avais quelque chose à voir avec le verre éclaté, comme si j'avais fait de la sorcellerie.

« Ce n'est rien, dis-je en faisant semblant de savoir exactement de quoi je parlais. Vous avez accumulé tellement d'énergie que le verre a éclaté, c'est tout. »

Ils me regardèrent tous comme si j'avais dit quelque chose de profond – de profond et de plutôt apeurant. Deux filles nettoyèrent la cuisinette et personne ne reparla de l'incident.

À la fin de l'année scolaire, plusieurs d'entre nous sont allés à Blackpool pour célébrer la fin des classes. Blackpool était une petite ville côtière du nord de l'Angleterre, très populaire auprès des touristes pour sa plage. Nous avons fêté un peu trop, mais nous nous sommes bien amusés. Par la suite, plusieurs de mes compagnons de classe ont obtenu leur diplôme pour aller à l'université. Malheureusement, pour ma part, malgré mes efforts, je ne pus obtenir des résultats me permettant de poursuivre mes études à l'université. J'ai donc passé les cinq premières semaines de l'été à me demander ce que j'allais faire du reste de ma vie.

Durant les semaines et même les mois suivants, j'ai tenu à voir souvent Mamie Avion, Frances, la médium. Elle avait toujours été une fumeuse assidue. Lorsqu'elle avait décidé d'arrêter, il était trop tard, sa santé était grandement fragilisée, mais il lui arrivait encore de connaître des jours où elle semblait en parfaite santé et plus énergique que jamais. Par exemple, il lui arrivait de sauter dans un avion pour la France, l'Espagne, le Mexique ou les États-Unis pour s'entretenir avec des clients, comme elle le disait elle-même. Elle revenait toujours avec des pièces de monnaie étrangère qu'elle me donnait pour ma collection. Lorsqu'elle était à la maison, le téléphone ne cessait jamais de sonner. Des gens appelaient constamment pour avoir un rendez-vous avec Mamie Avion. Elle était si populaire qu'il lui était impossible de rencontrer tous ces gens qui se pressaient pour la consulter.

J'ai souvent entendu ma mère parler de la popularité de Frances à ses amies. Elle racontait souvent que Frances s'était rendue à une kermesse dans un village et qu'il y avait une file de femmes qui attendaient désespérément de la rencontrer. Je me souviens que cette histoire m'avait frappée : de parfaites étrangères pouvaient attendre en file pendant des heures pour avoir la chance d'obtenir un petit conseil ou une inspiration de la part de ma propre mamie. Je n'avais pas la moindre idée, à l'époque, que ma vie m'amènerait bientôt à faire la même chose que ma grand-mère.

Dans ces derniers temps, lorsque mamie ne se sentait pas bien, elle épinglait une note écrite à la main sur sa porte d'entrée. « Frances ne reçoit personne aujourd'hui. S'il vous plaît, rappelez un autre jour. » Mais les gens cognaient à la porte quand même. Son fils, Steven, qui vivait avec elle, devait reconduire les gens à l'extérieur. Oncle Steven était un homme gentil, mais il avait un problème d'alcool. Mamie, quant à elle, buvait à l'occasion. Lorsqu'elle voyageait, elle rapportait les petites bouteilles d'alcool vendues à l'époque dans les avions. Elle en conservait toujours deux ou trois dans son sac à main. Elle prenait ainsi un p'tit coup lorsqu'elle en ressentait le besoin.

Un jour, elle me surprit à étudier ses cartes de tarot sur le manteau de la cheminée.

« Que t'ai-je dit au sujet de ces cartes ? me dit-elle. Tu n'es pas encore prête.

– Je ne faisais que les regarder », me défendis-je.

À l'époque, j'avais un emploi à temps partiel comme serveuse au club de golf local. Mon père m'avait aidée à obtenir ce poste. Peu après, j'amorçai un second emploi, au Graveneys, une boutique d'articles de sport à Redditch. Lorsque j'avais une fin de semaine de congé, pour m'évader un peu, j'empruntais l'auto de ma mère et je me rendais visiter mes grands-parents à leur roulotte où je passais la nuit. Ces petites escapades cessèrent rapidement. Je m'étais liée d'amitié avec Susan, une collègue chez Graveneys. Avec elle, j'ai découvert les garçons et les boîtes de nuit. Enfin, l'un des joyeux mystères de la vie m'était révélé !

Mes parents se montraient tolérants. Ils me permettaient même d'emprunter l'auto à la condition que je la rapporte avant que papa parte travailler. La voiture me procurait une incroyable sensation de liberté. Très souvent, je rentrais après six heures du matin. Je me précipitais dans ma chambre et je sautais dans mon lit sans prendre le temps de me dévêtir. Je faisais semblant de dormir et d'y avoir passé toute la nuit. Je ne crois pas que je dupais qui que ce soit. Je suis certaine que mes parents savaient que je venais à peine de rentrer, mais ils n'ont jamais rien dit. J'essayais de dormir un peu, mais je devais me lever à huit heures trente pour me rendre au travail – à temps complet alors –, au centre-ville de Redditch. D'une quelconque manière, je réussissais à m'en sortir avec aussi peu de sommeil. Je recommençais la fête la nuit suivante, et ainsi de suite. Cela dit, je ne fus jamais en retard au travail et je ne me suis jamais absentée. J'étais très responsable.

Rapidement, toutefois, cette routine m'apparut vide de sens et je pris la décision de faire quelque chose de ma vie. Sans diplôme, je ne pouvais pas devenir enseignante. Alors, j'ai choisi d'être entraîneuse de remise en forme. J'avais entendu parler d'un poste au Pine Lodge Hotel, à Bromsgrove, la ville suivante. Je me suis rendue pour poser ma candidature.

Je fus très impressionnée par l'endroit. L'aménagement paysager était magnifique. L'hôtel offrait une salle d'entraînement garnie des meilleurs équipements, une grande piscine intérieure, un sauna et hammam.

Lorsque j'y suis retournée pour une entrevue d'embauche, on me demanda si j'étais une bonne nageuse. Lorsque je leur ai dit que j'avais passé un été à titre d'instructrice de natation qualifiée, les responsables semblèrent impressionnés. La semaine suivante, je démissionnais de mon emploi chez Graveneys et, une semaine plus tard, je commençais au Pine Lodge Hotel.

Avant longtemps, j'ai réalisé que je n'étais guère plus qu'une honorable femme de ménage. J'assistais bien les membres et les invités de l'hôtel à la salle d'entraînement, prétendant alors être une entraîneuse personnelle, mais lorsqu'il n'y avait personne, je faisais le ménage des vestiaires, je vidais les barils de serviettes à laver et je nettoyais les abords de la piscine. Par contre, je ne m'en offusquais pas. J'avais la chance de rencontrer des gens et je pouvais utiliser la salle d'entraînement. Il y avait aussi un autre avantage : la paie. En peu de temps, j'économisai suffisamment d'argent pour m'acheter ma première auto, une Renault 19 d'occasion, quatre cylindres, or, défraîchie et à l'intérieur assorti. Je l'adorais !

Au bout de quelques mois, j'ai lu une annonce dans le journal concernant un cours intensif, à Trowbridge, pour devenir instructrice d'*aérobic*. J'ai vendu ma Renault à un prix fort intéressant et je me suis procuré une économique Mini brune. Elle était plutôt fringante, dotée d'un moteur nerveux et vif. Je la surnommais « Chloé, la petite peste volante ». Avec le profit réalisé grâce aux transactions de voitures, je m'inscrivis à ce cours. À mon retour au Pine Lodge, je me sentais beaucoup plus qualifiée pour mettre quelqu'un à l'épreuve.

Pendant cette période, j'ai tenté d'ignorer mes ressentis psychiques. Cependant, il y avait de nombreux moments calmes au travail et il me semblait que mon don cherchait constamment à se manifester. Par exemple, une femme pouvait se présenter à la salle d'entraînement et je sentais qu'elle venait de se disputer avec son conjoint. Rapidement, nous en discutions elle et moi. Un jour, je fis le rêve que la piscine de l'hôtel était vide. Le lendemain, on m'apprit que le système de drainage était défectueux et qu'il fallait vider la piscine pour le réparer. Et toutes les fois où je me rendais à la salle de lavage pour y déposer les serviettes utilisées, je ressentais la présence d'un homme qui était mort en ces lieux une centaine d'années auparavant. J'avais l'impression qu'il voulait me parler et que tout ce qui m'était demandé était d'écouter. Mais, je ne voulais pas vraiment entendre ce qu'il avait à dire. Je ne souhaitais pas du tout développer mon supposé don. Je désirais plutôt vivre une vie normale.

Un soir, j'étais dans une boîte de nuit appelée Celebrities, à Stratford-upon-Avon, à une vingtaine de minutes de la maison. J'avais l'habitude d'y danser toute la nuit tout en consommant mon traditionnel Coke diète – je n'ai jamais consommé d'alcool et je n'approuve pas la consommation de drogues. Ce soir-là, j'ai fait la connaissance de Paul. Il devait mesurer 1,8 mètre, il avait les cheveux foncés et un corps d'athlète. Il fut mon premier amour. Il travaillait comme chef cuisinier dans un hôtel très élégant de Cotswolds. Il rêvait d'avoir un jour son propre restaurant. J'adorais son énergie et son ambition. Je me souviens de m'être dit : *Cet homme est pour moi ! Je le sais !* Je suis immédiatement tombée amoureuse de lui.

Je l'ai présenté à mes parents qui l'ont eux aussi adoré. Puis, il m'a présentée à sa famille qui était absolument charmante. Tout semblait parfait et durant presque une année, nous étions complètement liés. Nous n'existions qu'en tant que couple et je rêvais à notre vie commune au fil des années à venir.

À l'été, nous fûmes invités au mariage de l'un de ses cousins. Nous étions excités à l'idée d'assister à cet événement. Cela dit, en arrivant à la réception, sans savoir pourquoi, j'avais commencé à ressentir d'étranges impressions quant à l'avenir de notre couple. Je sentais que Paul me cachait quelque chose. Je pris les devants.

« Est-ce que ça va ? Je sens que tu as quelque chose à me dire…

– Que veux-tu dire ?

– J'ai simplement le sentiment que quelque chose ne va pas. Qu'est-ce que c'est ? Tu sais que tu peux tout me dire.

– Ne sois pas idiote, dit-il. Si j'avais quelque chose à te dire, je le ferais, voilà tout. »

J'ai lâché prise, mais le sentiment s'accentua. Quelques jours plus tard, il me demanda de le rencontrer en soirée pour prendre un verre. C'était étrange, car nous étions un mercredi et nous ne nous voyions jamais les mercredis, car il travaillait jusqu'à tard en soirée. Mais, il expliqua avoir congé ce soir-là. J'étais heureuse de le retrouver, mais nerveuse du même coup. Je savais que quelque chose clochait. Je me suis confiée à une amie en lui disant que j'étais certaine que Paul avait quelque chose à me dire qui ne me plairait pas.

« Cesse de t'en faire, dit-elle. Paul et toi allez vieillir ensemble. Vous êtes faits l'un pour l'autre. »

Je voulais bien la croire, mais je redoutais de plus en plus la soirée à venir.

Paul et moi nous sommes retrouvés à notre bar habituel et nous avons finalement passé une agréable soirée. Je me sentais plus détendue. Je me disais que j'avais été sotte de me laisser prendre par mes sentiments d'anxiété. La nuit était douce et Paul proposa d'aller marcher le long de la rivière. *Que c'est romantique ! Peut-être a-t-il vraiment quelque chose à me dire ou à me demander*, ai-je pensé en nourrissant l'espoir secret qu'il aurait une bague dans sa poche.

Nous avons marché main dans la main, puis il désigna un banc surplombant la rivière. Au bout d'un moment, il me regarda dans les yeux et dit : «Lisa, tu as raison. J'ai quelque chose à te dire. Ça concerne mon travail. C'est la décision la plus difficile que j'ai eu à prendre jusqu'ici. »

Il me confia alors qu'on lui avait offert un autre emploi, dans un autre pays, et qu'il l'avait déjà accepté. Il ne me voyait pas dans son plan de vie.

J'étais dévastée. J'ai pleuré durant toute une semaine. J'étais si anéantie que je ne pus aller travailler. Ma mère dut téléphoner pour prétexter que j'étais malade.

« Je me sentais si liée à lui, m'man, dis-je en sanglotant. J'ai l'impression que l'on m'a arraché une partie de moi. Je croyais qu'il m'aimait.

– Je sais, je sais, dit ma mère en me réconfortant, mais ces choses-là arrivent pour une raison. Avec le temps, tu iras mieux. »

Papa essaya aussi de me consoler. «C'est une autre brique dans le mur de la vie, dit-il. Tu connaîtras des peines d'amour, mais ça te rendra plus forte. »

Je croyais comprendre ce qu'il me disait. Tout cela faisait partie des leçons de la vie. Cependant, je ne voulais plus revivre une telle douleur. Je me suis promis que je ne me laisserais plus jamais blesser de la sorte.

Chapitre 2

Le don

❦❦❦

Lorsque Paul est parti, nous avons eu de déchirants adieux. Je m'en suis remise avec le temps, mais ce fut une période difficile. J'ai été profondément blessée par cette expérience. J'avais décidé de ne plus jamais permettre à un homme de me blesser. Je me suis donc fermée à toute relation sérieuse. Je sortais et je dansais des nuits entières. Je donnais des rendez-vous à des garçons, parfois à deux ou trois en même temps. Maman avait l'habitude d'en rire avec moi. Elle me demandait parfois, avec un petit sourire en coin, à qui je voulais parler si jamais le téléphone sonnait durant la soirée. Je me souviens d'une fois où j'étais sortie pour dîner avec un garçon. J'étais revenue à vingt et une heures à la maison. Puis, une heure plus tard, je sortais prendre un verre avec un autre garçon. Je savais que ce n'était pas bien, que je ne faisais que fuir les sentiments, mais c'est ce dont j'avais besoin à l'époque. J'avais du plaisir, beaucoup de plaisir !

C'est à cette époque que j'ai commencé à fréquenter les bars de karaoké. Je chantais bien. J'ai chanté à m'en fendre le cœur sur des airs d'Abba, de Barbra Streisand, de Tiffany et des Pointer Sisters, entre autres.

Il m'arrivait encore de penser à Paul et de lui téléphoner, mais je m'efforçais surtout de l'oublier, de sortir et de prendre du bon temps. Peut-être essayais-je de devenir une personne plus forte.

Un dimanche, l'une de mes amies est venue me chercher en motocyclette et nous sommes allées à Birmingham pour assister à un spectacle. Sur le chemin du retour, pour une raison quelconque, nous avons emprunté une autre route. Nous avons heurté un tas de cailloux et je fus projetée au loin, atterrissant gracieusement... les quatre fers en l'air ! Je me souviens d'avoir essayé de me relever, mais d'en être incapable à cause de mes blessures. Heureusement, quelques personnes avaient été témoins de l'accident. Elles m'avaient transportée à l'hôpital. Mon amie, quant à elle, s'était sortie complètement indemne de l'accident.

Parce que je m'entraînais beaucoup à l'époque, les muscles de mes jambes avaient protégé mes genoux. Je n'avais rien de brisé, mais mes jambes ont dû être bandées, des chevilles aux cuisses, et on m'administra des calmants pour mes douleurs au dos. Je suis rentrée à la maison très tard cette nuit-là. J'ai claudiqué comme une momie pour rentrer et, je ne sais comment, j'ai réussi à gravir l'escalier et à me jeter sur le lit sans réveiller mes parents. Au matin, maman est venue me réveiller.

« Allez, Lisa, tu vas être en retard pour... » En me voyant étendue et si mal en point, elle avait cessé de parler.

« Je ne crois pas que je vais aller travailler aujourd'hui, maman, dis-je en grimaçant de douleur.

– Le plus étrange, c'est que je savais qu'il t'arriverait quelque chose la nuit dernière », dit-elle dans un soupir en s'assoyant sur mon lit.

Je me souviens d'avoir alors pensé que ma mère avait elle aussi des pressentiments, comme mamie.

Je fus au repos durant huit semaines, ce qui me permit de faire le point sur ma vie. L'accident était une bénédiction déguisée parce qu'honnêtement, je n'aimais pas vraiment ma vie. J'avais dix-neuf ans et je vivais chez mes parents. Qu'attendais-je ? Quand allais-je me tenir sur mes deux pieds par moi-même et prendre ma vie en main ? Il y avait tout un monde qui m'attendait.

Un après-midi, durant ma convalescence et alors que j'avais tendance à m'apitoyer sur moi-même, je feuilletais un exemplaire du magazine *Health and Fitness*. Je notai une offre d'emploi pour être entraîneuse d'*aérobic* à Stevenage, dans le secteur de Hertfordshire. C'était très loin de la maison, mais je me suis dit que c'était peut-être ce dont j'avais besoin : l'éloignement. J'ai immédiatement écrit une lettre pour décrire mes compétences et mon expérience et ainsi postuler ce poste. Dix jours plus tard, j'étais invitée à Stevenage pour une entrevue d'embauche. Comme je n'étais pas encore complètement remise de mes blessures, ma mère dut m'y conduire. Elle me déposa devant la bâtisse. Je portais une longue jupe pour cacher mes bandages, mais je devais utiliser des cannes pour me déplacer. Ma démarche rappelait plus celle d'une vieille femme que celle d'une entraîneuse d'*aérobic* ! Je suis entrée au Leisure Centre – c'était le nom de l'établissement – pour rencontrer la directrice. Elle me regarda marcher et nota mes cannes.

« Eh bien, j'avais prévu vous demander de donner un cours pour que je puisse évaluer vos compétences, mais je crois que ce sera trop vous demander. »

Nous avons toutes les deux éclaté de rire. Nous avons parlé quelques instants et je lui ai expliqué ma condition et l'accident de motocyclette. Le courant a semblé bien passer entre nous. Elle me posa plusieurs questions sur le corps, les premiers soins et l'entraînement en général. Grâce à mon cours à Trowbridge, j'étais en mesure de répondre à toutes les questions. Malgré ma condition physique, je lui ai offert de donner un cours d'*aérobic*. Je crois que ma détermination l'a impressionnée.

«Bien, dit-elle. Vous êtes engagée.

– Wow! Merci! dis-je en essayant de ne pas paraître trop surprise.

– Quand pouvez-vous commencer?

– Dans deux semaines, dis-je, car c'est à ce moment que mes bandages doivent être enlevés.

– Alors, ce sera dans deux semaines.»

Elle se leva, nous avons échangé une poignée de main et elle me reconduisit à la sortie. J'ai claudiqué jusqu'à l'auto de ma mère et je m'y suis glissée.

«J'ai obtenu le poste, annonçai-je tout heureuse. Je commence dans deux semaines.

– Je ne sais pas si je dois en être heureuse ou non, dit ma mère.

– Sois heureuse, lui répondis-je. J'ai le sentiment que ma vie changera pour de bon. Je ne sais pas quelle tournure elle prendra, mais je sens que c'est assurément la bonne chose à faire.»

Deux semaines plus tard, j'avais déniché une chambre dans une maison de Stevenage grâce à une employée du Leisure Centre. J'y ai emménagé et j'ai commencé mon nouvel emploi avec enthousiasme.

Travailler au Leisure Centre était très agréable. J'avais toujours hâte de me rendre au boulot. Le centre était immense. On y retrouvait une salle de concert et d'événements sportifs, une salle de cinéma, des courts de squash, une cafétéria, un gymnase ultramoderne, un studio d'*aérobic* et des tables de jeux. L'ambiance était franchement excellente et je me fis des amis facilement.

Les bureaux se trouvaient au deuxième étage. C'est là que nous allions chercher nos chèques de paie, mais je détestais m'y rendre. J'y ressentais beaucoup d'activités paranormales. À plusieurs reprises, j'ai vu l'esprit d'une femme âgée arpenter les corridors.

Il était transparent et entouré d'une brillante lumière blanche. Il traversait littéralement les murs.

Lorsque je travaillais avec un horaire de soirée, l'une de mes tâches était d'attendre le départ de tous les employés, de faire une tournée d'inspection des lieux puis de fermer les lumières. C'est à ces moments que j'ai souvent entendu des voix étouffées d'enfants tout près de moi, ponctuées de cascades de rires typiques aux enfants. Ces manifestations paranormales semblaient s'intensifier et j'ai commencé à me sentir mal à l'aise dans cette situation.

Il y avait longtemps que je n'avais pas vécu de telles manifestations. J'avais même fini par croire que tout cela était définitivement derrière moi. Mais, j'avais tort, et je n'étais pas très enchantée de les voir revenir dans ma vie. Je ne sais pas pourquoi exactement, mais je me souviens de m'être dit que si je les acceptais dans ma vie, ces manifestations me suivraient pour toujours. Cette pensée me rendit mal à l'aise sans que je comprenne pourquoi. J'ai alors décidé d'en parler à ma grand-mère lors de ma prochaine visite à la maison. Sa santé était alors très précaire, mais je savais qu'elle luttait pour continuer de vivre et, surtout, qu'elle aurait de bons conseils à me donner.

Un soir, après avoir vu de nouveau l'esprit de la vieille dame, j'ai décidé de me confier à Marie, l'une de mes collègues. Elle me raconta que des rumeurs couraient au sujet du fantôme d'une femme qui se promenait dans les corridors depuis des années. Les gens étaient convaincus qu'il s'agissait d'une femme décédée dans ce bâtiment. Je lui ai aussi parlé des voix d'enfants et, à mon grand étonnement, elle me confirma que d'autres personnes avaient aussi entendu des enfants jouer. Elle ne pouvait m'en dire plus, mais apparemment, je n'étais pas la seule à avoir entendu des voix.

Quelques jours plus tard, Marie raconta ce que je lui avais confié à l'une de ses amies qui était très intéressée par les phénomènes psychiques et qui souhaitait me rencontrer.

«Que vois-tu autour de moi? me demanda-t-elle.

– Rien de particulier », dis-je d'abord.

Puis, sans y penser, j'ai ajouté : « Oh, j'ai le sentiment que tu vas déménager bientôt.

– Quoi ? dit-elle. J'adore ma maison actuelle.

– Je suis désolée. Je ne sais pas pourquoi j'ai dit cela. »

Et c'était vrai. Je n'avais aucune idée d'où m'était venue cette impression.

Deux semaines plus tard, Marie m'informa que son amie avait décidé de quitter son mari et qu'elle partait de la maison ! Je me suis alors demandé si j'avais vraiment un don et pourquoi je luttais contre cette habileté. Peut-être pouvais-je l'utiliser d'une façon positive, et peut-être ne faisais-je que retarder l'inévitable.

À partir de cet épisode, j'ai consciemment décidé de m'ouvrir un peu plus et d'essayer de développer mon don. Un jour, un client vint s'entraîner. Il me semblait de fort bonne humeur, mais je ressentais pourtant que les choses n'allaient pas très bien pour lui à la maison. Je lui fis part de mes pressentiments avec le plus de tact possible.

« Comment le savez-vous ? dit-il, étonné. Nous n'en avons parlé à personne.

– Je suis désolée, je ne voulais pas paraître indiscrète.

– Ça va, mais j'essaie simplement de comprendre comment vous savez cela. Nous venons à peine de décider de divorcer, ma femme et moi. »

Une autre fois, j'ai rencontré des gens dans un bar. J'ai murmuré à l'oreille de l'une des filles : « Es-tu enceinte ?

– Bien sûr que non ! répondit-elle en me regardant d'un air étrange. Qu'est-ce qui te fait croire que je le serais ?

– Je ne sais pas. J'ai des perceptions, comme ça, c'est tout. »

La semaine suivante, je rencontrais de nouveau le même groupe d'amis au même bar. Lorsqu'elle me vit, la fille s'élança vers moi, bousculant presque des gens au passage. « Lisa, tu avais raison ! Je suis enceinte ! »

J'étais aussi ravie qu'étonnée.

Un vendredi soir, dans un autre bar – bon sang, je me tenais pas mal dans les bars à cette époque –, un homme s'approcha de mon amie et moi, une vodka à la main. À peine nous étions-nous salués que je lui balançai : « Ta grand-maman vient juste de me dire que ton grand-papa va bien. »

J'ai mis ma main sur ma bouche, comme pour retenir les mots, mais c'était trop tard. C'était dit.

L'homme cracha sa gorgée de vodka sur le comptoir du bar et balbutia : « Quoi ?

– Je devais simplement te dire que ton grand-père allait bien. J'avais le sentiment que tu avais besoin de l'entendre, lui avouai-je, un peu embarrassée.

– Mon grand-père est mort la semaine dernière ! me confia-t-il.

– Je sais, lui dis-je en plaçant ma main sur son bras pour le rassurer. Je dois aussi te dire que tout ira bien lundi et que tes grands-parents sont fiers de toi. »

En entendant ces paroles, le pauvre gars laissa tomber son verre. Tout ce qu'il a pu dire fut : « Wow ! » Il était complètement abasourdi.

« Ses funérailles seront célébrées lundi prochain. Je dois écrire un discours et je ne sais pas par où commencer, finit-il par dire.

– Il me dit de te dire de simplement être naturel et de ne pas t'en faire. »

Mon amie ne pouvait s'empêcher de sourire ; elle m'avait déjà vue intervenir de cette façon auprès de quelqu'un. Mais, le gars se tenait là, complètement figé.

« Je savais qu'il y avait une raison pour laquelle je ressentais le besoin de venir vous parler, vous deux, mais je ne m'attendais pas à ça. Je croyais que j'allais simplement vous draguer, les filles », finit-il par dire. Je lui ai souri. « Merci, me dit-il. Tu ne sais pas ce que ça signifie pour moi. »

J'ai ressenti une immense satisfaction d'avoir aidé cet homme, mais au fond, tout ce que j'avais fait, c'était répéter les paroles que l'on m'avait transmises.

« Puis-je te faire l'accolade ? » me demanda-t-il.

Nous nous sommes enlacés et j'ai bien cru qu'il ne me laisserait plus repartir. Puis, il s'en retourna en donnant l'impression qu'un poids immense lui avait été retiré des épaules. L'expérience me réchauffa le cœur. Je me sentais énergisée. Je n'ai jamais revu le gars par la suite, mais j'ai le sentiment que le petit message que je lui ai transmis lui a permis de trouver la paix.

Après quelques expériences du genre, les gens ont commencé à être au courant de mes aptitudes et à m'approcher en déversant sur moi tout ce qui leur tracassait l'esprit, croyant sans doute que je pourrais les éclairer ou les guider. Je faisais du mieux que je pouvais pour les aider, finissant même par trouver normales ces manifestations qu'auparavant je jugeais étranges ou mystiques. J'étais réceptive à ce que je voyais, à ce que j'entendais ou à ce que je ressentais et je le transmettais si je croyais que ça pouvait aider les gens, mais je ne forçais rien. Je ne cherchais pas à obtenir des réponses. Lorsque je repense à cette époque, je réalise que, parce qu'ils croyaient en moi bien avant que moi-même je crois en moi, tous ces gens ont favorisé le développement de mes aptitudes.

Avec le temps, mes interrogations au sujet de mes expériences n'ont cessé de croître. J'ai voulu trouver des réponses en consultant de « vrais » médiums. J'avais entendu parler d'une femme très populaire à Welwyn Garden City. Je me suis donc rendue lors d'un séjour de congé.

Je venais à peine d'entrer chez elle et j'allais m'asseoir à sa table à dîner lorsqu'elle me sourit et me dit : « Tu es toi-même très douée.

– Que voulez-vous dire ?

– Tu peux faire le même travail que moi, et d'ailleurs, tu le feras un jour. Tu as le don. »

Encore ce mot : *don*. Je n'avais jamais vraiment considéré mes visions et mes pressentiments comme un don. Un musicien avait un don, pas moi.

Devant la femme, sur la table, il y avait neuf paquets de cartes à jouer. Elle me demanda d'en choisir trois qu'elle mélangea. Au bout d'un instant, elle me dit que le garçon que je venais tout juste de rencontrer à l'époque – et que j'aimais bien – ne poursuivrait pas sa route à mes côtés. Évidemment, ça ne m'a pas plu d'entendre cela. J'avais espéré que ça devienne sérieux entre lui et moi. Depuis que Paul était parti, je ne m'étais pas permis de relations intimes avec un homme, mais je me disais que les choses auraient pu être différentes avec ce garçon. Je voulais que la médium me dise qu'entre nous, ce serait l'amour idéal. Elle changea de sujet tout en consultant les cartes.

« Ton grand-père va mourir entouré de trois personnes à son chevet.

– Qu'est-ce que ça signifie ?

– Je ne sais pas.

– Suis-je l'une de ces personnes ?

– Non », dit-elle.

Je ne voulais pas du tout la croire. Mon grand-papa signifiait tout pour moi et il n'était pas question que je ne sois pas à ses côtés au moment de son départ.

Je ne me souviens plus du reste de la consultation, mais je me rappelle être repartie troublée. Je ne voulais pas croire à la plupart des choses qu'elle m'avait prédites.

Toutefois, une semaine plus tard, mon copain devint amoureux d'une autre fille. La médium avait vu juste à propos de ma relation avec ce garçon. Évidemment, je ne pus m'empêcher de penser qu'elle avait peut-être raison quant au reste de ses prédictions, incluant mon don.

J'ai consulté d'autres médiums, par exemple des liseurs dans les lignes de la main ou dans les boules de cristal, mais peu d'entre eux m'impressionnèrent. En fait, je faisais l'erreur de chercher des réponses chez les autres. Je commençais à m'ennuyer à mon emploi, j'en avais marre de chercher Monsieur Parfait et je m'étais brouillée avec quelques amis qui, pour tout dire, exerçaient sur moi une influence négative.

J'étais à la croisée des chemins. Je trouvais cela difficile et je nourrissais l'espoir que quelqu'un – n'importe qui – allait me montrer la voie à prendre.

Un jour, je suis allée consulter une médium au Kensington Market. Sur le chemin du retour, je me suis dit qu'elle était vraiment douée. Elle m'avait dit que je ne resterais pas très longtemps encore à mon emploi de l'époque, que d'ici peu de temps je serais appelée à beaucoup voyager et que le début de mon succès se ferait outre-mer. Elle m'a aussi parlé de l'homme avec qui je venais d'amorcer une relation et elle savait même le genre de travail qu'il faisait. Elle n'approuvait pas cette relation et m'a aussi conseillée de porter attention aux gens avec qui je passais mes temps libres. Elle a parlé de ma grand-mère et de son don, me mentionnant au passage qu'elle était souffrante et que je serais appelée à suivre ses traces. Je n'arrivais pas à comprendre comment elle pouvait savoir toutes ces choses. Il est très facile pour un médium de donner des informations très générales du genre « vous connaîtrez des problèmes de dos », car à peu près tout le monde, à un moment ou à un autre, aura des problèmes de dos. Mais cette médium était très précise et très spécifique.

La médium me demanda un objet personnel qu'elle pourrait tenir dans ses mains. Tout au long de la consultation, elle faisait tourner l'une de mes bagues entre ses doigts. Après une pause, elle poursuivit en disant que ma mère avait des problèmes sur le plan du cœur, ce que j'ignorais à ce moment-là, mais qui s'avéra exact par la suite, et que j'aurais quelques ennuis à l'estomac, mais que je m'en sortirais. Elle m'a aussi mentionné que je gagnerais un peu d'argent en chantant, mais que je n'en ferais pas une carrière.

Je me souviens d'avoir vécu des émotions variées durant cette consultation parce que la médium m'avait dit des choses que je n'étais pas prête à entendre. Des années plus tard, cette expérience m'aida à être beaucoup plus sensible aux émotions et sentiments de mes clients.

Pas plus de deux semaines après la consultation, je retournai visiter ma famille et je me rendis d'abord chez ma grand-mère. Elle n'allait pas bien et la note annonçant qu'elle ne verrait personne cette journée-là était affichée à sa porte. J'ai frappé trois coups rapides à la fenêtre – un code entre nous – et elle vint m'ouvrir la porte. Alors que nous nous installions au salon, je lui racontai la consultation que je venais d'avoir avec la médium. Elle m'écouta attentivement, sans m'interrompre, et lorsque j'eus terminé, elle me dit en souriant : « Je suis heureuse d'entendre tout cela, car il y a certaines choses que je dois te dire. »

Elle se leva et m'invita à la suivre jusqu'à la table, sous la fenêtre, où elle menait ses consultations auprès de ses clients. Je me suis assise devant elle. Elle a déposé ses fameuses cartes de tarot sur la table. Elle a tapoté de son index le paquet de cartes puis la table.

« Lisa, je vais lire les cartes pour toi. Mais si je vois ma propre mort, je vais arrêter. »

De nouveau, mes sentiments étaient confus. J'étais très fébrile de recevoir une lecture de cartes de ma mamie, mais j'étais aussi nerveuse, car ce moment de vérité était finalement arrivé. Mamie avait toujours dit qu'elle ne ferait pas de consultations aux membres de sa famille ni à ses amis. En quelque sorte, cette consultation était une première. Elle me demanda de brasser les cartes et de les déposer sur la table en trois paquets, représentant le passé, le présent et le futur. Elle m'a ensuite demandé de choisir un paquet à éliminer – il correspondait au passé.

« Tu ne peux pas changer le passé, alors pourquoi t'attarder à le regarder », dit-elle.

Elle avait raison sur ce point. Seuls le présent et le futur l'intéressaient.

« L'homme que tu fréquentes en ce moment n'est pas pour toi, commença-t-elle. Tu vivras plusieurs relations, mais tu ne connaîtras le véritable amour que deux fois... Tu n'auras qu'un seul enfant, mais je perçois la possibilité d'un lien avec un autre enfant. »

Elle a levé les yeux vers moi.

« Tu seras célèbre, dit-elle.

– Grâce à un contrat de disque ? » demandai-je, enjouée. Plus je chantais dans des bars de karaoké, plus je voulais devenir une chanteuse professionnelle.

« Non, dit-elle en souriant tendrement. Pas en tant que chanteuse, Lisa. Tu feras ce que je fais. Tu suivras mes traces. C'est ce qui te rendra célèbre.

– Vraiment ? dis-je en me souvenant de ce que l'autre médium m'avait prédit.

– Oui, vraiment, répéta-t-elle avec un sourire. Et tu seras célèbre en Amérique.

– Hé ! La femme au Kensington Market m'a dit la même chose ! »

Mamie tourna une autre carte, puis une autre. « Je vois deux hommes âgés dans ta vie. Tu marieras l'un d'eux. L'autre, plus âgé que le premier, t'ouvrira beaucoup de portes. C'est lui qui t'emmènera en Amérique.

– C'est excitant, tout cela », dis-je sans en être complètement convaincue. Je ne croyais pas avoir le talent nécessaire pour faire ce que Frances faisait si bien. Et pour être franche, je n'étais pas certaine de souhaiter reprendre le flambeau. Par contre, je ne voulais pas critiquer ce que ma grand-mère me disait. Après tout, elle croyait assurément tout ce qu'elle m'annonçait.

« Pourquoi me regardes-tu avec cet air-là ? me demanda-t-elle, amusée de ma confusion.

– Je ne suis pas certaine, avouai-je.

– Tu dois me faire confiance, reprit-elle. J'ai longtemps attendu le bon moment pour t'offrir une consultation, et ce moment est arrivé. Tu dois savoir tout cela, Lisa.

– Mais je ne comprends pas, argumentai-je. Si je suis censée faire ce travail, comment vais-je m'y prendre ? Par où commencer ?

– Suis ton instinct. Fais-lui confiance, il ne te laissera jamais tomber. »

Elle sourit et se leva, m'indiquant ainsi que la consultation était terminée. Elle sembla observer quelque chose dans les airs, derrière moi.

« Il y a une lumière violette et jaune au-dessus de ta tête », finit-elle par dire.

Je me suis retournée pour regarder.

«Je ne vois rien, dis-je.

– Bien sûr que non, ajouta-t-elle en riant. Mais moi, si !

– Est-ce que ça signifie quelque chose ?

– Certainement ! Ça signifie que tu approfondiras la réalité spirituelle et que tu aideras un nombre incalculable de gens par ton travail assidu et ton dévouement. »

Ai-je besoin de vous dire ce qui occupait mes pensées en retournant à la maison ? Ma grand-mère était une médium douée et très populaire. Elle avait partagé ses talents avec des personnes à travers le monde. Je devais me résoudre à croire qu'il y avait une part de vérité dans ce qu'elle m'avait dit. De plus, comme elle était ma grand-mère, je sais qu'elle ne m'aurait jamais raconté de faussetés. Cela dit, même si j'avais le même don qu'elle, comment pouvais-je apprendre à m'en servir correctement ?

Lorsque je suis rentrée à Stevenage, plus curieuse que jamais, je ne pus résister à consulter un médium au moins une fois par mois. J'en ai ainsi rencontré plusieurs et chacun d'eux m'a dit la même chose, soit que je devrais faire le même travail qu'eux ! Bien sûr, il était toujours possible que ces médiums disaient cela à toutes les personnes qui les consultaient. Après tout, être en consultation avec un médium exprime déjà un intérêt pour ce genre d'activités et c'est très flatteur de se faire dire que l'on a un don, surtout par des gens qui sont censés s'y connaître.

Toutefois, plusieurs de ces médiums étaient convaincants par leur précision et plusieurs confirmaient ce que mamie m'avait dit précédemment, soit que je vivrais en Amérique, que je marierais un homme plus âgé, que je n'aurais qu'un fils. Les informations étaient si étonnamment similaires que j'ai décidé de leur faire confiance. Je me suis donc intéressée plus à fond aux domaines spirituel et paranormal. J'ai fait préparer ma carte du ciel par un astrologue professionnel, j'ai acheté un jeu de tarot – même si je n'avais aucune idée de comment l'utiliser – et j'ai lu de nombreux livres sur ces sujets.

Ma grand-mère m'avait parlé d'une dame qu'elle avait rencontrée à quelques reprises. Elle s'appelait Doris Stokes. Elle était une médium britannique qui devint très populaire dans les années 1980. Elle avait écrit de nombreux livres, dont A *Host of Voices*, dans lequel elle parle abondamment de la communication avec les morts. Elle racontait avoir pris conscience de son don alors qu'elle était très jeune et que des parents décédés la visitaient. Bien sûr, je me suis reconnue dans son histoire. J'ai découvert qu'elle avait été très critiquée par divers regroupements chrétiens, dont l'Église d'Angleterre, pour ses pratiques jugées offensantes envers Dieu. Je n'ai pas compris en quoi son travail pouvait offenser Dieu. Elle réconfortait des gens en les aidant à communiquer avec leurs êtres chers décédés, et elle le faisait avec succès.

Un jour où je pensais à Doris Stokes, je me sentis envahie par un sentiment de plénitude et d'unité. C'était un sentiment similaire à celui que j'avais connu à treize ans lorsque j'avais trouvé Dieu avec l'aide du Sunshine Group. J'essayais de trouver ce que j'allais faire de ma vie, au-delà du gymnase, au-delà des amitiés douteuses, au-delà des relations amoureuses brèves et insatisfaisantes. Soudainement, je savais ! Je me sentais reliée à quelque chose de plus grand que moi, à quelque chose qui m'avait interpellée constamment depuis l'âge de trois ans où j'avais commencé à voir des visages de fantômes traverser les murs de ma chambre. Je ne peux dire précisément à quoi je me sentais liée ni à quoi tout cela rimait, mais le sentiment était réel, indiscutable et étrangement bizarre.

Transformée par cette expérience, j'ai décidé qu'il était temps d'opérer des changements radicaux dans ma vie. J'allais démissionner de mon emploi et déménager. Après tout, je n'avais rien à perdre. Je n'avais aucun amoureux et je gaspillais beaucoup trop de soirées dans les bars de karaoké à siroter mon éternel Coke diète en compagnie de personnes aussi perdues que je l'étais moi-même. Franchement, j'en avais marre de cette vie-là : les soirées qui s'étirent jusqu'à tard dans la nuit, les conversations inutiles, les rencontres futiles... Chaque jour, j'avais l'impression d'avancer toujours plus loin sur la mauvaise route et dans la mauvaise direction.

Ma famille ignorait tout de ce que je vivais. Mes parents et mon frère pensaient que ma vie était géniale. Je ne voulais pas leur dire la vérité. Je ne voulais pas qu'ils connaissent la vie dont je n'étais pas fière. Je ne voulais pas les décevoir, alors je faisais semblant que tout allait pour le mieux et que j'étais heureuse. J'avais cru que quitter la maison changerait ma vie positivement. Dans un sens, ce fut le cas. Par contre, je me sentais plus perdue que jamais. Aujourd'hui, je me dis que cette période fut importante parce qu'elle a fait de moi la personne que je suis. J'apprivoisais alors la maturité mentale et spirituelle.

Autant je voulais changer ma vie, autant j'ignorais par où commencer. Une année passa, puis la moitié d'une autre année s'écoula sans que j'entreprenne quelque chose. J'étais léthargique. J'avais rencontré un garçon appelé Guy et j'étais en pâmoison devant lui. Il me semblait merveilleux en tous points, sauf qu'il n'était absolument pas fait pour moi. Malgré tout, il ne fallut que quelques semaines pour que nous habitions ensemble.

Un samedi matin de février, je me suis réveillée avec une horrible sensation au creux de l'estomac. Il était tôt, mais je me suis levée et j'ai commencé à tourner en rond dans la maison. Je n'arrivais pas à savoir pourquoi je me sentais aussi mal. J'ai cru que m'occuper à quelque chose m'aiderait à évacuer cette désagréable sensation. J'ai donc fait la lessive. J'ai alors pensé à ma grand-mère : *C'est mamie ! Je vais recevoir un coup de fil à propos de mamie !*

Un instant plus tard, Guy me dit qu'il y avait un appel pour moi. « C'est mon père, n'est-ce pas ? » Guy fit signe que oui.

« Comment le sais-tu ? me demanda-t-il.

– C'est au sujet de ma grand-mère, n'est-ce pas ? »

Il n'a rien dit, mais son expression en disait long. Il a baissé les yeux et je courus prendre le téléphone.

«Papa?

– Lisa, dit mon père. Ta mamie ne va pas bien. Elle est entrée à l'hôpital Selly Oak. Les médecins nous ont dit que ça n'augurait rien de bon.»

Je pouvais ressentir toute sa tristesse dans sa voix. «Je pars tout de suite», lui annonçai-je.

Je crois que j'avais pressenti cette nouvelle. Ma grand-mère avait été en contact avec deux guérisseurs de l'au-delà, décédés tous les deux depuis longtemps. Un an auparavant, ces guérisseurs l'avaient informée qu'ils ne pouvaient plus rien faire pour elle et qu'ils ne reviendraient plus vers elle pour l'aider.

Guy et moi avons ramassé quelques vêtements et avons pris la route vers Birmingham. Je n'étais qu'une enfant la dernière fois que je m'étais rendue à l'hôpital Selly Oak, mais je ne sais comment, je pus retrouver le chemin sans jamais hésiter, m'arrêter ou demander des informations. C'est comme si quelqu'un m'indiquait la route à suivre. Puis, je me suis souvenue des paroles de mamie: «Fais confiance à ton instinct. Il ne te laissera jamais tomber.»

Toute la famille était déjà à l'hôpital: mes parents, mon frère, mes cousins et cousines, mes oncles et tantes. Ma grand-mère avait été inconsciente la majeure partie de la nuit et tous s'attendaient au pire. J'avançai auprès d'elle, je lui pris la main et je lui murmurai: «Mamie, je suis là.»

Ses yeux s'ouvrirent soudainement et elle tourna la tête pour me regarder. Tout le monde fut surpris de sa réaction. Ils ne s'attendaient pas à ce qu'elle reprenne connaissance.

Mamie me fixait. Elle me serra fortement la main. Je lui frottai la main en retour. Elle a dû remarquer les larmes dans mes yeux, mais je ne pouvais m'empêcher de constater toute la frayeur dans son regard. Soudainement, elle ferma les yeux. J'ai quitté la chambre sans dire un mot. Intérieurement, j'étais dévastée. Je savais que c'était la fin.

Ma cousine, Tracey, que je n'avais pas vue depuis très longtemps, me rejoignit à la cafétéria. Nous avions besoin toutes les deux d'un café fort. Elle commença à parler de mamie et de la façon dont elle avait repris connaissance. Elle y voyait un signe encourageant. Je l'ai regardée et lui ai dit : « C'est terminé. Elle ne reviendra pas.

– Je ne te crois pas. Elle a déjà été très malade. Elle s'en sortira, comme les autres fois auparavant. »

Le jour suivant, les infirmières installèrent mamie dans une chambre plus tranquille. J'ai demandé à l'une d'entre elles si mamie avait une chance de s'en sortir. Elle prit un air solennel. « Il est rare que les gens s'en sortent lorsqu'ils sont rendus à ce stade. Je vous conseille de lui faire vos adieux. »

Il était tard en soirée. Tracey avait dû rentrer à la maison pour prendre soin de ses enfants. J'ai pensé qu'elle voudrait être à l'hôpital avec nous. Autour de minuit, je suis allée la chercher à son domicile. À notre retour, l'état de mamie s'était détérioré encore plus. Un par un, nous avons pu lui faire nos adieux personnels.

Lorsque ce fut mon tour, j'ai mis sa main entre les deux miennes. « Tu te souviens de cette consultation que tu m'as faite ? Eh bien, si c'est vrai, ce que tu as dit, et que je vais éventuellement faire le même travail que toi, tout ce que je peux espérer, c'est d'être à moitié aussi bonne que toi. »

Elle semblait inconsciente et ne répondait pas. J'ai pris une profonde respiration et j'ai continué. « Mamie, je sais que tu as peur. Tout le monde a peur de l'inconnu. Mais le monde des esprits t'est déjà plutôt familier. Ton cœur sait sûrement qu'il n'y a pas lieu de s'inquiéter. Tu as plein d'amis et de parents qui t'attendent de l'autre côté. »

J'ai senti sa main bouger, bien que légèrement. J'eus le sentiment qu'elle m'avait entendue. Je m'approchai, lui donnai un baiser final et partis. Mes parents étaient dans le corridor. « Je dois retourner chez moi », leur ai-je dit. J'avais fait mes adieux à mamie, je pouvais repartir.

J'ai conduit la centaine de kilomètres pour le retour à Hertfordshire. À mon arrivée, j'étais épuisée et je me suis couchée.

Je me suis réveillée le lendemain en pensant à ma grand-mère. *Elle est prête à partir*, ai-je pensé. Je me suis habillée en vitesse et j'ai pris un léger petit-déjeuner. À neuf heures pile – je me souviens d'avoir regardé l'horloge –, je ressentais l'urgence d'appeler à l'hôpital. Il n'y avait pas de réponse à la réception. Je commençais à être agitée et après avoir essayé une troisième fois de téléphoner, je savais intérieurement que c'était terminé pour mamie. J'ai donc téléphoné à la maison quelques heures plus tard et ma tante Linda a répondu.

« Hé, c'est moi, Lisa. J'ai tenté d'avoir des nouvelles de mamie toute la matinée. Je n'ai pas réussi à joindre l'hôpital.

– Ta grand-mère est morte ce matin, m'annonça-t-elle.

– Quand ? demandai-je tout en sachant déjà la réponse.

– À neuf heures. »

En raccrochant le combiné, je me sentais totalement vide. C'était le premier décès dans la famille avec lequel je devais vraiment composer. Je me suis assise, incapable de bouger. J'ai commencé à revoir ma vie – comme il arrive souvent en de telles occasions. J'ai alors décidé que je devais y apporter des changements. Je n'allais pas faire comme la dernière fois. Cette fois-ci, j'allais réellement changer ! Aucun aspect de ma vie ne m'apportait de la joie. Ni mon travail, ni mes relations, ni rien ! En quelque sorte, la mort de ma grand-mère fut un signal qui m'inspira à prendre un nouveau départ.

Une fois de plus, je ne suis pas parvenue à me motiver suffisamment pour le faire. Les jours se changèrent en semaines et les semaines, en mois. J'étais prise dans une routine, incapable d'en sortir. Je continuais de vivre la même vie, faisant la fête, brûlant la chandelle par les deux bouts, souriant et prétextant avoir du bon temps. Je rentrais chaque nuit épuisée, parfois au petit matin, et je me laissais choir dans mon lit en me promettant de changer. *Je commence demain*, me dis-je alors. Mais ce demain n'arriva jamais.

Je vivais à Arlesley avec Guy dans une petite maison de deux chambres à coucher. J'avais moi-même décoré l'une des chambres dans une jolie teinte de jaune pastel. Je ne suis pas très portée sur la décoration, mais j'avais mis beaucoup d'énergie pour décorer cette chambre, possiblement pour éviter de penser à ma vie qui n'allait nulle part. J'adorais cette pièce.

Un soir, j'étais dans cette chambre en train de ranger des vêtements. Mes deux chats, Tiger et Chloé, me surveillaient de leur poste d'observation habituel, au bout du lit. Soudainement, Chloé poussa un cri d'effroi et sauta du lit pour s'enfuir hors de la chambre. Je la regardais courir dans le corridor, puis j'ai regardé Tiger. Son poil était hérissé. En un clin d'œil, il fuyait à son tour dans le corridor. Je me demandais ce qui leur arrivait lorsque, soudainement, je vis ma grand-mère assise au pied du lit, aussi vraie que nature. J'ai paniqué, ce qui n'est guère surprenant. Je ne savais pas quoi dire ni quoi faire. Le temps semblait suspendu. J'avais vu l'esprit de gens décédés auparavant, mais cette fois, la vision semblait particulièrement réelle. Avec du recul, je regrette ma réaction et je donnerais tout ce que j'ai pour revivre ce moment. Mais, ce soir-là, j'ai pris une grande respiration en essayant de me calmer. «Mamie, je ne peux pas supporter cela. Je t'en prie, va-t'en. »

Elle m'a regardée et m'a souri. Elle me semblait toute jeune, comme je l'avais connue il y a longtemps déjà : vibrante, joviale, heureuse. Pourtant, sa présence m'effrayait terriblement. «C'est à ton tour, maintenant», me dit-elle tendrement.

J'ai ramassé mes clés d'auto et j'ai couru hors de la maison, sans même refermer la porte derrière moi. J'ai sauté dans mon auto et j'ai déguerpi. Je n'avais aucune idée où aller, mais ça m'importait peu. Tout ce que je voulais, c'était fuir la maison. Cependant, je ne pouvais nier ce qui s'était passé. J'ai roulé sans but pendant un certain temps, suffisamment pour retrouver mon calme. Je me suis alors sentie coupable de m'être enfuie ainsi. « Mamie, si tu m'entends, je suis désolée. J'ai paniqué lorsque je t'ai vue. »

J'ai finalement fait demi-tour et je suis rentrée à la maison. La porte d'entrée était toujours ouverte. Je suis montée à l'étage, soucieuse de savoir si mamie était toujours assise sur le lit – et peut-être un peu fâchée contre moi. Évidemment, elle n'était plus là. Je me suis sentie à la fois soulagée et déçue. Soulagée de ne pas avoir à faire face de nouveau à la vision de ma grand-mère, mais déçue parce que j'aurais eu tant de choses à lui dire. J'aurais voulu qu'elle sache que j'étais perdue et sans but, que j'étais totalement confuse et que j'essayais de changer ma vie, sans succès. Et c'est là que ça m'a sauté aux yeux : je n'essayais pas vraiment de changer ma vie. Je me faisais croire que si, mais en réalité, je ne faisais aucune action pour changer. Et c'est à ce moment précis que tout se transforma pour moi.

J'ai alors reconnu ma situation et toute la négativité qui m'entourait. Je savais ce que j'avais à faire. Je savais que j'allais recevoir de l'aide et des appuis comme jamais auparavant. J'ai immédiatement démissionné de mon emploi, sans même être assurée d'en avoir un autre. Deux semaines plus tard, on m'offrait un nouveau poste dans un gymnase de Biggleswade, à Bedfordshire. J'ai appelé chacun de mes amis de l'époque pour leur dire adieu. Ce fut ce qui m'apparut le plus difficile à faire à ce moment-là. Je les appréciais beaucoup, mais je ne pouvais plus vivre comme eux. Quelques-uns n'ont pas respecté ma décision. Tout ce que j'ai pu faire : ignorer leurs appels. Je n'avais pas la force de caractère pour résister à leurs influences malsaines. La seule façon de m'en sortir était de prendre une distance d'eux.

Finalement, j'ai délaissé cette vie !

Rapidement, je me suis adaptée à mon nouvel emploi. J'aimais l'atmosphère au gym, les collègues étaient gentils, mais ce travail ne m'inspirait pas. Je désirais ardemment un réel changement.

Un jour, j'ai vu une annonce dans le journal pour un poste de *Redcoat* chez Butlins. Butlins offrait des séjours de vacances traditionnelles britanniques et les *Redcoats* étaient responsables de l'animation. Ils chantaient, dansaient et divertissaient les visiteurs. Ça me semblait plus rafraîchissant et inspirant que le gym. De plus, le travail était dans un hôtel du centre-ville de Londres.

J'ai postulé le poste en me décrivant comme une personne agréable, aimant s'amuser et ayant en plus une certaine expérience en chant.

Je fus invitée à passer une audition. J'y ai chanté la chanson *What a Feeling*, du film *Flashdance*, et *Wind Beneath my Wings*, la chanson préférée de mon grand-père. C'était impressionnant d'être sur scène et j'ai adoré l'expérience. Mais, après avoir assisté aux autres auditions – quelques-uns des participants étaient particulièrement bons –, je ne pensais pas avoir l'emploi.

Une semaine passa sans recevoir de nouvelles. J'ai perdu espoir et j'ai commencé à envisager d'autres options. Puis, contre toute attente, je reçus un coup de fil de la directrice qui m'annonça que j'avais le poste. J'étais si heureuse que j'ai crié au bout du fil.

« Lisa ? Est-ce que ça va ? demanda la directrice.

– Oh, mon Dieu ! Oui ! dis-je.

– Voulez-vous toujours ce poste ?

– Quoi ? Êtes-vous sérieuse ? Bien sûr que je le veux ! »

C'était exactement le changement dont j'avais besoin. J'ai quitté mon copain et mes chats et je suis allée travailler à l'hôtel Butlins, dans le quartier de Bayswater, à Londres. Dès le début, c'était comme me retrouver soudainement dans une famille très unie. Nous étions douze *Redcoats* et nous vivions ensemble dans le sous-sol de l'hôtel. Nous mangions ensemble, nous jouions ensemble, nous fêtions ensemble. Mais nous travaillions aussi, bien sûr, et même très fort. Nous montions des spectacles, divertissions les invités, accompagnions des groupes dans des restaurants de Londres ou des banlieues. Nous leur faisions même visiter la ville dans des autobus à deux étages. C'était comme être une conseillère pour des camps de vacances pour adultes. Ce fut l'un des meilleurs emplois que j'ai occupés. Je m'y suis beaucoup plu.

J'ai célébré mon vingt-quatrième anniversaire de naissance – en 1997 – au sein de ma *nouvelle* famille. Je n'aurais pas pu être plus heureuse. Par contre, peu de temps après, c'est revenu ! Je ressentais des choses, j'entendais des choses, je voyais des choses. Par exemple, au troisième étage de l'hôtel, juste derrière les cages d'ascenseur, je voyais régulièrement un petit garçon arpenter le long et sombre corridor en pleurant. Il devait avoir quatre ou cinq ans. Il avait les cheveux foncés. Il allait et venait sans cesse, comme un petit prisonnier, traînant sa couverture avec lui. Je me sentais mal pour lui, mais je n'ai jamais tenté de lui parler. Je ne sais pas pourquoi exactement. Peut-être avais-je l'impression que ça m'attristerait encore plus si je savais pourquoi il pleurait.

J'ai aussi croisé l'esprit d'une vieille femme en colère à la buanderie du sous-sol de l'hôtel, là où la literie était rangée. Elle avait les cheveux gris et attachés en chignon. Elle ne parlait jamais, mais je ressentais qu'elle était étrangère. Elle passait devant moi en maugréant et elle claquait la porte chaque fois en quittant la pièce. En fait, la porte ne se refermait pas réellement, même si certaines personnes disaient entendre le claquement d'une porte, mais je pouvais la voir se fermer, ce qui rendait l'expérience plus déroutante.

Le matin d'un jour de congé, des collègues et moi avons décidé de visiter les donjons de Londres. Nous étions très enthousiastes à l'idée de cette visite, mais une fois sur place, je me suis rendu compte que je ne pouvais pas y pénétrer. J'étais complètement envahie par l'énergie négative des lieux. Je pouvais entendre des cris étouffés venant des donjons. Je n'y suis jamais descendue. Je ressentais le mal tout autour de moi. C'était presque palpable. Je savais que ce que je ressentais était réel, et ça m'a effrayée.

Par la suite, plus d'une fois, à l'hôtel, la voix d'une femme me réveilla en pleine nuit, m'appelant sur un ton d'urgence : « Lisa ! Lisa ! » Il n'y avait personne, cependant, et je n'ai jamais entendu autre chose que mon nom.

Durant cette période, je sentais que j'évoluais, ce qui me confondait. Je ne faisais rien de particulier pour développer mon don. En fait, malgré mes récentes convictions d'alors, j'essayais encore d'ignorer cet aspect de ma vie. Mais Londres était une ville riche d'histoire, imprégnée du passé. Cette atmosphère semblait propice à stimuler mon don. Et ça ne concernait pas seulement le monde des esprits. Je me souviens d'un collègue revenant de vacances avec sa copine et racontant, avec conviction pourtant, à quel point ses vacances avaient été merveilleuses. Mais, je ressentais que les choses ne s'étaient pas si bien déroulées qu'il voulait le faire croire.

« Dis-moi comment ça s'est vraiment passé ? » lui demandai-je. Je ne savais pas d'où me venait cette impression.

« Comment as-tu su que nous avions eu des problèmes, ma copine et moi ? me demanda-t-il, étonné.

– Je ne sais pas, je le sais, c'est tout. Tu vas recevoir de ses nouvelles et tout s'arrangera », lui dis-je.

Au même instant, son téléphone cellulaire sonna. Il le sortit de sa poche de veston, regarda l'afficheur et me jeta un regard ahuri. « C'est elle !

– Je sais », dis-je en camouflant une petite satisfaction personnelle.

Une autre collègue avait le béguin pour l'un des gars du groupe. Un jour, je lui ai parlé, seule à seule. « Je sais que tu aimerais être en relation de couple avec David, mais je dois te dire que ça n'arrivera jamais. »

Elle me regarda comme si j'étais une illuminée. « Comment as-tu su à propos de David ? dit-elle en murmurant. Je n'en ai jamais parlé. Même lui n'en sait rien !

– Je l'ai ressenti, simplement.

– Ressenti ?

– C'est difficile à expliquer. C'est comme si je savais certaines choses. Ça semble être de la sorcellerie ou de la magie, mais ce n'est rien de tout ça, et je ne me trompe jamais. »

Elle me dévisagea un moment, confuse. Soudainement, elle reprit espoir. « Peux-tu me dire ce qui arrivera entre lui et moi ?

– Il n'arrivera rien, dis-je en essayant d'être aussi diplomate que possible. Il fréquente déjà quelqu'un, mais il n'en a parlé à personne.

– Comment le sais-tu ? Il te l'a dit ?

– Non, je le ressens, c'est tout. »

Et, bien sûr, une fois de plus, j'avais raison.

En peu de temps, après quelques expériences de ce type, le mot courut : « Lisa est quelque peu étrange ; Lisa voit des choses ; Lisa ressent des choses. » Mais je ne luttais plus désormais. Certaines personnes qui ne croyaient pas à ces phénomènes me discréditaient, mais plusieurs autres étaient intriguées et elles me consultaient pour des conseils ou pour être guidées. Je n'ai jamais fait de véritables consultations. Je leur disais simplement ce que je pensais des situations dans lesquelles elles se trouvaient.

C'était néanmoins une étrange sensation pour moi. Je me trouvais dans une position inhabituelle. Je me rappelai alors ce que ma grand-mère m'avait dit : « Lisa, c'est à ton tour maintenant. »

Elle semblait avoir raison.

Un jour, alors que je feuilletais un magazine, une petite voix dans ma tête me dit qu'il était temps que je passe un examen médical. J'ai appelé le National Health Service (NHS) pour prendre rendez-vous. La semaine suivante, je passais un examen complet, incluant une colpocytologie[1]. La femme médecin qui procédait à cet examen fit une pause et me regarda. « À quand remonte votre dernier examen ? demanda-t-elle.

– C'était il y a cinq ans, je crois.

– Pourquoi avez-vous attendu si longtemps ?

– Mon médecin de l'époque m'avait dit que je pouvais attendre jusqu'à dix ans avant de repasser le test.

– Non, il ne faut pas dépasser trois ans, dit-elle avec un air stupéfait.

– Est-ce que quelque chose cloche ? » demandai-je.

Elle ne voulut pas m'en dire plus. Elle se contenta de me dire qu'elle envoyait mon dossier à l'hôpital.

Je suis retournée à l'hôtel et j'ai essayé de ne pas penser à ce qui venait de se passer. Après tout, le NHS n'était pas très efficace et je n'allais certainement pas avoir de rendez-vous à l'hôpital avant trois mois. Mais, une semaine plus tard, je reçus une lettre me demandant de me présenter à l'hôpital St. Mary, à Paddington, le vendredi de la même semaine. Je ne me suis pas trop inquiétée. J'ai pensé que la bureaucratie s'était peut-être améliorée et que la rapidité avec laquelle on communiqua avec moi n'avait rien à voir avec mon état.

Le vendredi arriva et je me présentai à l'hôpital, comme prévu, pour y subir une colposcopie, ce qui est recommandé lorsque la colpocytologie laisse présager quelque chose d'anormal. La

---

1. Test pour détecter des cellules précancéreuses ou cancéreuses dans le canal endocervical du système de reproduction féminin.

docteure observa ensuite sur un écran les résultats de l'examen. Je pouvais voir, moi aussi, mais je n'avais aucune idée si les nouvelles étaient bonnes ou mauvaises. Puis, j'ai remarqué l'expression sur son visage et j'ai commencé à m'inquiéter un peu.

« Y a-t-il quelque chose qui ne va pas ? lui demandai-je.

– Je ne suis pas certaine, dit-elle. Je ne veux pas vous inquiéter outre mesure. Je vais vous appeler dès que j'aurai les résultats de l'examen d'aujourd'hui. »

Trois jours plus tard, elle me téléphona. J'étais dans ma chambre, chez Butlins, étendue sur mon lit et pratiquant une nouvelle chanson que j'envisageais de faire sur scène le même soir.

Après de brèves salutations d'usage, elle alla directement au but de son appel. « Si nous les avions décelées plus tôt, ces cellules auraient été précancéreuses, mais malheureusement, vous êtes venue trop tard à l'examen.

– Qu'est-ce que vous dites ? J'ai le cancer ? dis-je en état de choc. » Je ne sais pas comment j'ai pu prononcer ces mots. J'étais dans un déni total.

« Écoutez, ne paniquez pas, dit-elle. Tout ira bien, mais j'aimerais vous voir le plus tôt possible. »

Je n'ai pas répondu. Ses paroles ne m'atteignaient pas. Elles semblaient s'évaporer dans le vide.

« Lisa, êtes-vous là ?

– Hum… oui.

– J'aimerais vous voir le plus tôt possible, répéta-t-elle. Demain serait bien.

– Je vais y penser », dis-je avant de raccrocher.

J'étais dans le déni total. J'ai continué de répéter la nouvelle chanson, je suis allée manger avec des collègues, j'ai chanté et dansé sur scène pour les invités et j'ai terminé ma journée à une heure du matin, comme si c'était un jour normal. Je ne me souviens même pas d'avoir repensé à ce que la docteure m'avait annoncé auparavant.

Le lendemain, j'ai travaillé comme à mon habitude. J'ai fait visiter la ville à un groupe et j'ai emmené un autre groupe au restaurant et à un spectacle en soirée.

Pendant des jours, la docteure me téléphona – le nom de l'hôpital s'affichait clairement sur l'écran de mon cellulaire –, et pendant des jours, j'ai refusé de répondre. Une semaine s'écoula. Un matin, alors que j'étais sous la douche, mon téléphone sonna et mon amie répondit. Lorsque je suis sortie de la douche, elle me regarda d'un air grave.

« Ta docteure a téléphoné. Elle veut que tu la rappelles immédiatement.

– D'accord, dis-je.

– Lisa, elle a dit avoir essayé de te joindre toute la semaine. Elle a précisé que c'était urgent. Je crois vraiment que tu devrais la rappeler maintenant. »

C'était le réveil dont j'avais besoin. Je sais que ça peut sembler stupide d'avoir ignoré la docteure, mais je ne voulais tellement pas avoir le cancer que je me faisais croire qu'en évitant la docteure, la maladie disparaîtrait. C'est ce que j'avais fait avec les visages dans ma chambre à coucher lorsque j'étais enfant, pourquoi pas avec le cancer ?

Le lendemain, après le travail, je me suis rendue directement à l'hôpital. Je ne m'étais même pas souciée de prendre rendez-vous – mon esprit était encore dans la brume. La réceptionniste me regarda avec étonnement.

« Je viens voir la docteure, lui dis-je simplement.

– Avez-vous un rendez-vous ?

– Non, mais elle m'appelle depuis plusieurs jours. Je suis Lisa Williams.

– Elle est en consultation actuellement, mais je sais qu'elle veut vous voir. Assoyez-vous, s'il vous plaît », dit-elle poliment.

Peu de temps après, j'étais dans la salle d'examen, affrontant l'inévitable vérité. Je souffrais d'un cancer cervical. La docteure me remettait toutes sortes de dépliants sur le sujet et sur les organismes pouvant m'apporter de l'aide. Elle m'expliqua aussi ce qu'elle prévoyait faire dans mon cas, mais je ne retenais que la moitié de ce qu'elle disait.

« Ce n'est pas si sérieux », dit-elle avec un sourire.

Facile pour vous de dire cela, ce n'est pas vous qui avez ce cancer, n'arrêtai-je pas de penser.

« Nous allons faire une chirurgie au laser. Nous éliminerons les cellules cancéreuses et vous irez bien par la suite », ajouta-t-elle.

Quelques jours plus tard – en juillet –, on procéda à l'opération. J'avais peur et j'étais nerveuse, mais la chirurgie se déroula rondement et il me sembla être sortie de l'hôpital aussi vite que j'y étais entrée. La docteure me permit de retourner à la maison avec un grand pot de pilules et des indications sur quand et comment les prendre. Je n'ai même pas pensé lui demander la nature de ces pilules. Je crois que toute cette expérience m'avait grandement ébranlée. Encore aujourd'hui, je peux difficilement accepter d'avoir eu le cancer à un si jeune âge.

J'ai pris trois jours de congé à mon emploi. Comme ces journées étaient déjà prévues, je suis retournée au travail sans que personne n'ait la moindre idée de ce que je venais de vivre. Physiquement, je me sentais mal en point, mais j'ai fait de mon mieux pour ne pas le laisser paraître.

Le dimanche suivant, nous emmenions un groupe d'invités au Beefeater, une sorte de spectacle médiéval au cours duquel le personnage d'Henri VIII se promène parmi l'assistance en compagnie de l'une de ses femmes. Il y avait beaucoup de danse, de chant et de nourriture. Comme nous avions maintes fois assisté à ce spectacle, nous, les membres de l'équipe des *Redcoats*, ne trouvions aucun plaisir à y assister une fois de plus.

Une fois les invités attablés, je suis sortie et j'ai téléphoné à ma mère. Nous avons parlé de tout et de rien pendant quelques minutes, puis je lui parlai du cancer, sans dramatiser. Je pus déceler sa panique au téléphone.

« Veux-tu que je vienne te chercher pour t'emmener à la maison ?

– Non, ça va. Ils ont tout retiré.

– En es-tu certaine ?

– Positif », ai-je confirmé.

Je sais que ça semble bizarre, mais je suis comme ça. Je ne me suis jamais vraiment plainte et je ne me laisse pas trop envahir par les émotions. Comme mon père l'avait prédit, les leçons de la vie m'avaient renforcée.

Bien sûr, il aurait été agréable de rentrer à la maison, de rester au lit pendant quelques jours et de laisser ma mère prendre soin de moi, mais je ne pouvais agir ainsi. Je savais que je devais traverser cette épreuve toute seule. J'avais 24 ans, et même si ma vie n'était pas parfaite, je me suis dit qu'un jour, j'allais être au sommet du monde.

Chapitre 3

Les hommes

Environ cinq semaines après l'intervention chirurgicale, j'ai commencé à me sentir mieux. J'avais complété ma prise de médicaments, mais je n'avais jamais fait le lien entre ces médicaments et les nausées ou autres sensations pénibles que j'avais ressenties jusque-là. Cela dit, un fait demeure : les traitements sont plus difficiles à supporter que la maladie elle-même. Étrangement, plus ma santé s'améliorait, moins je me sentais heureuse à mon emploi et avec mes compagnons de travail. J'avais du plaisir à divertir les gens et j'aimais toujours autant chanter, mais la vie m'apparaissait dorénavant plus fragile. Je sentais qu'il était temps pour moi de bouger, mais réellement, cette fois.

J'avais déjà compris qu'il est difficile de procéder à des changements lorsque nous sommes dans une position trop « confortable ». J'ai donc décidé de démissionner de mon emploi avant même d'en avoir un autre. Je voulais absolument demeurer à Londres. Fort heureusement, l'un de mes amis possédait un petit appartement en ville. Il m'offrit d'y demeurer le temps que je retombe sur mes pieds. Il me proposa même de me cueillir à la porte de l'hôtel le samedi matin, au lendemain de ma dernière journée de travail.

J'ai donc travaillé jusqu'à une heure du matin, le vendredi, j'ai dormi quelques heures, et à huit heures, le samedi matin, j'ai fait mes tristes adieux à mes collègues, j'ai fait mes bagages et je suis sortie attendre mon ami devant l'hôtel. Au bout d'un certain temps, puisqu'il n'arrivait pas, je lui ai téléphoné à plusieurs reprises et je lui ai même laissé des messages. À midi, j'ai finalement compris qu'il ne viendrait pas. D'une certaine manière, je savais que je ne pourrais pas compter sur lui, mais je voulais tellement y croire. Comme ma mamie me l'a souvent dit, j'aurais dû écouter mon intuition et m'éviter une peine de cœur.

J'ai ramassé mes bagages et je me suis rendue à l'hôtel pour touristes, de l'autre côté de la rue. Je n'avais presque plus d'argent. Le mieux que les gens présents purent m'offrir fut de partager une chambre à la semaine. Cinq autres filles se partageaient déjà la chambre, des touristes pour la plupart. J'aurais pu leur proposer de leur faire visiter Londres, mais à la place, je passai la fin de semaine à écrire dans mon journal personnel et à essayer de planifier le reste de ma vie.

Le lundi suivant, je dénichai un emploi qui consistait à vendre des espaces publicitaires pour un magazine. Huit heures par jour, cinq jours par semaine, je devais faire des appels téléphoniques. Je détestais cet emploi. Les gens me répondaient, d'une manière sans équivoque, qu'ils ne désiraient pas de foutues publicités dans notre foutu magazine. Je devais les remercier poliment et passer au nom suivant sur la liste. C'était l'un des emplois les plus difficiles que j'aie occupés. De plus, la rémunération était minable. Une large part de ce que je gagnais servait à payer ma partie de la chambre à l'hôtel – où je devais composer avec une constante rotation de cochambreuses – et une autre portion servait à payer mon transport pour aller travailler. Il ne me restait pratiquement plus rien pour les autres dépenses. Je me suis donc habituée à vivre avec peu de choses, me nourrissant presque uniquement de galettes. Ce régime était malsain et épuisant. Les fins de semaine, je ne quittais presque jamais la chambre. Je lisais et j'écrivais dans mon journal.

« Les choses se passent très bien, dis-je à ma mère. L'emploi n'est pas fantastique, mais j'ai vendu quelques publicités la semaine dernière, alors je ne me plains pas. J'adore Londres, c'est fabuleux ! »

À un moment, je fus si désespérée que j'ai pensé joindre mes amis que j'avais laissés derrière moi, à l'autre emploi. Je savais qu'ils m'accueilleraient de nouveau à bras ouverts. Cela aurait été comme si rien n'avait changé. À quelques reprises, j'ai pris le téléphone pour les appeler, mais je le déposais aussitôt que quelqu'un répondait. Je ne pouvais retourner en arrière. Je valais tellement plus que cela.

Je luttais. J'étais affamée. Plus d'une fois, la pensée de fouiller dans les poubelles me traversa l'esprit. J'avais une bouteille d'eau par jour. Le reste du temps, je devais boire directement du robinet de la salle de bain. J'étais vraiment désespérée, mais je ne voulais me rendre à cette évidence. Je me souviens que lorsque venait la période de mes règles, chaque mois, je ne pouvais pas acheter de tampons. Je n'avais pas d'argent. Je dus me résoudre à appeler ma mère.

« M'man, crois-tu que tu pourrais déposer un peu d'argent dans mon compte de banque. J'ai mes règles et je suis un peu à court d'argent pour acheter des tampons... »

Je ne peux imaginer ce qui a dû traverser l'esprit de ma mère lors de cet appel. « Pourquoi ne m'as-tu pas dit avant que les choses allaient aussi mal ? »

Je ne pus rien dire. J'ai juste pleuré.

« Je viens te chercher, dit-elle.

– D'accord », fut tout ce que j'ai pu dire. En vérité, je voulais tellement que ma mère prenne soin de moi et me protège. Trois heures plus tard, elle et papa étaient à Londres pour me ramener à la maison. Je suis demeurée une semaine chez mes parents. J'y ai bien mangé, été dorlotée et aimée. J'ai visité mes grands-parents. Bref, j'ai récupéré. Je suis aussi allée visiter ma vieille amie Sarah qui travaillait dans un salon de coiffure à Stratford-upon-Avon et qui avait insisté pour m'offrir une coiffure.

« Les choses n'ont pas tourné comme je le pensais, lui confiai-je. À vrai dire, je ne crois pas avoir eu de véritables plans. »

Lorsque je suis retournée à Londres, j'étais dans un état d'esprit renouvelé. Et les choses se sont finalement placées à mon avantage. J'ai déniché un superbe appartement que je partageais avec deux frères du Nigéria, les deux garçons les plus gentils et les plus respectueux que je n'avais jamais rencontrés. J'obtins un emploi de serveuse au Globe, un bar très populaire du quartier Moorgate. Je travaillais du lundi au vendredi en appréciant chaque minute à cet emploi. Mes fins de semaine étaient consacrées à l'exercice physique, à de longues marches et à d'occasionnelles sorties galantes.

Au bout de trois mois, mes idées et mon esprit étaient plus clairs que jamais. J'ai alors décidé de retourner à l'université pour obtenir un diplôme afin d'enseigner l'éducation physique. Malgré mes résultats scolaires médiocres, j'étais dorénavant considérée comme une étudiante adulte. Je fus ainsi acceptée à l'université de Montfort, à Bedfordshire. Je quittai Londres et emménageai près de l'université dans un petit appartement que je partageais avec une vieille amie. J'adorais l'université. J'y pratiquais la danse, la gymnastique et la natation. Je ne m'étais jamais sentie aussi bien. J'étais l'une des étudiantes les plus âgées et on me surnommait affectueusement « Mémé ». Je passais beaucoup de temps avec James, un gars fantastique, lui aussi un étudiant adulte, ce qui lui valut le surnom de « Grand-père ».

Pour payer mes dépenses et la pension, j'ai accepté un emploi à temps partiel pour une entreprise qui offrait des locations de vacances à temps partagé. En quelques mois, je fus promue gérante au bureau local de cette entreprise. Je suis alors tombée amoureuse de Reg, l'un des gérants des ventes régionales. Il avait vingt ans de plus que moi. C'était un homme brillant avec les plus beaux yeux bleus au monde. Un après-midi, après quelques semaines de *flirt*, il m'invita à une sortie avec lui. « Je suis sur la route six jours sur sept, dit-il, mais la prochaine fois que je viens à Bedfordshire, j'aimerais bien dîner avec toi.

– Bien sûr, lui répondis-je avec enthousiasme. Ce serait agréable. »

Nous sommes donc sortis ensemble une première fois, puis une autre et une autre. Lorsqu'il était à l'extérieur de la ville – ce qui était plutôt fréquent –, nous nous parlions tous les soirs au téléphone durant au moins deux heures. Je me suis ouverte à lui comme jamais auparavant. Je me sentais unie à lui comme à personne d'autre dans ma vie. Pas étonnant que je n'aie pas pris la peine de réfléchir lorsqu'il me demanda en mariage.

J'ai finalement déménagé chez lui, à Lancashire. J'avais été mutée à l'intérieur de l'entreprise et j'avais changé d'université pour poursuivre mes études. Le jour suivant mon arrivée, Reg me présenta à sa mère qui me dit sans hésiter : « Vous avez un don de médiumnité, non ? »

Je lui ai parlé de ma grand-mère et de quelques-unes de mes expériences avec le monde des esprits. Elle quitta la pièce quelques instants et revint en tenant dans ses mains un jeu de cartes de tarot.

« Je "verse" un peu dans toutes ces choses, moi aussi, alors j'ai tout de suite su que vous aviez ce don au moment même où mon fils vous a fait entrer ici. Ferez-vous une lecture pour moi un jour ?

– Je ne pourrai pas vraiment, dis-je. Je ne sais rien des rudiments de ce don.

– Mais bien sûr que si, reprit-elle. J'insiste. »

Je n'étais pas aussi certaine qu'elle. J'ai passé un peu de temps à étudier les cartes de tarot, mais elles n'avaient aucun sens pour moi. Je n'avais aucune idée de la façon de les interpréter. Mais, une petite voix dans ma tête répétait : « Oublie les cartes, suis simplement ton intuition. »

Je rassemblai donc mon courage et fis la lecture de cartes à la mère de Reg. Je profitai d'un soir où il était à l'extérieur par affaires. Sa mère et moi nous sommes assises sur mon lit et je lui ai demandé de mélanger les cartes. En me souvenant de la façon dont ma grand-mère s'y prenait, j'ai ensuite demandé à la mère de Reg de diviser les cartes en trois paquets.

« L'un concerne le passé, l'autre, le présent, et le dernier, l'avenir, dis-je en ayant l'impression d'être guidée par ma mamie. Ma grand-mère avait l'habitude de dire que l'on ne peut changer le passé. On peut donc ne pas se préoccuper du premier paquet. »

Je lui ai demandé de choisir l'un des deux paquets et j'ai commencé à retourner les cartes. « Un homme gentil et distingué entrera dans votre vie, mais vous ne vous marierez pas de nouveau », dis-je en commençant. J'avais l'impression que ce n'était pas moi qui parlais. D'où pouvait bien venir ce que je venais de dire ? Je lui ai ensuite parlé de sa santé, de ses finances, de son intérêt pour le reiki (un art de guérison japonais). En finissant, elle m'avoua avoir été impressionnée.

« Vous êtes très douée, vous savez. Vous ne devriez pas négliger un don d'une telle ampleur », me dit-elle.

Après son départ, je me suis demandé si elle avait simplement voulu être gentille – après tout, j'étais la fiancée de son fils – ou si le temps n'était pas venu de considérer plus sérieusement toute cette histoire de médiumnité. Je n'ai pourtant pas poussé plus loin ma réflexion. J'adorais mon travail et mes études allaient bon train. Dans un sens, j'étais une fois de plus trop à l'aise dans ma vie pour effectuer quelque changement que ce soit.

Le seul aspect négatif dans ma vie, à cette époque, était que Reg était presque toujours à l'étranger. Je n'avais aucun contrôle sur cet aspect que je vivais difficilement. J'allais épouser cet homme, mais je me sentais plus seule et célibataire que jamais auparavant.

Un jour où je *lunchais* avec Caroline, l'une des filles du bureau, elle me confia avoir déjà pratiqué la médiumnité. Je lui ai alors parlé de ma grand-mère et de ma propre expérience – limitée, je dois dire – de ce domaine.

« Je savais que tu avais quelque chose de spécial, me dit-elle. C'est la raison pour laquelle je t'ai invitée à *luncher*. Je voulais parler de tout cela avec toi. Personne n'est au courant au bureau de mes capacités de médium. Je suis certaine que la plupart des gens s'en moqueraient.

– Tu crois que j'ai ce don, moi aussi ? lui demandai-je.

– J'en ai la certitude, et si tu veux que je t'aide à le développer, fais-moi signe. »

J'ai réfléchi quelques secondes.

« Quand pouvons-nous commencer ? lui demandai-je.

– Dès que tu le souhaites », répondit-elle sans hésiter.

Au cours des jours et des semaines qui suivirent, comme Reg était très souvent à l'étranger, Caroline et moi avons passé beaucoup de temps ensemble.

« Lorsque je suis avec un client et qu'une image me vient à l'esprit, je l'observe de près pour identifier des points de repère, m'expliqua Caroline. À quelle période de l'année se situe-t-elle ? Où se trouve la personne ? Y a-t-il quelque chose autour de l'esprit qui pourrait m'aider ou aider mon client à déchiffrer ce que je vois ? La personne porte-t-elle un vêtement à manches courtes ? Fait-il chaud ? L'environnement est-il agréable ou miteux ? La personne est-elle dehors ou à l'intérieur ? Y a-t-il des sons ? La mer ? Le vent ? Des voix ? »

Un vendredi, après le travail, nous sommes sorties, elle et moi, pour prendre un verre. Caroline en prit un ou deux… de trop !

« Ce ne serait pas prudent de reprendre ma voiture jusque chez moi, avoua-t-elle.

– Tu peux venir dormir chez moi, lui proposai-je.

– Ça ne dérangera pas Reg ?

– Reg travaille, dis-je. Reg travaille toujours », spécifiai-je.

En arrivant à la maison, Caroline ne se sentait pas prête à dormir. Elle se laissa choir sur le divan. « Voyons si tu peux découvrir des choses à propos de moi. Dis-moi simplement ce que tu vois.

– C'est étrange que tu me dises cela, car il y a un monsieur qui se tient au fond de la pièce, dis-je en pointant un homme bien vêtu qu'elle n'arrivait pas à voir pourtant. Il semble être une figure paternelle pour toi, mais ce n'est pas ton père, ajoutai-je. Je sens qu'il est mort d'une crise cardiaque. »

Lorsque j'ai regardé Caroline, j'ai vu ses yeux s'embrouiller de larmes. « C'est mon père adoptif. Il est mort l'an dernier d'une crise cardiaque. »

L'expérience était très intense pour Caroline, mais elle l'était tout autant pour moi. Je n'avais jamais rien fait de tel dans ma vie. J'étais assise dans mon salon avec une collègue de travail, et je venais de reconnaître que je pouvais voir l'un de ses proches décédés.

« Est-il toujours là ? » demanda Caroline.

Je me suis retournée vers le fond de la pièce. Il n'y était plus. « Non, répondis-je, un peu déçue.

– Je n'ai jamais parlé de mon père adoptif et de sa mort au bureau. Tu ne pouvais pas savoir tout cela d'une source extérieure. »

J'ai confié à Caroline que je possédais des cartes de tarot, mais que je n'avais aucune idée de la façon de m'en servir. Elle me suggéra de me procurer des cartes de médiumnité (*psycards*) qui sont similaires aux cartes de tarot, mais plus faciles à déchiffrer.

Le lendemain matin, je me suis procuré les cartes suggérées par Caroline. Je suis immédiatement retournée à la maison et j'ai commencé à les utiliser. Je les mélangeais, simplement, en essayant de ressentir quelque chose. Au bout de quelques minutes, je vis l'esprit d'une petite fille blonde qui traversa la pièce en courant. Elle était heureuse et souriante. Sans comprendre pourquoi, je savais qu'elle se prénommait Abigail – ce prénom m'était venu en tête d'un coup –, mais j'ignorais tout d'elle. J'ai découvert seulement récemment qu'elle était la fille de mon ami, Ian, et qu'elle était morte peu avant que je l'aie vue dans mon salon.

Le jour suivant, Reg téléphona pour m'aviser qu'il ne serait pas à la maison pour la fin de semaine. Je ne pus m'empêcher de maugréer.

« Tu n'es jamais à la maison. Je ne te vois jamais.

– Tu me verras amplement lorsque nous serons mariés », dit-il.

Plus tard, en soirée, lasse et en pleine crise d'apitoiement, j'ai téléphoné à mon amie Sarah, la coiffeuse de Stratford-upon-Avon, et nous nous sommes raconté nos malheurs avec nos hommes respectifs. Après que j'eus terminé de me plaindre des interminables absences de Reg, Sarah commença à parler de son copain, Tony. Mais je l'ai interrompue immédiatement.

« Il voit quelqu'un d'autre, lui dis-je.

– Quoi ?

– Tony… il voit quelqu'un d'autre.

– De quoi parles-tu ?

– Je n'en suis pas certaine. Tu sais que j'ai souvent des pensées qui me viennent comme ça et que je ressens des choses. C'est ce qui se passe en ce moment, et c'est très fort. »

Je ressentais très fortement ce que j'avais annoncé à Sarah. En même temps, je dois dire que je ne savais pas exactement ce dont je parlais. Il me semblait que les mots s'échappaient de ma bouche par eux-mêmes.

« Qui voit-il alors ? demanda Sarah, sceptique.

– Une fille appelée Lisa, dis-je. Pas moi ! ajoutai-je rapidement. Une autre Lisa. Il l'a rencontrée dans un bar... le Red Lion... ou le Red Bird... un nom avec le mot *Red*. Et ça dure depuis deux...

– Deux quoi ?

– Je ne sais pas. Je vois simplement le chiffre 2. Je ne suis pas certaine de ce que ça veut dire.

– C'est ridicule, protesta-t-elle.

– Je suis désolée. » Je me sentais quelque peu étourdie, comme si j'émergeais d'une transe.

« Que vois-tu d'autre ?

– Rien.

– Peux-tu te forcer un peu ?

– Peu importe ce que j'ai ressenti, c'est parti maintenant. Je ne veux pas que tu te sentes triste à propos de ce que je viens de te dire. C'était juste une impression, et j'ignore sa source. C'est probablement faux. »

Je me suis endormie immédiatement après cette conversation téléphonique. Quelques jours plus tard, Sarah me téléphona. À peine avais-je répondu qu'elle s'écria : « Lisa est une serveuse au Red Lion !

– Quoi ?

– Tu ne t'en souviens pas ? Tu m'avais dit que Tony voyait quelqu'un d'autre et tu parlais d'un endroit portant un nom avec le mot *Red*. »

La conversation téléphonique dont parlait Sarah me revint en mémoire, mais vaguement. Je me souvenais plutôt d'être allée au lit immédiatement après avoir raccroché, complètement exténuée.

« Lorsque tu m'en as parlé, Tony et elle se voyaient depuis deux semaines, poursuivit Sarah.

– Deux semaines ?

– Souviens-toi ! Tu avais vu le chiffre 2, mais tu ignorais ce qu'il signifiait.

– Ah oui, bien sûr, dis-je.

– Tu avais vu juste !

– Sait-il que tu le sais ?

– Maintenant, oui. Nous ne sommes plus ensemble. J'en ai marre des hommes. »

En raccrochant, je me sentais désolée pour elle. Elle était seule de nouveau. Quant à moi, j'allais me marier dans trois mois, le 9 mai 1999, pour être exacte. Cette date sonnait bien, mais plus je m'en approchais, plus j'avais des doutes à propos de Reg. Pourquoi allais-je marier cet homme ? Il n'était jamais là. Je ne le connaissais pas, à vrai dire. Mais je ne fis rien ; j'étais paralysée par la peur et l'indécision.

À la fin mars, quelques semaines avant le mariage – et je ne crois pas aux coïncidences –, je reçus une lettre de l'hôpital. Je passais régulièrement des examens depuis mon épisode de cancer de l'année précédente et tout avait toujours été normal. Mais, soudainement, ma docteure londonienne voulait me voir. J'ai appelé Reg pour l'en aviser et pour lui dire que j'aimerais qu'il m'accompagne à cette visite médicale.

« De quoi s'agit-il ? demanda-t-il.

– Je ne sais pas, mais je suis nerveuse.

– Je suis à Dublin jusqu'à tard dimanche, dit-il.

– C'est parfait, répondis-je. Le rendez-vous est à dix heures trente lundi matin. Tu peux soit prendre un vol de Dublin jusqu'à Londres ou tu peux y aller en auto et me retrouver là-bas. »

Il fallait quatre heures de route pour rejoindre Londres à partir de Lancashire. Je dis à Reg que je me rendrais chez mes parents la nuit précédant le rendez-vous – ils demeuraient à mi-chemin entre Londres et Lancashire – et que j'irais le chercher à l'aéroport de Heathrow tôt le lundi matin.

« Mais ça signifie que je serai alors sans voiture ? dit-il.

– Est-ce si important ? » demandai-je.

Apparemment, non ! Peu importe les solutions que je proposais, il trouvait toujours une raison pour justifier que ça ne fonctionnerait pas.

« D'accord, dis-je, en colère. Je vais m'arranger toute seule. »

Le samedi, je me rendis chez mes parents, sans parler de Reg ni de la docteure. Maman était emballée par le mariage qu'elle m'avait aidée à planifier, mais elle voulait savoir si tout allait bien se passer.

« Lisa, ferais-tu une lecture pour moi ? » demanda-t-elle toute joyeuse.

Je fus surprise, car je n'avais jamais fait de lecture à ma mère et mamie avait toujours obstinément refusé de le faire pour les membres de la famille – à part pour moi. Cela dit, je ne voyais rien de négatif à sa demande et je suis donc retournée à l'auto pour prendre mes cartes.

Elle s'assit sur le sofa et je m'installai sur le sol devant elle. La première chose que je vis me fit sursauter : il n'y aurait pas de mariage !

« Ce sera un charmant mariage, dis-je en mentant et en évitant de croiser le regard de ma mère. Tout se déroulera comme prévu.

– Dans ce cas, allons magasiner ma tenue pour le mariage », décida maman.

J'avais déjà acheté ma robe de mariée un mois auparavant. Avec ma mère et ma grand-mère, j'étais tombée amoureuse d'une très élégante robe blanche. Par contre, ma mère n'avait pas encore trouvé sa tenue, et elle désirait désespérément un chapeau : la mère de la mariée devait porter un chapeau !

Nous sommes donc allées en ville et avons trouvé un magnifique chapeau. Il coûtait très cher – près de quatre cents dollars –, mais il lui allait à merveille. De retour à la maison, elle ne pouvait s'empêcher de l'essayer, encore et encore.

« Il est magnifique, n'est-ce pas ?

– Au prix qu'il a coûté, il faut qu'il le soit ! » répondis-je.

Je me sentais lamentable. Non seulement j'avais menti à ma mère, mais je l'avais laissé débourser une forte somme pour un chapeau.

Le lundi arriva. Je me rendis en voiture à Londres pour rencontrer ma docteure.

«Eh bien, déjà un an depuis votre opération, dit-elle. Je suis heureuse de savoir que vous n'avez eu aucun problème. Vos examens ne sont pas encore normaux, mais il ne faut pas vous en inquiéter outre mesure. Par contre, nous allons vous suivre de près. Il vaut mieux être prudent. Je vais transférer votre dossier à une collègue de Lancashire et je veux que vous me promettiez de la voir aux trois mois.

– Je vous le promets, répondis-je. (Je sentais toutefois qu'elle avait autre chose à me dire.) Est-ce qu'il y a autre chose?

– Eh bien, oui, commença-t-elle en hésitant. Je suis désolée de vous dire cela, mais je crois qu'il est hautement improbable que vous ayez des enfants un jour.

– Je le savais, en quelque sorte», lui dis-je. Et c'était vrai. Au cours du traitement, l'année précédente, il en avait été subtilement question. Dans mon cœur, je l'avais accepté. Je n'étais donc pas complètement dévastée, comme une femme l'est habituellement devant une telle annonce.

Après avoir quitté l'hôpital, j'ai flâné au hasard dans les rues de Londres et je me suis arrêtée à un resto-bar. En mangeant, je me suis demandé comment réagirait Reg en apprenant que nous n'aurions pas d'enfant ensemble. Nous avions déjà parlé d'enfants ensemble. Je savais qu'il en voulait.

Toujours perdue dans mes pensées, j'ai continué d'errer dans les rues de Londres après avoir quitté le restaurant. J'ai marché de Trafalgar Square à l'Embankment, sur la Tamise. Je suis restée là à observer l'Oxo Building de l'autre côté. La nuit, lorsque c'est illuminé, la vue est magnifique. On voit le pont et la tour de Londres au loin. Un autobus à deux étages, rempli de touristes, passa près de moi. Ça m'a rappelé mon travail à Butlins. J'ai souri et j'ai dû m'efforcer de ne pas me mettre à chanter.

Puis, je suis retournée près de l'hôpital et j'ai repris mon auto là où je l'avais garée. J'ai roulé jusqu'à Lancashire. C'était une longue route et j'avais le temps de penser. Pendant le trajet, j'ai décidé que je ne pouvais pas me marier avec Reg. J'ai réalisé que je ne le connaissais pas vraiment, mais son refus de m'accompagner à Londres, alors que j'avais vraiment besoin de lui, me fit réfléchir. Je méritais mieux. J'étais aussi anxieuse que toute autre jeune fille de 25 ans, peut-être même plus, mais étais-je si anxieuse que j'étais prête à épouser un homme que je n'aimais pas ? Qu'est-ce qui ne tournait pas rond chez moi ? Je m'étais toujours tenue debout. Reg avait plusieurs belles qualités – il avait les deux pieds sur terre, il était intelligent et il pouvait se montrer affectueux lorsqu'il le voulait –, mais il ne faisait pas le poids pour les choses importantes. Depuis le début, notre relation tournait autour de Reg : ce qu'il voulait, ce dont il avait besoin, au moment où ça lui convenait. Et moi, dans tout cela ? La seule fois où je lui ai demandé d'être là pour moi, la seule fois où je me suis permis de démontrer un peu de vulnérabilité, Reg était plus préoccupé par le fait de se retrouver à Londres sans sa voiture. Je ne pouvais pas vivre avec une personne ayant de telles priorités. Je ne me voyais pas l'épouser. Et je me voyais encore moins passer les quarante prochaines années avec lui. Je devais être sincère avec moi-même, pour le bien de chacun.

Sur le chemin, j'ai fait un détour jusqu'à Morecambe Bay pour observer les vagues et réfléchir à ce que je m'apprêtais à faire.

Je suis arrivée à la maison vers vingt heures trente. Reg m'attendait, debout dans la cuisine, dans ses pantoufles et son jean, fumant son éternel cigare. Il me donna un léger baiser.

« Comment ça s'est passé chez la docteure ? demanda-t-il.

– Bien. Tout va bien.

– Tu vois ? Je savais que ce n'était rien. »

Je l'ai longuement regardé, cherchant la meilleure façon de lui annoncer la nouvelle.

« Quoi ? » dit-il en me fixant à son tour. Il se détourna brièvement pour faire tomber la cendre de son cigare dans l'évier.

« Reg, ai-je commencé. Je ne crois pas être prête à me marier. »

Il commença à arpenter la pièce, clairement anxieux. Il retira son cigare de sa bouche et se tourna vers moi.

« Et que fais-tu des gens qui ont annoncé leur présence à notre mariage ? demanda-t-il.

– Nous les avisons deux semaines avant l'événement. Je suis certaine qu'ils comprendront.

– Et tout l'argent que j'ai déboursé ?

– Sans doute pourrons-nous en récupérer une bonne partie…

– Non ! Nous ne le pourrons pas ! La moitié de tout ce que j'ai payé n'est pas remboursable.

– Est-ce tout ce qui compte pour toi ? L'argent ? On n'épouse pas quelqu'un parce qu'on a dépensé de l'argent en vue de ce mariage !

– C'est mon argent ! cria-t-il.

– Je le sais, dis-je à mon tour. Je suis désolée. Mais il y a de plus grands problèmes que l'argent entre nous. J'avais réellement besoin que tu viennes à Londres avec moi. J'étais nerveuse et inquiète des nouvelles que je recevrais. Était-ce trop te demander que de m'y accompagner ?

– J'étais à Dublin », dit-il simplement.

J'étais renversée. C'était ça, sa réponse ? « J'étais à Dublin ! »

« Je suis épuisée, je vais me coucher », dis-je en le laissant à la cuisine.

Le lendemain matin, je suis partie au bureau avant que Reg soit réveillé. Il était à l'extérieur de la ville au cours des six jours précédents et ce jour-là, il était en congé. Dans l'avant-midi, je lui ai téléphoné du bureau, me sentant désolée de notre dispute de la veille, mais ma détermination n'avait pas faibli. Je lui réitérai ce que je lui avais déjà dit : le mariage était annulé. Il a compris ma position. Il ne s'est pas excusé de ne pas être venu avec moi à l'hôpital, mais il me dit comprendre pourquoi j'étais fâchée. Pour moi, c'était presque tout comme.

Je suis revenue à la maison à la fin de la journée. Juste avant de franchir la porte, j'eus l'étrange sentiment que je m'apprêtais à franchir une zone de guerre. Reg était à la cuisine, fumant son cigare. Nous avons échangé des salutations silencieuses et je suis montée à l'étage pour me changer et me laver le visage. Dès que je suis entrée dans la salle de bain, j'ai remarqué que tous mes effets personnels étaient manquants. Je suis allée dans la chambre et j'ai ouvert la garde-robe. Aucun de mes vêtements n'y était. Je suis redescendue et j'ai demandé à Reg, aussi calmement que possible, où étaient mes affaires.

« Si tu ne veux pas m'épouser, c'est que tu aimes quelqu'un d'autre, dit-il.

– Quoi ? C'est ridicule ! Je n'ai personne d'autre dans ma vie.

– Je veux que tu sortes de ma vie », reprit-il. Son ton était méchant et il m'effraya.

« D'accord, dis-je. Où sont mes affaires ? J'ai payé tous ces trucs. C'est tout ce que je possède au monde. »

J'ai remarqué que même les photos de nous deux étaient manquantes. J'avais l'impression qu'il avait passé la journée à effacer toute trace de mon existence.

« Je veux te voir sortir d'ici, MAINTENANT, dit-il. Je sais que tu as quelqu'un d'autre.

– C'est faux ! répétai-je. Où as-tu pris cette idée, pour l'amour du ciel ? »

Les choses allaient de mal en pis. J'ai parcouru la maison à la recherche de ce qui m'appartenait, mais je ne trouvais rien. Tout était parti.

« Pourquoi fais-tu cela ? » Je sentis le sang me monter à la tête et ma gorge s'assécher.

« Retourne à la rue, d'où tu viens, dit-il. Retourne à la vie que tu mérites. »

J'étais en état de choc. Je n'avais jamais vu ce côté de lui auparavant et ça m'effrayait. Je pouvais parler aux morts, je pouvais voir des choses avant qu'elles surviennent, mais j'avais été complètement aveugle quant à l'homme en chair et en os qui se tenait devant moi.

« J'ai dû perdre la raison, ajouta-t-il. Je ne sais pas ce qui m'a pris de te demander en mariage. »

J'ai quitté la maison les mains vides. Je n'avais même pas d'argent, que mon téléphone portable. J'ai téléphoné à mes parents.

« Bonjour, m'man.

– Bonjour, Lis. Ça va ?

– Non, je reviens à la maison », ai-je dit en pleurant.

Elle ne dit rien pendant un instant. Elle savait que je traversais un moment difficile.

« M'man, dis-je en commençant à sangloter, je ne peux pas supporter cela.

– Viens à la maison, dit-elle d'une voix gentille et calme. Tu sais qu'il y a toujours un lit pour toi ici. »

J'ai conduit jusqu'à la maison de mes parents en pleurant toutes les larmes de mon corps. Le lendemain, mon désarroi fit place à la colère. J'étais furieuse contre Reg. Je n'arrivais pas à croire qu'il m'avait traitée ainsi.

Maman me sécurisa et me força à manger un peu, tandis que mon père faisait les cent pas, en état de choc. «Je ne comprends pas, dit-il. Y a-t-il quelque chose que je puisse faire?»

Mon père a toujours été un homme de solutions. Il pensait pouvoir tout arranger.

«Ça va aller, dis-je. Je vais bien. Je suppose que ce mariage ne devait pas avoir lieu.»

Je me retrouvais donc à presque 25 ans, à quelques semaines d'un mariage qui n'aurait jamais lieu, de nouveau de retour chez mes parents à Redditch, à faire le bilan de ma prétendue vie. À quoi se résumait-elle? À peu de choses, à vrai dire, puisque j'étais obligée de recommencer à bâtir ma vie une fois de plus.

À la fin de la semaine, encore blessée, mais tout de même de retour sur mes pieds, je me rendis à l'agence de placement de personnel et j'y dénichai un poste dans la division des ventes d'une entreprise qui fabriquait des pièces aéronautiques, à Linread Northbridge. Je me foutais un peu des détails de l'emploi. Je voulais juste un nouveau départ.

Le samedi, je reçus un appel de mon amie Sarah. Elle organisait une soirée de karaoké et elle insistait pour que je vienne l'aider.

«Nous allons te faire retrouver ton entrain, dit-elle. Viens et tu passeras de beaux moments.

– Ouais, ouais, dis-je sans conviction.

– Oh! ferme-la. Ça suffit, cet air d'apitoiement», me lança-t-elle.

Je raccrochai et j'avisai ma mère que je sortais. «J'ai le sentiment que, ce soir, je vais rencontrer quelqu'un qui changera ma vie pour toujours», affirmai-je.

Sans surprise, elle me regarda d'un air désapprobateur. Et je ne la blâmais pas. La dernière fois que je lui avais parlé de sentiments de ce genre, je l'avais assurée que mon mariage serait un événement agréable.

Ce soir-là, je me suis remuée. J'ai enfilé mon jean à l'allure *peau de léopard* – très utile jadis lorsque je voulais attirer un homme – et je me suis dit que j'allais passer du bon temps.

La soirée se tenait dans une immense grange. Des bars avaient été installés à chacune des extrémités. À l'extérieur, on faisait rôtir un porc complet. La scène avait été érigée près d'une extrémité. Il ne me fallut pas beaucoup de temps avant de me retrouver sur la scène, chantant de tout mon cœur le succès de Céline Dion, *My Heart Will Go On*.

J'ai remarqué un homme qui se tenait près de l'entrée et qui m'observait, apparemment hypnotisé par ma performance. Lorsque je descendis de la scène, il me rejoignit en me souriant.

« Tu as une voix puissante, non ? »

Il était grand, avec des cheveux blonds et un nez proéminent. Il portait un veston de tweed, un jean et un chandail impeccable. Il avait un peu l'air d'un académicien. Nous avons bavardé quelques instants, mais je n'avais nullement l'intention de m'engager de nouveau avec un homme – du moins, pas à long terme –, alors je suis retournée auprès de Sarah, derrière la scène.

« Qui est ce gars avec le gros nez ? me demanda-t-elle. Il n'arrête pas de t'observer. Il a l'air d'un adolescent éperdu.

– Aucune idée », répondis-je.

Une heure plus tard, j'étais de nouveau en train de bavarder avec lui, à l'extérieur de la grange. Il s'appelait Simon Shore. Il était un marchand d'œuvres d'art très amusant. Tandis que nous parlions, la température se refroidit. Simon retira son veston de tweed et le déposa sur mes épaules. Je me souviens d'en avoir été très impressionnée. *Quel homme galant*, ai-je pensé. *Et pas laid du tout!* À la fin de la soirée, nous avons échangé nos numéros de téléphone.

Le lendemain, déterminé à ne pas perdre de temps, il me téléphona. Nous sommes sortis dîner. Il m'a fait rire, ce que j'ai grandement apprécié. Je n'avais pas considéré une relation romantique avec lui, mais il était drôle, gentil et respectueux. Soudainement, je le vis sous un autre angle. Il m'a parlé de son travail et je lui parlai de mon nouvel emploi et de mes dons de médiumnité.

« Je ne crois pas à ces histoires de médium, dit-il. Je suis désolé.

– Tu n'as pas à t'excuser, lui dis-je. J'apprécie ton honnêteté. »

Après le dîner, il m'embrassa sur la joue comme un parfait gentleman en me disant qu'il avait passé une charmante soirée. « Moi aussi », lui dis-je. Et je rentrai à la maison.

Quelques jours plus tard, maman feuilletait le journal – *Birmingham Evening Mail* – et elle remarqua une annonce demandant un chanteur. J'ai téléphoné au numéro inscrit sur l'annonce et le lendemain, je me rendais à Rugby, à une heure de route environ, pour une audition. J'ai chanté de nouveau la chanson de Céline Dion et une autre chanson d'un groupe anglais appelé Steps, *One for Sorrow*. À ma grande joie, on m'accepta dans le groupe. Les répétitions débutaient le jour même et devaient se poursuivre toute la semaine. La fin de semaine suivante, je me retrouvais sur la petite scène d'une boîte de nuit avec mes trois comparses musiciens. C'était fort agréable, mais certainement pas suffisamment payant pour que je démissionne de mon emploi de jour.

Entre-temps, Simon et moi sommes sortis dîner ensemble à quelques reprises. Un soir, je lui ai confié mon histoire avec Reg. Mon mariage avait été fixé pour la fin de semaine suivante. Simon a agi en parfait gentilhomme.

« Pourquoi ne me laisserais-tu pas t'emmener dans un bel endroit ? Ça t'aiderait à apaiser ton esprit. »

Nous sommes allés à Cheltenham, une charmante petite ville à Gloucestershire. Nous avons pris le *lunch* du midi, sommes allés au cinéma et avons fait un peu de magasinage. La journée se déroulait à la perfection… jusqu'à ce que je remarque l'auto de Reg. Je ne pouvais pas le croire : il se trouvait à Cheltenham ce même jour !

Simon fut merveilleux. Il m'a dit de ne pas m'en faire et il a réussi à me faire rire de nouveau l'instant d'après. Par chance, nous n'avons pas croisé Reg. En cette fin de journée, j'ai compris que je pouvais vraiment faire confiance à Simon. À notre retour, la relation commença à devenir plus sérieuse.

En quelques semaines, je l'avais présenté à mes parents et il m'avait présentée aux siens et à sa sœur, Claire. Avant longtemps, je vivais pratiquement avec lui dans son adorable appartement de Stow-on-the-Wold, à Cotswolds. Il me faisait sentir comme une reine.

« Tu sais, le soir où je t'ai rencontré, juste avant de quitter la maison, j'avais dit à ma mère que j'allais rencontrer un homme qui changerait ma vie, lui dis-je.

– Je t'ai déjà dit que je ne croyais pas à toutes ces choses », répondit-il en riant.

Mais moi, j'y croyais. Et plusieurs personnes y croyaient aussi. Cette même semaine, je reçus un coup de fil de mon amie Sarah.

« Une cliente est venue au salon de coiffure récemment et je lui ai raconté ce que tu m'avais dit à propos de Tony et à quel point tu avais vu juste, même dans les moindres détails. Elle voudrait une consultation avec toi.

– Une consultation ? Je ne fais pas de consultations !

– Pas jusqu'à maintenant, mais dorénavant, si. J'ai déjà fixé le rendez-vous. Elle t'attend, samedi, à midi. »

Elle me donna le nom de la femme et son adresse puis elle ajouta : « Demande-lui trente dollars.

– Quoi ? Trente dollars ? C'est l'une de tes amies, je ne vais pas exiger quoi que ce soit.

– Lisa, écoute-moi bien. Tu es excellente dans ce domaine. Tu dois être rémunérée pour ton temps et ton talent. »

Le samedi en question, me sentant plutôt anxieuse, je me présentai au domicile de la dame avec mes cartes de médium et de tarot.

« C'est la première lecture que je ferai, à part celle que j'ai faite pour ma mère récemment, lui dis-je d'entrée de jeu.

– Je sais, répondit-elle. Sarah m'a raconté, alors ne soyez pas anxieuse. Puis-je vous offrir un peu de thé ?

– Juste un verre d'eau, ça ira. »

Elle quitta la pièce et revint avec le verre d'eau.

Nous nous sommes assises l'une en face de l'autre à la table à café de son salon baigné dans la lumière du jour.

« Puis-je avoir un objet qui vous est personnel ? » lui demandai-je.

Elle me remit une bague que j'ai tenue dans ma main quelques instants en me demandant ce que je faisais là, ou plutôt, qui j'étais en train de duper. Il me semblait n'avoir aucune idée de ce que j'allais dire à cette dame, mais sans m'en rendre compte, je me suis mise à lui parler de son père dont je ressentais la présence dans la pièce et qui était décédé d'une crise cardiaque, ce que je ne pouvais pas savoir logiquement. Je lui ai parlé de ses amies et de sa famille en lui mentionnant quelques noms. Je lui prédis qu'elle vivrait bientôt un changement au travail.

« C'est stupéfiant ! s'exclama-t-elle. Comment pouvez-vous savoir toutes ces choses ?

– Je l'ignore, lui avouai-je. Sans que je saisisse comment, les choses me viennent en tête. »

Elle me pressa de poursuivre encore un peu. J'ai essayé, mais j'avais soudainement l'impression que la pièce était vide, comme si toutes les entités qui avaient été présentes avaient pris congé !

« C'est tout ce que je peux vous dire, annonçai-je à la dame. L'énergie s'est évaporée. »

Elle me sembla très heureuse de la consultation et elle me paya. Une fois de plus, j'ai pensé qu'elle avait peut-être simplement voulu être polie.

Au retour, je fis un saut au salon de coiffure de Sarah pour lui parler de la consultation, mais la dame lui avait déjà téléphoné pour tout lui raconter.

« Elle dit que tu es étonnante, me rapporta Sarah. Elle désire une autre rencontre et elle parlera de toi à ses amies.

– Oh ! » fis-je, agréablement surprise, mais en me demandant ce que tout cela signifiait vraiment.

Cette même fin de semaine, Simon et moi sommes partis en Écosse pour deux nuits, question de faire une petite pause ensemble. L'ambiance était romantique et je me sentais de plus en plus liée à cet homme.

Quelques semaines plus tard, Simon passa me prendre chez mes parents pour aller visiter sa sœur. Ma mère m'interpella juste avant que je sorte.

« Tu es enceinte, dit-elle.

– Je ne suis pas enceinte, repris-je en riant, mais du coup un peu étonnée.

– En es-tu certaine ?

– Oui, j'en suis certaine ! Qu'est-ce qui te fait penser le contraire ?

– Je connais ta période de règles et j'ai le sentiment que tu as du retard. »

Je ne croyais pas qu'une grossesse soit possible. Après tout, ma docteure m'avait annoncé qu'il était peu probable que j'aie des enfants un jour. J'avais accepté cette situation.

Simon et moi sommes finalement partis visiter Claire. Plusieurs de ses amies y étaient déjà et Claire leur avait mentionné que j'étais médium. « Non, pas vraiment », protestai-je.

Mais, les filles me pressèrent de leur dire des choses et je finis par céder devant leur insistance.

« Quelqu'une dans cette pièce est enceinte », dis-je en m'étonnant moi-même.

Les filles se sont toutes tournées vers l'une d'entre elles qui essayait d'être enceinte depuis plusieurs mois.

« C'est toi ! crièrent-elles. C'est toi ! C'est arrivé, finalement ! »

Et j'ai continué de parler, sans être capable de m'en empêcher. « Il y aura un problème durant la grossesse, mais il sera résolu. »

J'ai regardé la fille que toutes les autres avaient identifiée. Elle semblait plutôt mécontente, mais je n'y pouvais rien. J'avais dit ce que je ressentais.

Le matin suivant, en repensant à la soirée précédente et au pressentiment de ma mère, Simon et moi avons décidé de nous procurer un test de grossesse à la pharmacie, sur le chemin du retour. Nous sommes arrivés à la maison de mes parents et Simon n'avait jamais été aussi agité.

« Fais le test tout de suite, me pressa-t-il.

– Je ne peux pas uriner sur commande ! » lui rappelai-je.

Je crois que j'étais franchement nerveuse. J'ignorais comment j'allais réagir au résultat du test, que ce soit positif ou négatif. Je n'ai pas pu uriner de tout l'avant-midi. Mais, après le *lunch*, l'urgence d'uriner se fit sentir. J'ai suivi les directives du test puis j'ai attendu le résultat avec Simon. Ce fut la plus longue minute de toute ma vie. Et la petite ligne blanche apparut sur la lame de papier : j'étais enceinte ! Je ne savais pas encore comment réagir. Je commençais à peine à me remettre d'un passage de vie difficile et je fréquentais un homme que je connaissais à peine. Et voilà qu'une nouvelle vie poussait en moi.

Le visage de Simon s'illumina. « Oh, mon Dieu ! C'est merveilleux ! » Il attrapa son téléphone et appela sa sœur. « Claire ? s'exclama-t-il. Nous sommes enceintes ! »

De mon côté, je téléphonai à Sarah pour lui annoncer la nouvelle. J'étais remplie de doutes.

« Comment vais-je arriver à prendre soin d'un enfant alors que j'arrive difficilement à prendre soin de moi ?

– Tu n'es pas obligée d'aller jusqu'au bout, dit Claire.

– Non, je le garde, ripostai-je. Ce n'est pas une chose, c'est un garçon.

– Comment le sais-tu ?

– Je le sais, c'est tout.

– Ça donne la chair de poule, dit-elle en riant.

– Ouais, plusieurs personnes disent cela. »

Un docteur confirma ma grossesse peu après. Je l'ai alors annoncée à ma mère. Nous étions à la maison, regardant une série à la télé. Ma mère sommeillait sur le sofa. J'avais demandé à Simon d'être présent, car j'avais besoin de son appui. Durant une pause publicitaire, maman sursauta, bâilla et annonça qu'elle allait au lit.

« J'ai quelque chose à te dire, annonçai-je.

– De quoi s'agit-il ? demanda-t-elle distraitement.

– Je suis enceinte. »

Soudainement, ma mère sortit de la somnolence. « Oh, Lis, je le savais.

– Oui, tu as raison.

– Tu ne le garderas pas, n'est-ce pas ?

– À vrai dire, oui, je le garde. C'est un garçon.

– Je pense que tu dois y réfléchir sérieusement avant que je l'annonce à ton père », dit-elle avant d'aller se coucher.

J'ai regardé Simon. « Eh bien, ce fut charmant, non ? » lui dis-je ironiquement.

Simon ne savait pas quoi dire.

Au cours des jours suivants, ma mère fut plutôt dissuasive. Elle me posait toujours les mêmes questions. « Es-tu sûre de faire la bonne chose ? Souhaites-tu vraiment vivre tout cela ? Est-ce le bon moment pour avoir un bébé ? »

Mais, dès les premiers signes de nausées matinales, elle devint une mère typique. Elle s'assura de me donner des biscuits pour contrer les nausées et de mettre des fraises fraîches chaque jour dans mon sac à *lunch*. Elle disait que c'était efficace pour enrayer les nausées. J'ai compris que malgré le choc initial de la nouvelle, elle avait vraiment hâte d'être grand-mère, même si elle m'avertit : « Ne laisse pas cet enfant m'appeler "grand-maman". Je suis trop jeune pour être une grand-mère. »

À la même époque, je commençais à recevoir des appels de parfaits étrangers demandant une consultation avec moi. Ils avaient entendu parler de moi par Claire, ou Sarah, ou une amie d'une amie d'une amie... Ils étaient tous pressés de prendre rendez-vous. Je ne voulais pas laisser tomber tous ces gens, alors j'ai noté leurs numéros de téléphone en leur disant que je les appellerais dès que j'aurais de la disponibilité. Je parlai à Simon de la possibilité de donner des consultations à la maison, de mettre mon don à profit, mais il ne m'appuya pas. De nouveau, il levait le nez sur ces aspects en s'en moquant.

Cela dit, je savais qu'il avait tort. J'ai commencé à rappeler les gens et à leur donner des rendez-vous. C'est ainsi que tout a commencé. Une fois ou deux par semaine, je me rendais chez un inconnu, avec mes cartes, pour une consultation. Je ne comprenais même pas ce que je disais... «Un ami vous a trahi et il cherche désespérément à se faire pardonner...»

Par contre, *mes clients* semblaient chaque fois comprendre ce que je leur disais. Les gens me recommandaient auprès de leurs amis.

C'est à ce moment que je compris: il importe peu que ce que je dis ait du sens pour moi pourvu que ça en ait pour les gens qui me consultent. À partir de ce moment, j'ai saisi toute l'importance de ne pas me servir de mon cerveau logique durant une consultation.

Au second trimestre de ma grossesse, Simon et moi avons emménagé dans une maison à Redditch, pas très loin de celle de mes parents. J'ai alors commencé à magasiner des vêtements de bébé. Je n'ai jamais regardé d'autres vêtements que ceux d'un garçon – tout comme je n'ai jamais cherché le nom d'une fille –, car je savais que mon bébé était un garçon.

Il était parfaitement visible que j'étais enceinte par mon ventre qui s'arrondissait de plus en plus. Je travaillais toujours, mais j'anticipais un retrait pour maternité. Je donnais plus de consultations que jamais et je commençais à me plaire dans cette activité. Mes modestes succès m'avaient donné confiance. Le téléphone n'arrêtait pas de sonner.

« J'aimerais recevoir mes clients ici, annonçai-je à Simon.

– Non, dit-il. Je ne veux pas de ces gens dans ma maison. »

Il se moquait de moi et de mes clients, mais jamais méchamment. Il ne croyait pas en ces trucs, tout simplement. Je l'acceptais ainsi et je n'avais aucun désir de le convertir. Il mettait de l'humour dans tout cela. Parfois, il venait dans la chambre en faisant des sons étranges, imitant un fantôme, et il plaçait sa main sur mon ventre en disant : « Damien ? Est-ce toi ? Es-tu dans ce ventre ? »

Je chantais toujours avec mon groupe les fins de semaine. Nous donnions des spectacles dans des petits bars à travers le pays ou lors de soirées privées. Plus la grossesse progressait, plus Simon venait me voir chanter. Il était protecteur.

Le docteur me prescrivit finalement beaucoup de repos. Je dus rester au lit le plus souvent possible et j'ai donc dû annuler mes engagements avec le groupe et mes consultations.

Un après-midi, j'étais étendue sur mon lit et je me sentis lamentable en repensant à la soirée chez Claire, la sœur de Simon. J'avais alors prédit que l'une des filles présentes était enceinte, mais qu'il y aurait des complications par rapport à la grossesse. Je me suis demandé si ce n'était pas de ma propre grossesse dont je parlais, sans le savoir.

Inquiète, je téléphonai à Claire qui vérifia de son côté. Elle apprit que l'autre fille avait bel et bien été enceinte à ce moment, mais qu'elle avait malheureusement perdu son bébé.

« C'est affreux, dis-je.

– Ce l'était, mais elle est de nouveau enceinte et jusqu'ici, tout va bien, m'annonça Claire.

– Merci, mon Dieu ! J'ai cru que j'avais peut-être confondu les énergies de personnes, ce qui est possible avec autant de gens autour. Je sens que ma grossesse ira bien. »

Mes contractions débutèrent un jeudi soir. Simon me conduisit à l'hôpital. Rapidement, nous avons compris que le travail commençait à peine et que je n'étais pas encore prête à accoucher. Il retourna à la maison. Les contractions ne commencèrent vraiment que le lendemain. Et le samedi, 15 avril de l'an 2000, à cinq heures dix minutes du matin, Charles Edward Williams-Shore naissait. Il pesait 2,8 kilos. Il était le plus joli petit bonhomme que j'avais vu.

Chapitre 4

Mère au travail

Comme toute mère vous le dira, on ne réalise l'impact de la venue d'un enfant dans la vie que lorsque l'on devient parent soi-même. Charlie est devenu ma vie. Je passais chaque minute avec lui et lorsque je devais m'en éloigner – pour faire l'épicerie, me faire coiffer, aller à un rendez-vous médical –, je le confiais à ma mère. J'avais toujours hâte de le retrouver. Pour un moment, j'ai cru que j'en faisais une obsession, mais j'ai rapidement constaté que je me comportais comme toutes les autres mères.

Lorsque Charlie eut quatre mois, j'ai recommencé mes consultations. Simon était souvent à l'extérieur. Il visitait des expositions d'antiquités à travers le pays. Une fois de plus, je lui demandai s'il était d'accord pour que je reçoive mes clients à la maison.

« Ça me faciliterait tellement la vie, plaidai-je.

– Absolument pas, insista-t-il. Je déteste ces histoires de sorcières.

– Ça t'amusait avant, non ?

– Tu peux t'adonner à ces activités si tu veux, mais pas dans notre maison. »

Je me retrouvai donc sur les routes, avec Charlie à l'arrière de l'auto ! Je l'emmenais de maison en maison dans son petit siège d'auto. J'essayais de fixer mes rendez-vous selon l'horaire des siestes de Charlie, mais parfois je me suis retrouvée à le bercer avec mon pied sous une table. Aucun de mes clients ne sembla s'en offusquer.

Mes consultations commençaient toujours par la visite d'un esprit. « Votre père vient d'arriver parmi nous… Il a l'air très bien dans son costume, mais il porte une casquette et il fume une pipe. »

Si Charlie devenait maussade, je m'arrêtais pour le bercer un peu ou lui donner un biberon ; autrement, les consultations se déroulaient normalement.

Un soir, j'ai reçu une cliente à la maison, malgré la désapprobation de Simon. Il était à l'extérieur et j'étais trop exténuée pour prendre l'auto avec Charlie et faire une longue route. La cliente était Eileen, une petite dame irlandaise au visage épanoui et avec un formidable sens de l'humour. Par les nombreuses références à Dieu ou aux saints qu'elle faisait régulièrement, il était évident qu'elle était une catholique dévote. Cela dit, elle ne tarda pas à m'informer qu'elle était maître reiki, ce qui signifiait qu'elle était aussi ouverte à mon univers. J'avais déjà entendu parler du reiki. Ceux qui le pratiquent prétendent que nous sommes tous alimentés par une force de vie et que, parfois, la disharmonie s'installe en nous.

« Le reiki est une sorte de mise au point spirituelle, m'expliqua Eileen. Tu devrais songer à t'y mettre. Tu as un don, et les gens qui ont un don excellent généralement au reiki. »

Nous nous sommes assises pour commencer la séance de lecture de cartes. La première chose que je lui dis était qu'il y aurait de grands changements pour elle sur le plan professionnel.

« Ça parle au diable ! s'exclama-t-elle dans son accent irlandais typique. Tu as vu juste. Je déteste ce fichu travail. J'ai décidé de démissionner seulement la semaine dernière. »

Eileen n'avait pas seulement le physique d'un camionneur, mais elle en avait aussi le langage. Que Dieu la bénisse !

« Je vois ta fille se marier bientôt, continuai-je.

– Oh ! nom de Dieu. C'est vrai ! Comment as-tu su cela ? Tu es très bonne, vraiment. Je sais que tu seras célèbre un jour.

– Oh ! ça, je n'en sais rien, répondis-je.

– Moi, si ! J'ai vu plusieurs médiums auparavant, mais toi, tu es la meilleure et la plus précise. Je vais faire imprimer sur un t-shirt : JE LA CONNAISSAIS AVANT QU'ELLE SOIT CÉLÈBRE. »

Quelques semaines plus tard – Simon était une fois de plus à l'extérieur –, je reçus un appel d'une femme qui avait déjà consulté ma grand-mère. Je pouvais insérer un rendez-vous dans mon horaire, mais je ne voulais pas conduire jusque chez elle. Je lui ai donc demandé de venir chez moi. Elle est arrivée à l'heure prévue – ce que j'apprécie toujours, car je suis quelque peu obsédée par la ponctualité. En la laissant entrer, je me sentis nerveuse. Elle avait déjà eu une consultation avec ma grand-mère et je craignais quelque peu la comparaison.

Nous nous sommes assises et je l'ai longuement regardée. Elle devait avoir environ 45 ans, un peu rondelette, avec des cheveux bruns et courts et un fort accent d'un dialecte noir local.

« J'espère que vous ne vous attendez pas à ce que je sois aussi bonne que ma grand-mère, lui dis-je d'entrée de jeu.

– Oh! ne vous en faites pas avec cela, répondit-elle. J'ai eu de très bons commentaires à votre sujet.»

Nous partions du bon pied. J'ai vu certaines choses au sujet de sa santé, puis j'ai senti la présence de son père dans la pièce. Il avait quelques messages anodins à lui transmettre, comme des informations au sujet de la plomberie de sa maison. Mais, au milieu de la consultation, j'ai vu un horrible accident d'auto. C'était la première fois que je voyais quelque chose d'aussi lugubre. Je fis une pause de quelques instants, puis je demandai à la dame : «Voulez-vous tout savoir?»

Comme nous étions au milieu de la consultation, la femme comprit que je devais avoir vu quelque chose de terrible. Elle se ressaisit et me demanda de poursuivre. «Je vois un accident d'auto, lui dis-je. C'est une voiture sport bleue. Votre fille la conduit. L'accident surviendra cet été, après une longue fin de semaine de congé.»

Elle semblait complètement abasourdie. «Ma fille n'a pas d'auto sport, dit-elle.

– En tout cas, dans ma vision, elle en conduit une. Je peux la voir clairement.

– Je ne comprends pas. Elle a un copain, mais lui non plus n'a pas d'auto sport.

– Je suis désolée, mais c'est ce que je vois. Et d'après ma vision, ça pourrait être un accident mortel.

– Est-ce qu'il peut être évité? demanda-t-elle, plutôt inquiète.

– Oui», lui dis-je.

Je ne sais pas pourquoi je lui ai dit cela, ou plutôt si c'était moi qui le lui avais dit. J'avais l'impression qu'une voix dans ma tête répondait à ma place.

«Je vais tenter de vous donner le plus d'informations possible. Vous pourrez alors anticiper le moment où aura lieu l'accident et mettre en garde votre fille.

– D'accord, dit-elle, toujours aussi ébranlée par la nouvelle.

– Comme je vous l'ai dit, il s'agit d'une auto sport bleue. Votre fille la conduit tandis que le toit décapotable est replié. C'est une longue route sinueuse. Elle aurait pu emprunter un autre chemin, mais elle a choisi cette route sur l'impulsion du moment, préférant rouler sur un chemin panoramique. Elle préfère ce genre de route. Et je peux voir maintenant qu'il s'agit d'une auto empruntée.

– À qui l'a-t-elle empruntée ?

– Je ne sais pas.

– Mais comment pouvez-vous être certaine de tout cela ?

– Ma grand-mère me le dit», lui avouai-je, sans savoir une fois de plus pourquoi je lui disais cela, mais sachant pertinemment que c'était vrai.

– C'est plutôt troublant, me dit la femme à la fin de la consultation.

– Je suis désolée.

– Non, non, ce n'est pas votre faute. Je vous remercie d'avoir été honnête avec moi. Je pourrais dire que je n'en crois rien, mais tout ce que vous m'avez dit jusqu'ici était vrai, et ce, dans les moindres détails. Alors, je n'ai pas le choix de vous croire. De plus, beaucoup de personnes m'ont dit de venir vous rencontrer. Par contre, je ne peux pas dire que je me sente mieux qu'avant d'entrer ici. »

Je ne veux pas vous laisser dans le suspense de cette histoire, alors je vous raconte la fin dès maintenant.

Un an après la consultation, la femme me rappela. «Lisa, vous ne vous souvenez peut-être pas de moi. Je suis la dame à qui vous aviez parlé d'un accident d'auto impliquant une voiture bleue...

– D'accord...», dis-je en essayant de m'en souvenir, car je retiens peu de souvenirs de mes consultations, même les plus récentes. Elle a dû s'en rendre compte, car elle a commencé à me rappeler tout ce que je lui avais dit un an avant.

«C'est ce que j'ai vécu de plus improbable, dit-elle. Ma fille avait commencé à travailler pour un concessionnaire d'automobiles. C'était une longue fin de semaine. Elle était revenue à la maison dans une auto sport bleue. Elle repartit de la maison. Elle se souvenait de ce que je lui avais raconté après ma consultation avec vous. Elle me téléphona pour m'en parler. Elle m'informa qu'elle et son copain allaient visiter des amis qui vivaient à une heure de route environ. Ma fille empruntait généralement la route panoramique, mais je lui ai dit d'emprunter l'autoroute à la place. Ils sont restés environ une heure chez leurs amis. Sur le chemin du retour, ils optèrent pour la route panoramique, se disant que toute cette histoire de médiumnité n'était sans doute pas sérieuse. Mais, en chemin, ils constatèrent que la circulation était réduite à une seule voie. Un arbre s'était abattu sur la voie environ trois heures auparavant, ce qui correspondait au moment où ma fille et son copain seraient passés par là s'ils avaient emprunté cette route à l'aller. Peut-être n'est-ce qu'une coïncidence, mais j'ai tendance à croire le contraire. Vous aviez même mentionné la couleur de l'auto!

– Je ne crois pas aux coïncidences, lui dis-je. Je crois que tout survient pour une raison précise.

– Peut-être... De toute façon, je voulais simplement vous remercier. J'ai la certitude que votre vision a sauvé la vie de ma fille.

– Ne me remerciez pas, repris-je. Je ne fus que la messagère. Remerciez ma mamie.»

Quelques mois après cette consultation – mais bien avant l'accident évité –, Simon et moi avons décidé d'acheter une propriété. Nous avons visité une maison à Webheath, dans le secteur de Redditch. Une allée de cailloux menait à la maison à partir d'une rue principale. C'était une résidence en briques rouges et garnie de plusieurs charmantes fenêtres. Du lierre grimpait sur l'un des côtés de la maison. Tout de suite, nous l'avons baptisée le « cottage au lierre ». L'agent immobilier déverrouilla la porte et nous invita à rentrer. De magnifiques planchers de pierre, une vieille et vaste cheminée, une cuisine à l'ancienne... la maison offrait tout ce que vous pourriez aimer d'un vieux cottage anglais.

« Je crois qu'elle fut construite dans les années 1820 », nous informa l'agent immobilier.

Simon et moi nous sommes regardés. Nous étions conquis. Nous adorions la maison.

Nous y avons emménagé le 1er octobre 2000. En une semaine, nous étions installés. Ma vieille berceuse complétait à merveille le coin du foyer. Et je n'étais pas la seule à le penser. À plusieurs reprises, je descendais au salon la nuit et je voyais la chaise bercer. Elle continuait de bercer, même si je m'en approchais ou si je remontais à l'étage. Je n'ai jamais pu voir quelqu'un dans la chaise, alors je n'y ai pas porté plus attention. Il y avait aussi l'esprit d'une petite fille dans la maison – je l'entendais parfois ricaner –, mais je n'ai jamais réussi à la voir.

Nous avions créé un charmant foyer au sein duquel nous étions heureux. Cependant, Simon voyageait de plus en plus souvent. Charlie et moi restions souvent seuls à la maison... Enfin, presque seuls ! Il y avait l'esprit d'un homme dans la maison. Je n'avais aucune idée de son identité, mais il se manifestait chaque fois que Simon était à l'extérieur. Je ne pouvais pas réellement le voir, mais je sentais son regard me suivre partout dans la maison. Il m'attendait toujours en haut de l'escalier quand l'heure d'aller au lit arrivait.

Une nuit, peu après avoir endormi Charlie, je me suis couchée épuisée et je me suis rapidement endormie à mon tour. Cela dit, je me suis réveillée peu de temps après. Je ressentais la présence de l'homme plus intensément que jamais. Je me suis enfoui la tête sous les couvertures, le cœur serré. Je réussis à me calmer et à retrouver le sommeil, mais je fus réveillée de nouveau. J'avais l'impression de suffoquer. Au début, j'ai pensé que les couvertures m'avaient empêchée de respirer, mais je m'aperçus qu'elles étaient sur le sol. J'ai voulu bouger, mais j'étais retenue sur le lit. J'ai alors réalisé que l'homme, ou plutôt son esprit, était sur moi et essayait d'avoir une relation sexuelle avec moi ! J'ai tenté de me débattre, mais j'étais immobilisée. J'ai voulu crier, mais aucun son ne sortait de ma bouche. C'était complètement insensé ! Un fantôme essayait de me faire l'amour ! C'était comme un film d'horreur. Je devais avoir l'air étrange à me débattre contre le vide ! Je lui répétais sans cesse d'aller vers la lumière, de suivre la lumière du monde des esprits. Puis, son emprise se relâcha et je réussis à me glisser de dessous lui. J'ai couru à la chambre de Charlie, terrifiée. J'ai rapidement refermé la porte et j'ai passé la nuit étendue sur le sol près du lit de Charlie.

Fort heureusement, je n'ai pas ressenti la présence de l'homme le reste de la nuit ni la nuit suivante. Puis, Simon est rentré à la maison. Je ne lui ai rien dit. De toute façon, il ne croyait pas à ces choses. Il se serait probablement moqué de moi. Et ce n'était pas le moment de subir ses moqueries. Pour tout dire, les choses n'allaient pas très bien entre nous. Nous avions un charmant et chaleureux foyer et un merveilleux garçon en santé, mais nous ne communiquions plus. J'ai pensé que c'était peut-être ma faute. Peut-être que je m'étais trop concentrée sur Charlie. J'ai alors essayé de me rapprocher de Simon, mais rien ne fonctionna. Simon ne semblait plus avoir d'intérêt envers moi. J'ai commencé à me demander s'il ne fréquentait pas une autre femme. Je n'ai cependant pas voulu lui lancer de fausses accusations. J'ai donc gardé secrètes mes impressions.

Mais, à l'aube du jour de Noël, vers cinq heures du matin, je ne pouvais plus dormir tant le sentiment que quelque chose clochait était fort. Je ne voulais pas gâcher la journée puisque plusieurs activités étaient planifiées, mais j'avais besoin de savoir ce qui n'allait pas. J'ai donc décidé de vérifier les activités sur le téléphone cellulaire de Simon. J'aimerais vous dire qu'une voix en moi me disait d'agir de la sorte, que c'était mon don de médium qui me guidait, mais ce serait faux. Je suivais seulement mon instinct de femme, comme toute autre femme l'aurait fait si elle avait des doutes sur son homme.

Je n'ai pas trouvé son téléphone, cependant. Il n'était pas sur la base de recharge dans la cuisine où il se trouvait habituellement. Il n'était pas dans ses poches de pantalon ni sur la table du salon. J'ai regardé partout, frustrée, et d'un coup le don de médium prit le dessus. J'ai marché jusqu'à la porte d'entrée et j'ai étendu le bras vers la fenêtre sur la gauche. Il était là, caché derrière des décorations de Noël. Je me souviens de m'être mise à trembler. Pourquoi son téléphone était-il caché ? Que se passait-il ? J'ai vu sur l'écran de son téléphone qu'un nouveau message texte était entré. J'ai ouvert le message et mon cœur s'est mis à battre intensément : *Tu me manques aussi, bébé. Joyeux Noël. xxx*

Tout ce que j'ai d'abord pensé fut : *Joyeux Noël de merde à toi, Lisa.* Par contre, j'étais déterminée à rester calme. C'était le premier Noël de Charlie. Des larmes coulèrent sur mes joues en regardant les cadeaux sous l'arbre. Toutefois, je ne voulais pas tout gâcher en ayant une dispute avec Simon. Je me disais que nous passerions à travers cette épreuve, mais je n'avais aucune idée comment nous y arriverions. Ma mère et mon père devaient venir déjeuner plus tard dans l'avant-midi et nous devions nous rendre chez le père et la belle-mère de Simon pour le repas du soir de Noël. Je pris une profonde respiration et je me suis promis de contrôler mes émotions, au moins pour la journée.

Sans surprise, je ne pus contenir mes émotions plus d'une heure. Je suis retournée dans la chambre, apportant à Simon son petit-déjeuner, ses cadeaux de Noël… et son téléphone, en lui disant qu'il avait reçu un message texte. Il y jeta un bref coup d'œil et il blêmit.

Je suis sortie en coup de vent, furieuse, et Simon me suivit dans les escaliers, paniqué, en m'expliquant qu'il y avait confusion.

« Ça vient d'un gars que j'ai connu à l'université, plaida-t-il.

– Il t'appelle "bébé" et il t'envoie des baisers ?

– C'est une blague, je te dis. Les gars font ce genre de blagues entre eux », insista-t-il.

Je ne voulais poursuivre le débat, car je savais que mes parents étaient arrivés et qu'ils s'apprêtaient à sonner à la porte. Je leur ai ouvert la porte en feignant que tout allait bien.

Que nous sommes heureux ! C'est le premier Noël de notre fils Charlie et nous sommes fous de joie, pensai-je ironiquement. Pas du tout !

Mes parents restèrent environ une heure, le temps de manger des sandwichs au bacon, de boire du champagne avec du jus d'orange et de regarder Charlie déballer ses cadeaux. Ils partirent par la suite pour préparer le *lunch* pour mon frère et mes grands-parents.

Ce fut l'heure la plus longue de toute ma vie. À la fin, j'étais épuisée. Lorsque nous fûmes seuls, je me suis retournée vers Simon pour lui dire que je ne l'accompagnerais pas chez ses parents.

« Je t'en prie, Lisa, ne fais pas ça. Tu ne sais pas à quel point tu te trompes. »

J'ai ignoré ses doléances. Je suis montée à l'étage pour la sieste de Charlie. Lorsqu'il fut endormi, je redescendis en n'ayant aucune idée de comment les choses tourneraient et comment j'allais réagir. Simon était assis à la cuisine, l'air dévasté.

« Je t'en prie, Lisa, viens chez mes parents.

– Je t'ai déjà dit que je n'irais pas.

– Il y a une méprise, insista-t-il.

– Je ne crois pas. Il est clair que tu caches quelque chose. Je pense que tu fréquentes une autre femme.

– Il n'y a pas d'autre femme, criait-il.

– N'élève pas la voix, dis-je sur un ton ferme. Charlie doit faire sa sieste. »

Je me suis mise à sangloter. Je ne savais vraiment plus quoi penser. Simon m'assurait que je me trompais, m'implorait même de le croire. Je voulais tellement le croire qu'il eut finalement raison de ma détermination.

« Charlie et toi, vous êtes tout pour moi, ajouta-t-il. Je ne comprends pas comment tu peux en douter. »

Nous nous sommes donc rendus chez ses parents. J'ai souri, j'ai même ri. Au retour à la maison, Simon me remercia et il voulut de nouveau s'expliquer, mais j'étais lasse de l'entendre plaider sa cause et je le lui fis savoir. Durant les deux jours suivants, je ne voulus plus lui parler ni même le regarder.

Le 27 décembre, il m'annonça qu'il allait rendre visite à son ami Matt, à Bristol, et qu'il passerait la nuit là-bas.

« Je vais peut-être me rendre à Stevenage pour la nuit, dis-je à mon tour en mentionnant le nom d'une amie à qui j'avais promis une visite depuis longtemps.

– Appelle-moi lorsque tu seras là-bas, insista Simon. Juste pour me rassurer que toi et Charlie êtes en sécurité. »

Une fois rendue chez mon amie, j'ai appelé Simon, comme il me l'avait demandé, mais je n'obtins aucune réponse. J'ai dû lui téléphoner une quarantaine de fois au cours des heures suivantes, toujours sans réponse. J'ai alors décidé de téléphoner à son ami Matt qui fut très surpris de mon appel.

« Simon ? me dit-il. Oh, je suis désolé, mais je n'ai pas eu de nouvelles de Simon depuis fort longtemps. »

Au même instant, une image surgit dans ma tête et j'ai tout de suite reconnu l'endroit que je voyais. Il s'agissait du Lygon Arms, un charmant hôtel dans la région de Broadway Cotswolds. Simon et moi étions souvent passés par là en auto. Pour une raison que j'ignorais, je savais qu'il y était avec une autre femme. Je savais aussi instinctivement que notre relation était terminée. J'ai voulu me rendre sur-le-champ à cet hôtel, mais il neigeait abondamment et je devais penser à mon fils. J'ai donc choisi de demeurer chez mon amie.

Le lendemain matin, j'ai joint Simon au téléphone et je lui ai dit que je savais qu'il avait une liaison avec une autre femme. Il se fâcha et se mit à hurler : « Tu ne sais rien, mais tu as raison sur un point : notre relation est terminée. Je n'en peux plus de ta possessivité. Je t'ai dit que je n'avais pas de liaison, et c'est la vérité. »

Comme plusieurs réceptions avaient été planifiées pour les jours suivants, dont la veille du jour de l'An chez nos amis Jonesy et Mike, Simon et moi avons fait des efforts pour que rien ne transpire de notre situation conjugale. Cela dit, lors de la veille du jour de l'An, je n'ai pu m'empêcher d'en parler à Jonesy. Même si Jonesy et Mike étaient avant tout des amis de Simon, nous avions développé, eux et moi, une belle relation depuis la naissance de Charlie. Jonesy était remuée par la nouvelle. Comme tous nos amis sans doute, elle était persuadée que nous étions heureux, Simon et moi.

« Moi aussi, je le pensais, dis-je.

— Est-ce que tu t'en sortiras ?

— Ouais, je vais m'arranger. Je m'inquiète plus pour Charlie. Un garçon a besoin d'un père. »

Ce même soir, en revenant à la maison, j'ai trouvé dans l'auto un reçu émis par l'hôtel Lygon Arms. Simon était bel et bien allé là-bas. Je n'étais pas folle. Mon intuition ne m'avait pas trompée.

Mais, parfois, c'est douloureux de voir juste. J'ai affronté de nouveau Simon à ce sujet, mais il n'a rien dit. Il n'a pas argumenté. Il n'y avait rien à discuter en fait. Notre relation était terminée, et nous le savions tous les deux. Simon le savait probablement bien avant moi. Les hommes n'ont pas de liaison extraconjugale lorsqu'ils sont heureux.

Au cours des deux mois qui suivirent, pendant que je cherchais un nouvel endroit où habiter, Simon et moi sommes restés sous le même toit. Nous avons même dormi dans le même lit. Nous nous sommes aussi assis à l'ordinateur et nous avons rédigé une entente concernant nos responsabilités parentales. Simon n'avait peut-être pas réussi sa relation avec moi, mais il ne voulait pas gâcher celle avec son fils, et je l'approuvais.

À la fin de février, tandis que Simon était à l'extérieur pour son travail, je trouvai une maison parfaite pour moi et Charlie. En une fin de semaine, j'y avais emménagé. Lorsque Simon revint, il trouva la maison vide.

Immédiatement après mon déménagement, je trouvai un emploi de représentante aux ventes pour une entreprise de publicité. Je retournais à la vente par téléphone, ce qui semblait être un immense pas en arrière. Par contre, avec l'assistance financière de Simon, je gagnais suffisamment d'argent pour subvenir à mes besoins et à ceux de Charlie.

J'étais terriblement déprimée à l'époque. J'étais obsédée par Simon. Avait-il eu d'autres femmes dans sa vie? Combien? Pourquoi? Où était-il actuellement? Pourquoi nous avait-il abandonnés, Charlie et moi?

Je devins si obsédée, si «monomaniaque», que je dus consulter un thérapeute.

«On dirait que mes journées entières sont consumées par mon obsession de Simon… Essayer de connaître le fond de l'histoire, savoir ce qu'il fait et où il se trouve maintenant…

– Et qu'est-ce que ça vous apporterait ? » demanda le thérapeute.

Il soulevait un bon point, mais ça ne m'aidait pas vraiment. Je crois que j'aurais voulu détester Simon, mais je n'y arrivais pas. En fait, je souhaitais son retour. Je sentais que, d'une certaine manière, l'échec de notre relation était ma faute, et non la sienne. J'aurais voulu avoir une seconde chance de réussir notre union. Je me disais que la vie n'était pas parfaite, que des situations comme celle dans laquelle s'est retrouvé Simon pouvaient arriver à n'importe qui, que Charlie avait besoin de ses parents… En réalité, je m'inquiétais de mon avenir en tant que mère monoparentale. J'étais convaincue qu'aucun autre homme ne voudrait de moi dorénavant, que j'avais eu ma chance, mais que je l'avais ratée.

Un jour, après le travail et comme je le faisais cinq jours par semaine, je cueillis Charlie à la garderie et je le déposai dans son siège d'auto. Nous roulions en silence en direction de la maison lorsque, soudainement, je me sentis envahie d'un lourd sentiment de dépression. Je roulais sur une artère très achalandée qui débouchait sur une autre rue. À l'intersection, il fallait absolument tourner à gauche ou à droite. Un mur de brique se trouvait en face de l'artère sur laquelle je roulais. Pour me diriger vers la maison, je devais tourner à gauche, mais tout à coup je me suis dit que je devrais peut-être poursuivre tout droit et foncer dans le mur de briques. J'en aurais ainsi fini avec mes ennuis. J'ai accéléré, déterminée à suivre cette sombre idée. Au même instant, j'entendis Charlie rire à l'arrière de l'auto. Un rire franc, chaleureux, joyeux… J'ai alors réalisé que je me devais de continuer à vivre, ne serait-ce que pour lui. J'ai immédiatement ralenti et j'ai sagement tourné à gauche en direction de la maison. Ce soir-là, en mettant Charlie au lit, j'ai promis de toujours prendre soin de lui.

Pendant cette période, j'avais cessé les consultations. J'étais trop chavirée pour même penser à en faire. Toutefois, je sentais l'intense besoin de consulter moi-même des médiums. Comme toute autre personne, je cherchais des réponses, des indices du chemin à suivre, la paix de l'esprit.

La première médium que je consultai fut une femme à Lichfield. On la disait excellente, et cette consultation fut mémorable. Je la rencontrai un dimanche après-midi. J'avais confié Charlie à ma mère et je roulai durant près de 45 minutes pour me rendre à la demeure de la dame.

J'étais à peine assise que la médium commença à parler. «Vous venez de rompre avec un homme. Son nom est... hum, laissez-moi y penser... Je crois que ce pourrait être Simon.

— Bonté divine!» m'exclamai-je.

J'étais abasourdie. Elle avait trouvé son nom d'un seul coup! Je sais que ce phénomène est réel, mais je ne l'ai jamais tenu pour acquis, même aujourd'hui.

«Je sais que vous vous inquiétez, ma chère, poursuivit la médium, mais il faut cesser ces inquiétudes. Vous allez revenir ensemble, Simon et vous.

— Vraiment?

— Absolument», certifia-t-elle.

Elle a poursuivi en me parlant de choses et d'autres à mon sujet, sans toutefois démontrer autant de précision qu'au début. Mais ses erreurs ne changeaient rien à ma première impression. Je voulais qu'elle ait raison à propos de Simon. Nous allions de nouveau être réunis. Charlie grandirait dans une famille où tous les membres vivraient sous le même toit.

Je devins si obsédée par cette réconciliation annoncée que je me suis mise à consulter d'autres médiums en cherchant désespérément à obtenir la confirmation de ce que la dame à Lichfield m'avait prédit. Au pire de ma crise, j'ai dû consulter jusqu'à quatre ou cinq médiums par semaine. Je dépensais de l'argent que je n'avais pas vraiment pour consulter des médiums qui prétendaient être doués ou pour converser au téléphone avec des médiums, ce qui coûtait très cher.

Un soir, comme souvent auparavant, j'appelai l'une de ces lignes. Une femme très amicale me répondit et me demanda de lui dire quand elle devait arrêter de mélanger les cartes, ce que je fis. Elle me dit qu'elle étalait les cartes et elle commença à en faire l'interprétation. En arrière-fond, j'entendais tourner les pages d'un livre. Je compris qu'elle lisait la signification des cartes dans un livre. Je n'arrivais pas à le croire ! Ce n'est pas ainsi qu'un véritable médium travaille.

« Êtes-vous en train de lire dans un livre tout ce que vous me dites ? me suis-je surprise à dire.

– Euh… oui, et le livre dit que… »

J'ai raccroché immédiatement. J'en avais assez. Je ne faisais plus confiance aux lignes téléphoniques de médiumnité. J'aurais mieux fait d'écouter mes amis qui me disaient que j'y gaspillais mon argent.

Un jour, j'ai réécouté l'enregistrement de la consultation avec la médium de Lichfield, celle dont j'étais convaincue qu'elle m'avait prédit que Simon et moi allions revenir ensemble. J'ai écouté attentivement l'enregistrement et j'ai réalisé que la médium n'avait jamais fait mention d'une réconciliation. C'est moi qui avais dirigé la conversation. J'avais amené la médium à me dire ce que je voulais entendre. Je voulais tellement que Simon revienne que je n'aurais écouté aucune autre possibilité. Je me suis sentie complètement ridicule, mais j'avais appris une leçon. Je me suis juré de ne jamais me laisser diriger par un client lors d'une consultation. Les désirs peuvent être louables, mais la franchise est la meilleure option. Désormais, je ne dirais que ce que l'on me révèle, même si ça déçoit la personne qui me consulte et même si elle souhaite entendre une prédiction tout à fait inverse.

Cette expérience me fit aussi réaliser que je devais aller de l'avant avec ma propre vie. J'ai commencé à joindre d'anciens amis à qui je pouvais faire confiance, comme mon thérapeute me l'avait déjà suggéré. J'ai ainsi renoué avec Susan, avec qui j'avais travaillé au magasin d'articles de sport de Redditch et avec qui j'avais découvert les boîtes de nuit et les garçons. Susan était maintenant maman monoparentale d'un garçon de six ans. Elle travaillait à temps partiel comme coiffeuse. Contrairement à moi, elle n'était pas misérable. Elle sortait et appréciait la vie. Son attitude m'aida à comprendre que la vie continuait, avec ou sans moi. C'était à moi d'en tirer le meilleur parti possible. Cette prise de conscience transforma ma vie. Une transformation digne d'un film d'Hollywood. Même mon thérapeute en fut impressionné.

« Vous avez apporté un changement radical dans votre attitude depuis notre dernière rencontre. Accepteriez-vous de m'en parler ?

– Je ne sais pas par où commencer, lui dis-je. (J'étais plutôt fière de moi et j'étais heureuse qu'il ait remarqué le changement.) Je dépensais une petite fortune à consulter des médiums et espérais qu'ils me prédisent des choses merveilleuses. J'étais devenue complètement ridicule. Puis, j'ai renoué avec une ancienne amie qui s'était bâti une belle petite vie, même si elle était monoparentale.

– N'est-ce pas remarquable, dit-il, toutes les bonnes choses qui se présentent à nous lorsque nous ouvrons les yeux ?

– Oui, vous avez raison.

– À part cette transformation, comment vont les choses ?

– Le premier anniversaire de Charlie est pour très bientôt, dis-je. J'aimerais en faire un événement spécial, mais je ne sais pas encore comment. »

Je n'ai pas confié à mon thérapeute que je jonglais avec l'idée de faire baptiser Charlie. J'ignore pourquoi j'ai évité de lui en parler. Peut-être est-ce parce que n'étant pas moi-même baptisée, je n'ai pas voulu paraître hypocrite – une leçon apprise de mon père. Puis, j'en ai discuté avec mon grand-père.

«Et si je me faisais baptiser, moi aussi? dis-je. Alors, on ne pourrait plus me traiter d'hypocrite, non?

– Lisa, dit-il, si tu sens que c'est la bonne chose à faire, alors c'est la bonne chose à faire!»

Sa réponse m'a rappelé ce que mamie m'avait dit à propos de la médiumnité: «Fais confiance à ton instinct; il ne te laissera jamais tomber.»

«C'est un très bon conseil, grand-papa», lui dis-je.

Je l'ai observé. Il avait 82 ans à l'époque, mais il faisait quotidiennement cinquante pompes et cinquante redressements. Il était en bonne condition physique et en bonne santé. J'ai repensé à tous ces étés passés ensemble dans la caravane et au jour – plus récent – où il prit Charlie dans ses bras la première fois. Il avait été le premier membre de la famille à prendre Charlie dans ses bras. Il en était absolument fou.

«Je vais m'accrocher à la vie aussi longtemps que possible juste pour avoir la joie d'aimer ce petit bonhomme», m'avait-il dit alors.

Mon grand-père m'a dit bien des choses au fil des ans. C'était sa façon à lui de me guider. Ce jour-là, il m'a dit précisément deux choses. «Lisa, si tu ne peux pas rire de bon cœur au moins une fois par jour, ça signifie que tu n'es pas heureuse», m'a-t-il dit, d'abord. Il ajouta: «Lisa, n'atteins pas mon âge en ayant des regrets et en te disant: "Et si je l'avais fait…" Tâche de vieillir en pouvant dire: "Je l'ai fait et je ne le regrette pas."»

Immédiatement après ma visite à grand-papa, j'ai planifié le baptême de Charlie. Comme je vivais à deux pas d'un lieu de culte de l'Église d'Angleterre, je m'y suis rendue pour y rencontrer le révérend. Quelques jours plus tard, c'est lui qui venait prendre le thé chez moi. Il s'installa, la tasse sur ses genoux, et nous avons eu une agréable conversation. Je lui ai même parlé de mon expérience avec le Sunshine Group et de mon bref éveil religieux.

« Et comment vous sentez-vous par rapport à Dieu aujourd'hui ?

– Je ne sais pas, lui répondis-je. J'ai toujours cru qu'il y avait quelque chose au-dessus de nous, mais j'ignore si c'est Dieu ou ce que tout cela signifie au final. Mais je crois vraiment qu'il y a quelque chose. »

Il m'a souri. C'était le plus gentil sourire au monde. « Lisa, vous croyez à quelque chose et c'est tout ce qui m'importe. »

C'était bienveillant de sa part et j'ai presque pleuré.

« Quand voulez-vous faire baptiser votre enfant ? demanda-t-il.

– Eh bien, l'anniversaire de Charlie est le 15 avril, dis-je.

– Parfait ! C'est le dimanche de Pâques. Faisons-le ce jour-là. Dans la Bible, c'est à Pâques que les gens se faisaient baptiser de nouveau. Nous ne pouvions choisir une meilleure date. »

C'était dans quelques semaines déjà. Je n'ai donc pas tardé à expédier mes invitations. J'ai invité le papa de Charlie et sa famille, bien sûr, mais malheureusement – ou sans surprise selon le point de vue que l'on adopte – aucun d'eux ne put venir. J'ai invité mes parents et mes grands-parents. Mon frère était le parrain. Il est venu accompagné de sa femme. Quelques amis vinrent à la célébration, dont Mike et Jonesy qui étaient aussi parrain et marraine.

C'est ainsi que, le 15 avril 2001, toutes ces chères personnes se rassemblèrent chez moi et nous nous sommes tous rendus à l'église à pied. Nous avons assisté à la célébration pascale. Puis, avant la fin, le révérend procéda au baptême. Ce fut bref et élégant, même très chaleureux – en tout cas à mes yeux. Nous sommes ensuite retournés à la maison et avons fait une petite fête pour Charlie. Le premier présent qu'il reçut fut un tambour, un cadeau de ma mère !

« Merci beaucoup, m'man, dis-je en le regardant avec une mine horrifiée, mais tout de même en souriant. Je vais l'apporter lorsque Charlie et moi irons te visiter. »

Il me reste une jolie photographie de cette journée. On y voit quatre générations d'hommes de la famille : mon grand-père, mon père, mon frère et mon fils. Cette photo m'est très chère et je la conserve précieusement. Le tambour, par contre, n'existe plus depuis longtemps, et je m'en réjouis, car les semaines suivant la fête, Charlie m'a rendue folle avec son tapage.

Au cours des mois suivants, mon amie Susan sembla plus déterminée que jamais à me remettre en forme. J'avais perdu plusieurs kilos à cause du stress de la séparation. Susan voulait s'assurer que je mange sainement. Un jour, elle m'a fait asseoir devant un miroir chez elle et m'annonça que nous devions nous occuper de ma coiffure. J'étais horrifiée par ce que je voyais dans la glace. Je portais une coupe au carré sans éclat, aussi ennuyeuse que ce qu'était devenue ma vie.

« Qu'allons-nous faire avec ces cheveux ? demanda Susan.

– Je n'en ai aucune idée, dis-je.

– Très bien. Alors, je m'en occupe. »

Elle les coupa courts et en pointes puis elle décida que ce serait encore plus beau si elle les teignait de différentes couleurs. Le résultat fut saisissant, mais plutôt amusant.

« J'aime ça », dis-je sur un ton peu convaincu.

J'ai fini par adorer cette coupe. Les gens me remarquaient sur la rue et souriaient. Les hommes essayaient de me séduire. Les commis dans les magasins me faisaient d'agréables remarques. J'avais commencé une lente transformation. Et elle avait commencé par ma tête et s'était répandue jusqu'au bout de mes orteils.

Soudainement, je compris pourquoi les femmes se préoccupent autant de leurs cheveux. Ils peuvent vraiment changer votre vie – ou du moins la façon dont vous percevez votre vie. Je n'avais plus honte d'être une mère célibataire. Je l'assumais pleinement. Je me tenais debout devant la vie. Je gagnais ma vie et je subvenais aux besoins de mon fils. Dans mon cœur, je sentais que j'étais destinée à de grandes réalisations. J'ai cherché un autre emploi. J'ai postulé un emploi de directrice pour une autre maison de publicité.

« Que pouvez-vous faire ? me demanda la femme qui me reçut.

– Tout », dis-je sans hésiter.

Une fois de plus, je fus engagée sur-le-champ. Je me sentais bien, j'étais bien dans ma peau et ça transpirait. J'irradiais de positivisme.

Peu après le début de mon nouvel emploi, je repris les consultations. Quelques-uns de mes clients avaient perdu espoir de me rencontrer, mais la plupart d'entre eux n'avaient jamais cessé d'appeler. J'ai recommencé en donnant deux ou trois consultations par semaine, le soir, après le bureau, et deux ou trois autres la fin de semaine suivante. Bientôt, je fus submergée de demandes.

C'était étrange. Lorsque j'étais dans le creux de la vague, je me sentais seule et abandonnée, comme si la vie m'avait trahie. Mais, avec un peu de recul, j'ai réalisé que j'avais perdu ma voie. C'était moi qui avais perdu espoir. Comme c'était bon de sentir que je revenais à la vie.

Ce sont mes consultations qui m'aidèrent à trouver ma voie. Les clients me racontaient leurs histoires, souvent très dramatiques. Ça m'a permis de mettre ma vie en perspective. J'ai pris conscience que nous étions tous influencés par notre passé, en bien ou en mal, et que nous devions être reconnaissants pour nos expériences. J'ai aussi réalisé que l'on ne pouvait changer le passé. J'en ai retiré une leçon dont je me sers encore aujourd'hui : lâche prise, sois heureuse ici et maintenant et poursuis ta route.

Chapitre 5

Parler aux morts

En juillet 2001, peu après mon arrivée au travail, je reçus un appel sur mon cellulaire. Avant même que je retire mon appareil de mon sac à main, je savais que l'on m'annoncerait de mauvaises nouvelles concernant mon grand-père.

«Allo?

– Lisa, c'est ta grand-mère à l'appareil.

– Grand-papa est à l'hôpital, n'est-ce pas?» dis-je d'un trait.

Il y eut un court silence.

«Oui, confirma ma grand-mère. Comment le savais-tu?

– Qu'est-il arrivé? demandai-je.

– Les docteurs pensent qu'il a eu une crise d'asthme et qu'il a une légère infection pulmonaire. Il est à l'hôpital Selly Oak et on l'a placé sous respirateur. Il va bien, il s'en sortira.

– Je ne peux m'y rendre aujourd'hui. Je suis au travail et j'ai Charlie à la maison ce soir. Crois-tu qu'il serait déçu si je ne le visitais que demain matin, à la première heure ?

– Bien sûr que non, chère. Il ne devrait pas être plus de quelques jours à l'hôpital de toute façon. Il sera heureux de te voir lorsque tu le pourras. »

Le matin suivant, je déposai très tôt Charlie chez ma mère et je me rendis à l'hôpital. En garant l'auto, j'ai senti un poids énorme sur mes épaules, un véritable poids physique, et ce poids s'alourdit en me dirigeant vers l'entrée de l'hôpital. J'ai essayé d'en comprendre le sens et j'ai d'abord relié cette sensation de lourdeur à la mort de mamie dans ce même hôpital quelques années auparavant. Mais, au plus profond de moi, je savais que ce poids concernait la santé de mon grand-père. J'avais la profonde certitude que sa santé se portait beaucoup moins bien qu'on le pensait.

Je suis arrivée à la chambre de mon grand-père et j'y ai retrouvé ma grand-mère debout près du lit, toujours aux petits soins avec son homme. Papa était assis dans une chaise à côté du lit. Lui et grand-mère souriaient de bon cœur, car grand-papa n'était plus sous respirateur.

« Regarde-le, dit grand-maman. Il a bien meilleure mine aujourd'hui. Il fait déjà la cour aux infirmières et il raconte des blagues. Il fera sans doute la fête après notre départ. Le docteur trouve que son état s'est nettement amélioré et il devrait lui donner son congé de l'hôpital dès demain. »

Je me suis approchée de mon grand-père et l'ai embrassé. Il m'a regardée en souriant. « C'est gentil de ta part d'être venue, mais je vais bien », dit-il en essayant d'avoir l'air en forme.

Ma grand-mère nous demanda de l'excuser et elle se rendit aux toilettes. Mon père, quant à lui, quitta la chambre pour aller chercher une boisson. J'en ai profité pour rapprocher la chaise du lit.

« Te souviens-tu de la pile de bulletins de courses dans la salle à manger, de tout ce fouillis que ta grand-mère me reproche constamment ? » dit-il.

Je savais de quoi il parlait. Mon grand-père aimait parier, principalement sur les courses de chevaux. Il étudiait constamment les bulletins de courses de chevaux et il ajoutait sans cesse à sa pile tout ce qui s'y rapportait.

« Eh bien, j'ai tout nettoyé ! ajouta-t-il.

– Je vais le croire lorsque je le verrai, lui dis-je pour le taquiner.

– Tu serais vraiment fière de moi, dit-il en riant.

– Je suis déjà fière de toi », repris-je.

Il me fit un clin d'œil amusé et dit : « Tu sais où tout se trouve, n'est-ce pas ? »

Je voulus lui demander ce qu'il voulait dire, mais ma grand-mère était sortie des toilettes et on parla alors de choses et d'autres. Mon père revint à son tour et je dus repartir pour cueillir Charlie chez maman.

« J'irai te voir à la maison lundi, avec Charlie, dis-je à mon grand-père.

– Ce serait formidable, dit-il. Embrasse bien le petit homme pour moi. »

Je l'ai regardé dans les yeux – il avait de magnifiques yeux bleus. J'aurais tant voulu lui dire que je l'aimais, mais nous ne disions pas ces choses-là dans ma famille. Bien sûr, nous avions des sentiments, mais nous ne les dévoilions pas. Je savais que si je lui avais confié ce qui brûlait dans mon cœur, j'aurais donné l'impression d'être théâtrale. Je me suis donc contentée de l'embrasser sur le front et je suis partie.

Ma grand-mère me suivit, resplendissante. « Il a l'air bien, n'est-ce pas ? »

Je me suis tournée vers elle et je ne pus m'empêcher de lui dire : « Grand-maman, le pire est à venir. »

Les mots étaient sortis d'eux-mêmes de ma bouche.

« Non, non, non, corrigea-t-elle. Il s'en sortira, le docteur l'a dit. Ce sera tellement agréable de l'avoir de nouveau à la maison. »

Je ne voulais pas argumenter avec elle. Je l'ai embrassée en guise d'au revoir et je me suis rendue à mon auto. J'ai immédiatement fondu en larmes. Je savais que je ne reverrais plus mon grand-père vivant. Tout le monde, y compris les docteurs, pensait qu'il était en voie de guérison, mais j'étais convaincue que tous se trompaient.

Le lendemain, dimanche, mon père me téléphona pour me dire que l'état de santé de grand-papa s'était grandement détérioré et qu'il serait encore à l'hôpital pour deux ou trois jours. « Mais, ne t'inquiète pas, ajouta-t-il. Il s'en tirera. »

Le jour suivant, le lundi, à cinq heures du matin, je me suis réveillée en sursaut, le cœur battant. Durant les deux heures qui suivirent, je me sentais de plus en plus irritable. J'arpentais la maison comme un animal en cage. J'anticipais ce qui s'annonçait comme une journée horrible.

À sept heures trente, au moment où j'allais réveiller Charlie pour le préparer pour la garderie, j'entendis que l'on frappait légèrement à la porte. C'était maman, le teint livide.

« Ton grand-papa est mort, dit-elle simplement.

– Quand ? lui demandai-je.

– Il y a moins de trois heures de cela. Il était cinq heures. »

Cinq heures ! L'heure où j'ai sursauté dans mon lit.

« Pourquoi ne m'as-tu pas téléphoné avant ?

– Nous n'étions que nous trois, ton père, ta grand-mère et moi. Nous avons reçu un appel à une heure du matin pour nous demander de nous rendre à l'hôpital, car les médecins ne pensaient pas que ton grand-père passerait la nuit. Comme tu devais t'occuper de Charlie, nous ne voulions pas t'inquiéter. »

J'ai repensé à la médium de Welwyn Garden City qui m'avait prédit que mon grand-père mourrait entouré de trois personnes. Malheureusement, elle ne me voyait pas à son chevet, et elle avait raison.

« Ça va ? demanda ma mère.

– J'ai eu un affreux pressentiment sur sa mort, avouai-je.

– Je dois aller l'annoncer à ton frère.

– Je vais le faire. Va te reposer un peu. »

Elle partit. Je suis montée à l'étage pour préparer Charlie et je l'ai déposé à la garderie. De là, je me suis rendue chez mon frère. J'étais dans un état second, comme sur le pilote automatique.

Mon frère et sa femme travaillaient tous les deux de nuit. Je savais qu'ils venaient sans doute de se mettre au lit. Mon frère vint m'ouvrir, en se frottant les yeux, surpris de me voir. Je suis entrée et je lui ai annoncé la mauvaise nouvelle. Une fois le choc passé, il s'habilla et m'accompagna chez grand-maman.

Sur le chemin, je confiai à Christian mon pressentiment.

« Je savais qu'il allait mourir, lui dis-je.

– Ouais... n'importe quoi. »

Je l'ai regardé. Il souriait d'un air plutôt méprisant. Mon frère est l'homme le plus incrédule au monde.

« Eh bien oui, repris-je. Lorsque j'ai quitté l'hôpital, samedi, je savais que je ne le reverrais jamais.

– Facile à dire maintenant », reprit-il en refoulant ses larmes.

Je n'ai rien ajouté. Le moment ne se prêtait pas aux argumentations.

En arrivant chez grand-maman, je ressentais son profond chagrin, même si elle tentait de ne rien laisser paraître. Elle venait de perdre l'amour de sa vie. Nous nous sommes enlacées. Mon frère et moi voulions nous rendre utiles, d'une manière ou d'une autre. J'ai préparé du thé, tandis que Christian sortit dans le jardin pour griller une cigarette. En préparant le thé, j'ai réalisé à quel point le thé semblait être le moyen de réconfort idéal pour les Anglais. Quelqu'un a un problème ? Préparons-lui une bonne tasse de thé ! Quelqu'un est mort ? Préparons-nous une bonne tasse de thé. Personnellement, je préfère une tasse de chocolat chaud. Le chocolat demeure, pour moi, ce qui arrange tout !

Comme la bouilloire se mettait à siffler, mon frère revint du jardin, l'air ahuri. « Tu ne le croiras jamais, mais il vient tout juste de me parler !

– Qui ?

– Grand-papa !

– Ça ne m'étonne pas, dis-je en essayant de ne pas me moquer de lui. Et qu'est-ce qu'il t'a dit ?

– Il a dit : "Allo, Christian..." Je ne suis pas resté pour entendre la suite.

– Tiens, tiens... dis-je, amusée.

– Lisa, tu ne comprends pas. Je ne veux pas qu'il me parle. C'est toi qui parles aux morts. C'est toi, la bizarre de la famille. Je ne crois pas à ces histoires.

– Voudrais-tu une tasse de thé ? lui demandai-je comme si de rien n'était.

– Pourquoi ne fais-tu rien à propos de ce que je viens de te dire ?

– Que veux-tu que je fasse ? Je sais que grand-papa est ici et je m'attends à ce qu'il me parle bientôt.

– Je ne peux pas m'habituer à ces trucs dingues », dit-il en secouant la tête.

Je l'ai pris dans mes bras et serré contre moi. Par-dessus son épaule, je voyais le jardin que grand-papa aimait tant. J'ai passé une bonne partie de ma première année de vie dans ce jardin, assise dans ma chaise haute lors des jours ensoleillés où grand-papa s'occupait de ses plantes.

« Eh bien, dis-je à mon frère. Crois-tu maintenant à ce que je fais ?

– Bien sûr que non ! »

Nous avons tous les deux éclaté de rire.

J'ai servi le thé à grand-maman. Mes parents arrivèrent peu après, suivis de membres de la famille et d'amis. Ça ressemblait à une réception de thé. Les gens flânaient ici et là, se rassemblaient dans le jardin et se rappelaient leurs souvenirs du bon vieux Jack.

« Personne ne sait où sont rangés ses papiers et ses dernières volontés, se plaignit ma grand-mère. Il avait fait le tri dans ses magazines de courses il y a quelques semaines, mais les papiers importants, je ne les trouve nulle part. Je ne me rappelle même pas s'il souhaitait être incinéré ou enterré.

– Être incinéré, dis-je sans hésiter.

– Comment le sais-tu ? demanda ma grand-mère.

– Il me l'a dit. »

Mon frère me jeta un regard désapprobateur.

«Peut-être a-t-il laissé une note dans son portefeuille à ce sujet, mais son portefeuille est resté à l'hôpital, dit ma grand-mère.

– Non, il n'est pas là-bas. Son portefeuille est ici. Et il n'y a aucune note à ce sujet à l'intérieur, ajoutai-je.

– Il est sûrement à l'hôpital, insista-t-elle. J'ai cherché partout ici.

– Il se trouve dans ce tiroir», affirmai-je en pointant l'endroit où elle devait regarder.

Elle ouvrit le tiroir et y trouva le portefeuille. Elle le prit et se tourna vers moi.

«Ton grand-père l'avait toujours sur lui. Comment as-tu su qu'il était dans ce tiroir? demanda grand-maman.

– C'est lui qui me l'a dit, dis-je honnêtement.

– Comme il t'a dit pour la crémation? ajouta mon frère sur un ton sarcastique.

– Écoutez, dis-je devant tout le monde. Si je peux dire avec exactitude ce qu'il y a dans son portefeuille, allez-vous me croire pour la crémation?»

Ils m'ont tous regardée et ont accepté le défi. Mon père prit le portefeuille des mains de grand-maman.

«Il y a un billet de cinq livres», dis-je. Et, bien sûr, mon père retira du portefeuille le billet en question.

«Il y a aussi 1,47 livre en monnaie», ajoutai-je.

Mon père versa la monnaie dans sa main et la compta. Je m'étais trompée de trois centimes.

«Il y a une petite photo de Charlie tout juste à côté de sa carte de Légion britannique», continuai-je.

De nouveau, ma vision était juste.

«Maintenant, allez-vous me croire lorsque je vous dis que je peux lui parler et qu'il désire être incinéré?»

Ils m'ont tous regardée sans rien dire. Grand-maman brisa finalement le silence.

«D'accord, dit-elle d'une voix à peine audible. Ce sera la crémation. Mais qui paiera?

– Il avait une assurance, affirmai-je, sûre de moi.

– Non, il n'en avait pas, nia ma grand-mère. J'ai une assurance, mais nous avions laissé tomber la sienne.

– Tu fais erreur, grand-maman.»

Guidée par mon grand-père, j'ai commencé à sortir des papiers des tiroirs. Rapidement, j'ai mis la main sur les documents recherchés. Je me suis tournée vers les gens. Encore une fois, ils me fixaient, stupéfaits. C'était la première fois qu'ils me voyaient en action, si je puis dire ainsi.

«Tu es comme Mamie Avion, laissa tomber ma mère.

– Je l'espère, dis-je.

– J'ai toujours pensé que j'étais celle qui détenait une assurance, dit ma grand-mère en essayant de saisir ce qui se passait.

– Tu devras prendre soin de son jardin dorénavant, lui dis-je. Tu sais à quel point il aimait ses roses.

– Oh, bien sûr, promit-elle.

– Attendez un instant, dis-je en dressant ma tête d'un côté. C'est grand-papa. Il me dit qu'il désire que je chante à ses funérailles. »

Les gens me fixèrent encore une fois.

« Je sais, ça peut donner l'impression que je profite de la situation…

– Est-il ici ? demanda ma grand-mère.

– Oui. Je n'arrive pas à le voir, mais je peux l'entendre.

– Il a toujours aimé cette chanson de Céline Dion…, mentionna grand-maman en cherchant le titre de la pièce en question.

– *My Heart Will Go On*, complétai-je.

– Et tu devras chanter une chanson de Perry Como, ajouta-t-elle.

– Non, répliquai-je. Il me parle de Bette Midler. Il voudrait que je chante *Wind Beneath My Wings*. Et… attendez un peu… il veut aussi que je chante *The Way We Were*, de Barbra Streisand. »

Les gens me fixaient toujours.

« Ne me regardez pas comme ça, me défendis-je. Ce n'est pas moi qui choisis les chansons ! »

Au cours des jours suivants, je préparais les funérailles et je décidai que je ne voulais pas me mettre à pleurer au milieu de la cérémonie ni être le centre d'attraction. C'étaient les funérailles de mon grand-père. C'était sa journée, pas la mienne. Je suis donc allée chez un ami qui possédait un studio d'enregistrement et nous avons fait un CD de moi chantant les sélections de grand-papa.

Ce fut une cérémonie émouvante. L'endroit était bondé de gens. Mon grand-père avait beaucoup plus d'amis que nous le pensions et il les méritait tous. À la fin de la cérémonie, lorsque *Wind Beneath My Wings* débuta, les rideaux tombèrent et le cercueil disparut de notre vue.

Ce fut l'un des jours les plus difficiles de ma vie. J'ai voulu être forte pour soutenir ma grand-mère, mais en retournant à la maison, je me sentis si dévastée que je pensais ne jamais m'en remettre.

Le lendemain matin, je ne me sentais guère mieux. Si ça n'avait pas été de Charlie, je n'aurais pas eu l'énergie nécessaire pour me sortir du lit. J'ai nourri Charlie, je l'ai habillé puis je l'ai laissé à la garderie. Je me sentais toujours aussi mal. Ma journée au bureau fut longue et pénible. En fin de journée, j'ai recommencé à pleurer dans l'auto, mais au bout d'un moment, j'ai complètement cessé. J'ai l'impression que grand-papa était à mes côtés dans l'auto, m'encourageant à sortir de mes émotions et à poursuivre ma mission de vie. Ce n'était pas très précis. Je ne l'ai pas vu ni même entendu, mais il communiquait réellement avec moi et ça m'a apaisée. Comme je savais que je n'étais pas venue sur terre pour faire de la sollicitation téléphonique auprès de personnes ou d'entreprises, j'ai présumé que mon grand-père faisait référence à mon don de médiumnité en parlant de ma mission de vie.

En peu de temps, j'ai recommencé les consultations. L'une de mes premières clientes fut Janey, une mère célibataire comme moi. Je m'étais rendue chez elle avec Charlie, un vendredi. Janey avait un fils de l'âge de Charlie. Elle et lui vivaient dans une maison mobile installée sur la propriété du père de Janey.

Sans tarder, nos deux garçons tombèrent endormis et nous avons pu commencer la consultation.

« Ta maison mobile ne sera plus ici avant longtemps, lui dis-je.

– Mais, je demeure ici depuis des années, dit-elle, surprise. Où vais-je vivre ?

– Je ne sais pas, mais un *bungalow* remplacera cette maison mobile… et il sera plus élevé.

– Veux-tu dire sur la colline ? »

Il y avait une colline derrière la maison mobile de Janey. Elle était sur le terrain de son père. « Non, dis-je. Juste plus élevé. Je ne peux l'expliquer autrement.

– Et quoi d'autre ?

– Tu vas travailler à ton propre compte un jour.

– Sûrement pas, nia-t-elle. Je ne me vois pas démissionner de l'entreprise familiale. »

Je lui ai parlé de quelques autres visions que j'avais, mais aucune d'elles n'avait du sens pour Janey. Toutefois, elle écouta attentivement et sans jugement.

À la fin de la séance, nous avons échangé sur nos vies de mères célibataires et nous avons découvert que nous avions plusieurs points en commun, au-delà de nos fils. Ce fut une agréable soirée, tellement que nous n'avions pas vu le temps passer et qu'il fallait que je parte pour mettre Charlie au lit. Elle voulut me payer pour la consultation, mais sachant à quel point il est difficile pour une mère célibataire de joindre les deux bouts, j'ai refusé. Et, bien qu'elle ait apprécié la consultation, ce ne fut pas l'une de mes meilleures.

Janey et moi sommes restées amies depuis. Son père a vendu son entreprise quelques années après la consultation et Janey a mis sur pied sa propre entreprise. Ses parents se sont débarrassés de la maison mobile et ont fait construire un *bungalow* avec une solide fondation de sorte que la maison était plus élevée qu'à l'habitude, ce que j'avais prédit des années auparavant.

J'ai accordé plusieurs consultations à cette époque, dont quelques-unes chez moi. C'était plus facile pour Charlie et moi et je n'avais pas à conduire.

Je me souviens d'une consultation avec Lucy, une douce femme d'environ 35 ans. Nous étions au beau milieu d'une conversation au sujet de sa grand-mère qui venait de mourir lorsque, sans m'y attendre, je me mis à lui parler d'un accident.

« Ce sera un terrible accident, lui dis-je. Une petite fille y perdra la vie.

– Mais je n'ai pas de petite fille, dit Lucy, traumatisée.

– Non, la rassurai-je. Ce n'est pas votre fillette. Et vous ne serez pas directement concernée. En fait, je ne suis pas certaine que vous connaissiez même cette petite fille, mais je crois que vous allez connaître sa mère ou du moins quelqu'un près de sa mère.

– Voyez-vous autre chose ?

– Non, répondis-je. Je ne vois pas de nom ni rien d'autre, sinon que la fillette a les cheveux blonds. »

Il y a bien sûr une suite à l'histoire, mais cette fois je vous la révélerai plus tard.

Il m'arrivait parfois de faire des consultations à l'improviste, sans que la personne me le demande. Une fois, je faisais mes courses chez Tesco. Rendue à la file d'attente pour payer, je fus comme hypnotisée par la jeune caissière. Elle se sentit observée, évidemment, et me demanda d'un ton sec ce que je regardais.

« Je suis désolée, lui dis-je. Je me demandais si vous croyiez aux esprits... aux médiums... aux clairvoyants... vous savez, ce genre de trucs ?

– À vrai dire, oui, j'y crois.

– Bien. Écoutez, ce n'est pas dans mes habitudes d'approcher de parfaits étrangers, mais je vois votre mère debout derrière vous. »

Elle se retourna, ne vit rien, naturellement, et me regarda de nouveau, méfiante.

« Elle est morte récemment d'un cancer, n'est-ce pas ? » ajoutai-je.

Elle approuva d'un signe de tête.

«Elle veut que vous sachiez qu'elle a eu connaissance de votre présence à son chevet. Elle vous a entendue dire adieu.»

La pauvre fille cherchait ses mots. «Je n'arrive pas à croire que vous venez tout juste de dire cela, parvint-elle à avouer. C'est vrai, je n'étais pas certaine qu'elle m'avait entendue. Je croyais être arrivée à son chevet trop tard.

– Ce collier lui appartenait, n'est-ce pas? continuai-je. Et vous le portez aujourd'hui parce que c'est une journée importante.

– Oui, dit-elle, étonnée. C'est son anniversaire! Eh bien, je présume qu'elle a un agréable anniversaire», ajouta-t-elle en souriant.

Elle contourna le comptoir pour me donner une chaleureuse accolade. «Merci beaucoup, dit-elle en pleurant. Vous n'avez pas idée de ce que ça signifie pour moi.»

De façon générale, mes visions et mes prédictions semblaient être de plus en plus fortes et précises. Je crois que l'une des raisons était que ma vie allait mieux. J'avais survécu à la séparation d'avec Simon et j'avais découvert que je pouvais prendre soin de Charlie et moi toute seule. J'avais appris certaines choses en thérapie, notamment que je devais lâcher prise quant au passé. J'étais le genre de personne qui amplifiait ses erreurs, réelles ou imaginaires. J'avais appris à aller de l'avant et à me débarrasser des aspects négatifs du passé. Au bout du compte, ma vie semblait plus lumineuse et pure.

À ce moment-là de ma carrière, je pensais que partager les messages de l'au-delà avec mes clients et leur offrir une certaine guidance était mon principal rôle en tant que médium. Je ne disais pas aux gens où aller ni quoi faire de leur vie, mais je partageais avec eux l'information que je recevais en espérant que ça les aiderait à prendre leurs décisions. Nous parlions des relations, du travail, de la santé... En fait, de tout ce qui se présentait comme sujet. Je n'ai jamais su à quoi m'attendre, tout comme eux d'ailleurs. Je leur disais souvent des choses qui n'avaient aucun sens pour moi, mais qui semblaient en avoir pour eux, soit durant la consultation ou plus tard. Je ne peux dire combien de fois les clients m'ont jointe à nouveau, parfois des jours, des semaines et même des années plus tard, pour me dire : « Vous vous souvenez de ce que vous m'avez dit à propos de telle ou telle chose ? Eh bien, ça s'est avéré exact. »

À cette époque, je me concentrais exclusivement sur mes habiletés de médium. Lorsque le client arrivait, je parlais avec lui de choses et d'autres quelques instants puis je le conduisais directement à ma table de lecture. J'enfonçais le bouton d'enregistrement sur mon appareil à enregistrer et je commençais à parler. J'enregistrais toujours chacune de mes consultations et je remettais la cassette – ou plutôt le CD maintenant – au client.

Mes consultations duraient environ une heure. Avant de commencer, je faisais toujours un petit exercice de protection et je demandais l'aide des esprits. Je transmettais les informations que je recevais et je demandais au client si j'étais sur la bonne piste et si ce que je lui disais avait un sens pour lui. Puis, je donnais la possibilité au client de poser des questions. Plus j'« expérimentais », plus je découvrais que les esprits avaient leurs propres intentions et qu'il était préférable que je les laisse diriger les séances avec les clients. J'ai commencé à approfondir la médiumnité au détriment des lectures de cartes. J'ai commencé à explorer la sensation d'être entre deux mondes, celui des esprits et celui relié à nos sens, entre une âme décédée et un client en chair et en os. J'ai constaté que plusieurs esprits ont bien des choses à dire et qu'il était très approprié de les écouter, particulièrement lorsqu'ils semblaient en savoir plus que moi.

Je n'ai jamais complètement abandonné les cartes, évidemment. Mais, rapidement, je constatai que les meilleures réponses venaient de l'autre côté du voile, des morts qui ont pendant si longtemps réclamé mon attention. Et je décidai de déployer, dans cette voie, mes efforts les plus importants. Je parlerais aux morts dorénavant.

Un soir, je reçus une nouvelle cliente. Avant même que nous commencions la séance, un esprit apparut.

« Votre père est ici », dis-je.

Elle sembla troublée. « Votre père est décédé, n'est-ce pas ? » repris-je en essayant d'être moi-même convaincue.

Elle fit signe que oui.

« Il a déjà fait son entrée parmi nous », ajoutai-je.

Cette fois, elle semblait plutôt catastrophée que troublée.

« Vous saviez sûrement que je parle aux morts ? lui demandai-je pour m'assurer qu'elle savait bien ce qui se passait.

– À quoi ressemble-t-il ? demanda-t-elle à son tour.

– Il est à peu près de cette taille, il porte un complet et des lunettes et il a les cheveux rabattus vers l'arrière sur son crâne quelque peu dégarni.

– C'est lui ! confirma-t-elle.

– C'est étrange, mentionnai-je en examinant son père. Il se tient au pied de l'escalier, humectant son index et tournant les pages d'un livre imaginaire.

– Quel est ce livre ? » demanda la femme en essayant d'apercevoir ce que je voyais, en vain, évidemment.

L'homme continuait de tourner les pages.

« Quel livre lisez-vous ? lui demandai-je directement.

– La Bible », me répondit-il.

J'ai regardé ma cliente. « Il dit qu'il lit la Bible. »

Elle parut complètement chavirée. Je me suis tournée de nouveau vers l'homme. « Que cherchez-vous dans la Bible ?

– J'essaie de trouver le passage qui dit que ce que vous faites est l'œuvre du diable, dit-il avec un sourire espiègle.

– Moi ? protestai-je. Vous êtes l'esprit. Vous êtes la personne morte. C'est vous qui vous êtes manifesté à moi. Alors, pourquoi serait-ce l'œuvre du diable ? »

Au même instant, il trouva les passages qu'il cherchait et il se mit à me lire des versets.

« Nous y voilà... LÉVITIQUE (19,31) : "Ne vous tournez point vers ceux qui évoquent les esprits ni vers les diseurs de bonne aventure ; ne les recherchez point, de peur de vous souiller avec eux. Je suis l'Éternel, votre Dieu."

– Souiller ? Personne ne se fait souiller ici !

– Voici un autre passage... LÉVITIQUE (20,27) : "Si un homme ou une femme sont évocateurs d'esprits ou diseurs de bonne aventure, ils seront punis de mort, on les lapidera..."

– C'est horrible, dis-je. C'est un discours de l'Ancien Testament. La Bible m'est quelque peu familière et je ne crois pas qu'il y ait de telles paroles dans le Nouveau Testament.

– Mais de quoi parlez-vous ? » me demanda ma cliente.

Je me suis retournée vers elle. Elle avait suivi la conversation, mais en n'entendant que moi. Elle ne pouvait pas entendre son père.

« Je suis désolée, lui dis-je. Votre père semble croire que notre séance est l'œuvre du diable.

– Tout cela est vraiment très étrange, avoua-t-elle. Lorsque je me suis assise et que vous m'avez dit que mon père était ici, je ne vous ai pas crue. Il faisait partie du Renouveau chrétien. Il était la dernière personne que je m'attendais à entendre par vous. Mais, avec ce qu'il vient de vous dire, tout prend son sens. »

Elle était maintenant souriante et détendue. « Attendez que je raconte cela à ma mère. Elle voudra probablement venir vous voir, tout comme ma sœur, assurément. »

La même semaine, épuisée, je me suis couchée un soir immédiatement après avoir mis Charlie au lit, ce qui est plutôt rare. J'étais étendue, les yeux fermés et en état de semi-conscience, de somnolence. Soudain, j'ai vu une femme directement en face de moi. Elle était jeune. Elle portait de longs cheveux blonds attachés en queue de cheval. Elle semblait flotter dans l'air devant moi. Puisque j'avais les yeux fermés, c'est par mon troisième œil que je la voyais. L'œil de l'esprit situé à environ trois centimètres au-dessus des sourcils. Soudainement, j'ai réalisé que c'était ma grand-mère, Mamie Avion, mais beaucoup plus jeune que je ne l'avais jamais connue. Son image commença à se déplacer autour du lit tout en se modifiant. Je voyais mamie à différentes périodes de sa vie. J'étais hésitante, ne sachant ce que cette vision signifiait. Par contre, je n'avais pas peur. J'étais heureuse de la revoir.

« Lisa, j'ai quelque chose à te dire », murmura-t-elle finalement.

J'ai ouvert les yeux lentement et elle était là, comme je la voyais une seconde auparavant par mon troisième œil. J'ai voulu lui parler, ne serait-ce que pour lui dire bonjour, mais pour une raison que j'ignore, je n'arrivais pas à parler. Mes mains étaient en dehors des couvertures et je les sentis devenir froides, très froides. Mais, sous les couvertures, mon corps demeurait au chaud.

J'ai pensé fortement à une question.

« Qu'y a-t-il ?

– Je t'ai conduite jusqu'à ce point de ton développement, mais je ne peux pas t'amener plus loin », dit-elle.

Elle se retourna, gesticula et le visage d'un jeune homme flotta hors de la pénombre et s'approcha de mon lit. Tout ce que j'arrivais à penser était qu'il ressemblait à une version rajeunie de Neil Diamond. Je sais, c'est ridicule, mais c'est pourtant la vérité. Il semblait avoir trente ans. Il arborait de magnifiques cheveux noirs touffus qui tranchaient avec son teint olive pâle. Il portait un col roulé noir.

« Voici Ben, dit mamie. Il sera là pour toi dorénavant. »

Où t'en vas-tu ? pensai-je.

Comme si elle avait entendu ma question, elle me répondit simplement : « Je ne vais nulle part. Je t'aiderai si tu as besoin de moi, mais Ben te guidera vers d'autres sommets. »

Ils disparurent alors tous les deux, instantanément. J'ai fermé les yeux très fort et j'ai supplié mamie et Ben de revenir, mais rien ne se produisit. Je suis restée allongée longtemps après leur départ, en souhaitant leur retour, mais le sommeil eut raison de moi. Je dormis profondément jusqu'au matin.

Le lendemain, à mon réveil, je me suis demandé si tout ça n'avait été qu'un rêve. En fait, j'étais plutôt disposée à le considérer ainsi. Après le petit-déjeuner, je déposai Charlie à la garderie et je revins à la maison pour une consultation.

La cliente s'appelait Carole. Elle était une amie de mon amie Janey. J'avais déjà reçu Carole en consultation, mais cette fois, elle était accompagnée de l'un de ses amis.

Dès le début de la séance, le nom « Josh » me vint en tête. À peine l'instant d'après, le jeune homme ressemblant à Neil Diamond apparut dans le fauteuil près de la fenêtre.

« Josh ! m'écriai-je. Je n'arrive pas à croire que c'est toi. Je pensais avoir rêvé, la nuit dernière.

– Non, ce n'était pas un rêve, dit-il en souriant. Et mon nom n'est pas "Josh". C'est "Ben". »

– Oh ! pardon », dis-je en souriant à mon tour. Non seulement était-il élégant, mais il avait le sens de l'humour. « Je te promets de m'en souvenir, lui dis-je.

– Parle à Carole de Bill, dit-il.

– D'accord, acceptai-je.

– Allo ? lança Carole pour me rappeler sa présence. (Elle semblait très confuse.)

– Excusez-moi, lui dis-je. J'avais une conversation avec un homme que j'ai rencontré la nuit dernière. Il me parle d'un Bill que vous devriez connaître. »

Elle réfléchit à peine une seconde. « J'avais un cousin appelé Bill. Il est mort soudainement. »

Bill se mit alors à parler à travers Ben, ce qui donna à Carole une séance remarquable. Avant de partir, elle fixa un autre rendez-vous six mois plus tard.

Ben, par contre, était beaucoup moins prévisible que mes clients. Je ne pouvais pas le convoquer à ma guise ni prendre un rendez-vous pour lui parler. Je souhaitais parfois avoir un téléphone magique pour converser avec lui. Il se pointait lorsqu'il le désirait. Je me demandais parfois pourquoi il m'apparaissait. Il lui arrivait de me saluer de l'autre côté de la pièce puis de s'évaporer. Plus d'une fois, il fit des remarques sur mes clientes. « Oh ! c'est un vrai canon, celle-là. J'adore ses jambes ! »

Je pensais que c'était un comportement inadéquat pour un esprit-guide et je lui ai fait remarquer. Mais, finalement, nous en avons bien ri.

À l'occasion, il se pointait au beau milieu de la journée, aux moments les plus improbables. Je pouvais, par exemple, être en train de laver la vaisselle ou de faire la lessive, et il était là, m'observant comme s'il avait tout son temps... ce qu'il avait sans doute d'ailleurs. À ces moments-là, j'insistais pour qu'il m'explique le rôle qu'il avait à jouer dans ma vie. Jamais il ne répondait précisément. «Tu verras», se contentait-il de répondre. Ou encore : «Je serai là quand tu auras besoin de moi.»

Parfois, il se contredisait lui-même. Il me dit un jour que nous avions vécu plusieurs vies ensemble, lui et moi, et que je l'avais choisi, au cours de l'une de ces vies, pour être mon esprit-guide. Puis, peu après, il me racontait que mamie l'avait choisi pour veiller sur moi. Lorsque je lui demandais des détails sur mes vies antérieures – «Étais-je morte dans un incendie ? Avais-je été mordue à mort par des chiens ? D'où me venait ma peur de l'eau ?» –, il souriait et refusait de répondre, tout comme il refusait de me dévoiler les détails de sa propre histoire.

Vendredi, le 7 septembre 2001, alors que j'étais au travail, je reçus un appel sur mon cellulaire de la part de Daniel Moss. Daniel, l'un de mes rares clients masculins, était venu me voir en consultation quelques mois plus tôt. Il semblait très affairé.

«Lisa, ici Dan Moss. J'ai besoin de vous voir. C'est urgent.»

Je lui donnai rendez-vous le lendemain. Comme toujours, il s'amena à l'heure prévue. Il arrivait de chez lui. Tout ce qu'il avait apporté était son cellulaire.

«Alors, Dan, qu'y a-t-il de si urgent ? lui demandai-je.

– Je dois partir sous peu pour un voyage d'affaires et j'ai besoin de vos conseils sur certains aspects, dit-il, impatient d'obtenir les informations.

– Voulez-vous tout savoir ?» lui demandai-je. Cette question était devenue une habitude. J'appris très vite qu'il était préférable de poser la question avant de commencer la séance, car si je la posais durant la consultation, le client devinait alors que j'avais vu quelque chose de désagréable et je ne pouvais plus le lui cacher.

« Oui », dit-il.

Je lui demandai de me remettre un objet personnel. Il me donna sa montre et je plongeai dans ses énergies.

« Vous allez à New York, mais je ne crois pas que ce soit un bon moment pour vous y rendre.

– Je dois y aller, insista-t-il.

– Je ne vous dirai pas ce que vous devez faire, mais si vous décidez de vous y rendre, je vous demande d'être prudent.

– Pourquoi ? Que voyez-vous ?

– Je n'en suis pas certaine. Je vois votre fils qui essaie de vous joindre. Il y a un appel de détresse de sa part.

– A-t-il fait quelque chose à l'école ?

– Non, il n'est pas concerné. Il est juste très anxieux de vous parler.

– Je ne comprends pas ce que tout cela signifie.

– Moi non plus, lui avouai-je, mais je vois beaucoup de destruction et de dévastation autour de vous. On dirait que le monde s'écroule tout autour de vous.

– Eh bien, c'est très rassurant, non ? dit-il à la blague, sans parvenir à dissimuler son inquiétude. Pouvez-vous être plus spécifique ?

– Non, dis-je. J'ai vu une brève image – des flammes, de la poussière et de la destruction –, mais un nuage l'a balayée. Par contre, je vois que vous allez être pris dans un monstrueux embouteillage sur la route vers Heathrow et vous allez craindre de manquer votre vol.

– Je vais partir pour Heathrow à quatre heures du matin, dit-il. Il n'y aura personne sur les routes.

– Dan, je ne vais pas argumenter avec vous, lui dis-je en riant. Je vous dis simplement ce que je vois.

– Et voyez-vous autre chose, alors ?

– Est-ce que vous projetez de vous rendre en Californie ?

– Je vais en Californie dès que je termine mes affaires à New York.

– Non, vous n'irez pas, repris-je. Le vol de cinq heures sera annulé. »

Il vérifia à l'agenda de son cellulaire. « Mon vol n'est pas à cinq heures. Il est à midi.

– Je vous dis ce que je vois, dis-je.

– Ça n'a aucun sens.

– J'en suis désolée. Je vous dis simplement ce que je vois. »

Il me posa quelques autres questions au sujet des associés qu'il allait rencontrer durant son voyage et je lui fournis les réponses selon ce que je voyais. À la fin de la séance, il semblait frustré. Je ne pouvais rien y faire. Ce que je dis n'a peut-être parfois aucun sens au moment de la séance, mais les choses s'éclaircissent souvent plus tard, ou pas du tout. J'ai appris à ne pas imposer la logique concernant ce que je vois, tout comme j'ai appris à ne pas interpréter les détails à la place de mes clients. C'est ce que les clients pensent que ça signifie qui compte. La signification d'un rêve dépend de l'interprétation que vous en faites. L'interprétation ne doit pas être imposée de l'extérieur. Les rêves sont profondément personnels. Comme quelqu'un l'a déjà dit, « les rêves nous disent des choses que nous n'entendons pas éveillés ».

Le lundi, je suis allée travailler… une journée sans histoire qui se répéta le lendemain. Mais, à quatorze heures, je reçus un message texte de l'une de mes amies m'informant qu'un avion venait tout juste de frapper le World Trade Center. Comme elle avait l'habitude de blaguer, j'ai vérifié si elle avait mis un lien pour la nouvelle, mais il n'y en avait aucun. Je sortis de mon bureau pour rejoindre des collègues et je trouvai plusieurs d'entre eux devant un écran branché sur CNN, l'horreur sur leur visage. Un deuxième avion venait de s'écraser dans la seconde tour du World Trade Center. Bientôt, nous assistâmes, horrifiés, à l'effondrement des deux tours.

Durant les jours suivants, nous sommes tous demeurés dans une sorte de léthargie d'horreur. Puis, au cours de la fin de semaine, je reçus un appel de Dan Moss. Il rentrait tout juste de son voyage. Il voulait me parler de sa dernière séance avec moi. D'une voix nerveuse et essoufflée, il relata tous les points que je lui avais dits. Sur le chemin vers Heathrow, à quatre heures du matin, il y eut un terrible accident et il faillit rater son vol. À New York, il était près des tours jumelles du World Trade Center lorsqu'elles se sont effondrées et il eut l'impression que le monde s'écroulait autour de lui. Son fils a essayé frénétiquement de le joindre par télé- phone pour s'assurer qu'il allait bien, mais il lui fallut des heures pour réussir. Évidemment, ses rendez-vous n'ont jamais eu lieu. Le fait que je n'avais aucune impression concernant ses associés s'expliquait alors. Et, évidemment, il n'est pas allé en Californie parce qu'il désirait plus que tout retourner auprès de sa famille. Le premier vol à destination de l'Angleterre était le vendredi à cinq heures, mais comme je le lui avais prédit, il fut annulé et il ne put rentrer que le lendemain.

« Quel cauchemar ! lui dis-je en état de choc. Merci, mon Dieu, vous êtes en vie.

– Lisa, dit-il. Tout ce que vous m'aviez prédit s'est avéré exact. Jamais plus je ne douterai de vous. »

Chapitre 6

Le jeune homme dans le vent

❧❧❧

Au cours des semaines qui suivirent la destruction du World Trade Center, je fus plus occupée que jamais. Je ne sais pas pourquoi exactement. Peut-être que cet événement avait causé une telle onde de choc que les gens cherchaient des réponses. Et pour les obtenir, ils se tournaient souvent vers des personnes comme moi. Je travaillais toujours à temps plein, mais je faisais environ une douzaine de consultations chaque semaine.

L'une des consultations fut particulièrement remarquable. La femme était venue me voir deux fois auparavant et cette fois, elle était accompagnée de sa mère. Ma cliente était adorable, mais sa mère s'avérait plutôt sévère. Dès qu'elle me vit, elle m'examina de la tête aux pieds.

« Vous êtes très jeune, non ? dit-elle sans autre forme de politesse.

– Pardon ?

– Je dis que vous êtes très jeune pour ce genre d'activités, répéta-t-elle.

– Désolée, répondis-je. J'ai 28 ans et je n'avais pas réalisé qu'il y avait un âge minimum requis.

– Ce n'est pas ce que j'ai dit, dit-elle en me lançant un regard hautain, mais avouez que vous êtes une poulette. Vous ne pouvez pas être aussi bonne qu'on le dit.

– Nous ne sommes pas obligées de procéder à la séance, lui dis-je en essayant de camoufler ma contrariété.

– Non, non, s'empressa-t-elle de dire, mais je parlais à ma fille, sur le chemin pour venir ici, de cette femme qui m'avait fait la lecture de cartes, il y a des années de cela. Elle était beaucoup plus vieille que vous. Elle demeurait dans Bartley Green, à Birmingham. Je me souviens d'être allée la voir et de m'être assise dans les escaliers pour attendre mon tour tant il y avait de gens qui venaient la consulter. Elle est morte, maintenant. Sinon, c'est elle que j'aurais consultée. Il y avait un homme qui vivait avec elle et qui s'occupait de nous en attendant notre tour… Son fils, je crois. Il semblait apprécier plus qu'il ne le faut l'alcool.

– M'man, dit ma cliente. Je crois que tu es un peu sévère.

– Non, je ne le suis pas, protesta la mère. J'assume mes opinions. Je lui parlais simplement de cette dame. Son nom était Frances. Avez-vous déjà entendu parler d'elle ?» demanda-t-elle en se tournant vers moi.

J'ai fait semblait de réfléchir quelques instants. «Oh, oui, répondis-je finalement. Je sais de qui vous parlez. Prendriez-vous une tasse de thé ?»

Je suis allée à la cuisine pour verser le thé. À mon retour au salon, j'avais apporté une photo de mamie.

«Est-ce la Frances dont vous parliez ? demandai-je en montrant la photo à la mère de ma cliente.

– Mon Dieu, oui ! C'est elle ! Comment se fait-il que vous ayez une photo d'elle ?

– C'était ma grand-mère. »

La surprise lui cloua le bec. J'en ai profité pour mettre les choses au clair. « Alors, soit vous continuez à m'insulter soit nous nous assoyons et nous écoutons ce que votre mari Tom a à dire. »

Je lui désignai un fauteuil vide du salon. « Il est assis juste là et il a beaucoup de choses à vous dire. »

Elle n'arrivait pas à le croire. Elle promenait son regard entre moi et la chaise vide.

Nous avons finalement complété la séance. À la fin, la mère de ma cliente était convertie. « J'aimerais avoir un autre rendez-vous avec vous, déclara-t-elle.

– Je n'ai aucune place disponible avant des mois », lui dis-je. Et c'était vrai. Je n'essayais pas de prendre une revanche sur la dame. Mon agenda était surchargé.

« Si je dois attendre, je vais être patiente », reprit-elle.

Nous avons donc fixé un second rendez-vous. J'avoue que je m'attendais à certaines excuses de sa part pour son impolitesse, mais elles ne sont jamais venues.

Moins de deux semaines plus tard, une autre sceptique me consulta. « Je ne sais vraiment pas pourquoi je suis ici, mais on dit que vous êtes plutôt bonne », dit-elle d'entrée de jeu. Puis, comme pour me mettre au défi, elle ajouta froidement : « J'ai attendu sept semaines pour ce rendez-vous.

– Je suis désolée, lui dis-je. Je travaille à temps plein et j'aime bien passer du temps avec mon fils les fins de semaine. Alors, j'essaie de ne pas trop surcharger mon agenda.

– Ça va, mais je m'attends à des preuves indéniables.

– Des preuves de quoi ?

– Il y a une personne en particulier avec qui j'aimerais entrer en contact. Je ne vous dis pas qui est cette personne. Et même si vous me dites qu'elle est présente parmi nous, vous devrez me le prouver pour que je sois convaincue. »

Dès que nous nous sommes assises, un esprit m'apparut.

« Votre grand-mère est avec nous, annonçai-je.

– Oh… dit la femme d'un air déçu.

– Elle est accompagnée de votre père », ajoutai-je.

La femme se redressa, mais elle semblait quelque peu remuée.

« Je présume donc que votre père est décédé ? demandai-je.

– Oui.

– Eh bien, c'est un soulagement. Il parle de tomates qui se seraient éparpillées un peu partout.

– Ça ne me dit rien du tout », dit la femme.

Ça ne me disait rien moi non plus.

« Attendez… repris-je. Maintenant, il me dit que vous ne devriez pas vous sentir coupable pour les vacances. Ce n'était pas de votre faute si vous étiez à l'extérieur lorsqu'il est décédé.

– Vous avez eu un coup de chance en devinant cela, argumenta la femme.

– Un coup de chance ? Que vous soyez en vacances lorsqu'il mourut ? dis-je, surprise.

– D'accord, peut-être que ce n'est pas un coup de chance, mais je ne comprends toujours pas pourquoi il parle de tomates. »

J'ai posé la question à son père, mais il tenait à poursuivre sur le sujet des vacances.

« Il dit que vous n'aviez pas besoin de mettre fin prématurément à vos vacances. Il comprend que vous lui avez dit adieu sur le plan du cœur.

– C'est plutôt vague, non ? Vous auriez pu dire cela à n'importe qui. Pouvez-vous au moins me dire son nom ?

– Il s'appelle John, dis-je sans hésiter. Mais beaucoup de gens l'appelaient Jack. »

Pour la plupart des gens qui consultent un médium, le nom de la personne décédée est une preuve évidente, mais pas pour cette cliente.

« C'était très facile. "John" est un prénom commun ici et la plupart des gens qui portent ce nom se font appeler "Jack". Je veux une véritable preuve », insista-t-elle.

Même son père commençait à être irrité de l'incrédulité de sa fille. C'est lui qui me fournit la preuve irréfutable : « Dites-lui que je suis décédé le jour de votre anniversaire. »

Je répétai la phrase à ma cliente : « Il dit qu'il est décédé le jour de votre anniversaire, répétai-je à la femme.

– C'est faux », dit-elle d'un ton suffisant.

Son père répéta encore et encore la même phrase et réussit finalement à me faire comprendre ce qu'il voulait dire : « Le jour de VOTRE anniversaire ! »

Je précisai : « Je suis désolée. J'avais mal saisi ce qu'il voulait dire. Il semble plutôt qu'il soit décédé le jour de mon anniversaire, le 19 juin. »

La femme fut complètement déstabilisée. « Je… je ne sais pas quoi dire, balbutia-t-elle.

– Est-ce la preuve dont vous aviez besoin ?

– Oui », dit-elle.

C'est curieux, car la séance se termina rapidement par la suite sans qu'elle ait vraiment de questions à poser. J'avais presque l'impression qu'elle était venue me voir simplement pour vérifier si j'étais réellement médium.

Noël arriva et repartit aussitôt. Charlie passa la journée de Noël chez son père, tandis que je célébrais avec mes parents. Il était prévu que Charlie passe le jour de Noël avec Simon. J'ai toujours tenu à ce que Charlie ait une bonne relation avec son père, tout comme j'en avais une, moi aussi. Je fus un peu dérangée lorsque j'appris que Simon avait une nouvelle femme dans sa vie, mais je n'avais pas à l'être, en vérité. La vie suivait son cours. Et cette femme n'allait pas prendre ma place de mère auprès de Charlie.

Cette nouvelle m'a ramenée à ma propre vie. J'ai réalisé que je devais, moi aussi, aller de l'avant. À la fin de février 2002, j'ai découvert une merveille du monde moderne : les rencontres par Internet ! Parfaites pour une mère célibataire occupée qui travaille à temps plein et qui parle aux morts durant ses loisirs !

J'ai opté pour une inscription sur le site qui me semblait le plus réputé, mais je ne savais pas comment me décrire. Je me souviens d'avoir essayé de rédiger mon profil en répondant aux questions que je trouvais parfois amusantes.

Que recherchez-vous chez un homme ? Je cherche un homme, tout simplement… merci beaucoup !

Qu'aimez-vous faire ? J'aime aller dans les bars, de temps à autre, pour boire un Coke diète, mais si vous me tordez un bras, je vais prendre de l'alcool.

Quel travail exercez-vous ? Je suis une sorcière !

Que faites-vous dans vos temps libres ? …

J'étais consciente que probablement personne ne me répondrait si je ne remplissais pas toutes les cases correctement.

Étonnamment, je reçus beaucoup de réponses à la publication de mon profil, et j'avoue ne pas comprendre pourquoi. Peut-être que certains hommes ont pensé que j'avais un bon sens de l'humour. Des hommes m'envoyaient des courriels dans lesquels ils parlaient d'eux, et je leur répondais de la même façon. Lorsqu'un homme semblait me correspondre, nous échangions des photos et nos numéros de téléphone. C'était étrange, mais amusant. J'ai toujours eu l'impression que les hommes essayaient de savoir avant tout si j'étais jolie, pensant peut-être que je n'étais pas vraiment celle sur la photo qu'ils avaient reçue.

Certains hommes étaient timides à l'extrême, d'autres étaient très attirés par mon statut de mère célibataire tandis que d'autres encore étaient, comment dire, plus directs.

« Veux-tu venir chez moi et baiser ? me dit l'un.

– Non, merci ! Qu'est-ce qui ne va pas chez toi ?

– Rien ! Je veux juste baiser !

– Ne veux-tu pas connaître un peu la personne avant ?

– Pas vraiment. Habituellement, ça gâche tout. »

Plusieurs hommes se décrivaient en détail pour se rendre plus intéressants. Plusieurs d'entre eux parlaient de longues promenades sur la plage au clair de lune ou y allaient pour la poésie. J'avais l'impression qu'ils avaient tous lu le même livre, *Rencontres Internet pour les nuls*. Quelle tristesse d'essayer de se rendre plus intéressant pour espérer une rencontre ! On ne sait pas vraiment ce que les gens recherchent, alors par où commencer ? J'ai décidé d'expliquer exactement qui j'étais et d'essayer de laisser rayonner ma personnalité dans ma description. J'espérais que la bonne personne se présenterait.

J'ai pris un café avec quelques hommes, mais la plupart n'étaient pas tout à fait fidèles à leur description initiale. Sinon, ils étaient désillusionnés. Puis, j'ai commencé à correspondre avec un type appelé Lee. Il me plaisait. Nous nous sommes finalement donné rendez-vous un après-midi devant un fleuriste au cœur de Birmingham. Il avait plutôt belle allure, quoique pas vraiment mon type d'homme. Il tenait à la main un bouquet de fleurs fraîchement coupées.

Je me suis présentée et nous sommes allés prendre un café à un petit bistro de la place Brindley. Tout près se trouvait une petite fontaine qui projetait des jets d'eau occasionnellement. C'était un coin charmant.

Lee était charmant, mais je ne ressentais aucune attirance envers lui. Il me fut ainsi plus facile de rester moi-même. En fin de compte, nous sommes devenus de bons amis. J'allais toujours prendre des cafés avec d'autres hommes et Lee tentait toujours sa chance avec d'autres femmes. C'était agréable d'échanger ensemble sur nos tentatives ratées de trouver l'âme sœur.

« C'est plutôt amusant, lui dis-je un jour. Je ne crois pas que je vais trouver l'homme de mes rêves bientôt, mais je rencontre plusieurs personnes très gentilles. Quelques-unes sont même drôles. »

Il arrivait à l'occasion que je tombe sur un psychotique, mais c'est la vie.

J'ai aussi rencontré des femmes sur Internet. Je me souviens d'être en train de clavarder avec une femme et de lui raconter l'une de mes rencontres avec un parfait étranger et de découvrir finalement que nous étions toutes les deux tombées sur le même gars. Nous avons alors comparé nos impressions. Je me suis fait plusieurs bonnes amies en ligne avec lesquelles j'avais beaucoup de plaisir. J'ai compris à ce moment-là qu'Internet était véritablement un milieu de contacts.

Un soir, j'ai fait un saut chez Lee. Nous avons attendu que son frère arrive pour aller prendre un verre. Lee possédait un petit studio d'enregistrement et son frère était musicien. Ce dernier se pointa au studio trente minutes plus tard accompagné d'une femme appelée Kate qui devait l'assister dans la préparation de chansons pour le mariage d'un ami mutuel. Kate et le frère de Lee venaient à peine de se rencontrer, mais en marchant vers le pub, j'ai dit à Lee que son frère allait marier cette fille. Il a bien ri, mais mon commentaire éveilla sa curiosité. À la fin de cette soirée, il me demanda de lui faire une consultation.

Dès le début, il me posa une question directe. « Quand vais-je rencontrer la bonne fille ?

– Pas avant tes quarante ans.

– Quarante ans ? maugréa-t-il. C'est dans cinq ans ! Qu'est-ce que je vais faire d'ici là ?

– Tu rencontreras plusieurs mauvaises filles ! » lui dis-je en riant.

Pour boucler la boucle de cet épisode, le frère de Lee a effectivement marié Kate et j'ai chanté à leur mariage. Lee a rencontré une fille à son quarantième anniversaire et ils se sont mariés en mars 2007, comme je l'avais prédit. Je leur avais aussi prédit une fille, qu'ils ont eue par la suite.

De mon côté, je continuais de faire des rencontres. Plusieurs hommes étaient gentils et me redonnaient confiance – ils s'intéressaient vraiment à une *vieille* mère célibataire –, mais je n'avais eu aucune étincelle pour l'un d'entre eux. Puis, j'ai fait la connaissance de Mike, qui me semblait charmant, mais qui, pour une raison obscure, refusait de me rencontrer en personne. J'avais beau essayer de le convaincre d'aller prendre un verre ensemble, il refusait toujours. Ses excuses ne tenaient pas la route.

« Allez, c'est samedi soir, lui dis-je une bonne fois. Quel mal y a-t-il à prendre un verre avec moi ?

– Je ne peux pas, dit-il. J'ai un ami qui demeure chez moi.

– Quel est le problème ? Êtes-vous reliés par les hanches ? dis-je en riant.

– Pas vraiment… eh bien, en quelque sorte, disons… je veux dire, en ce moment.

– Merveilleux ! me moquai-je. Alors, dis bonjour au *Hipster*[2] pour moi ! »

En août 2003, après trois mois de cette situation ridicule, je l'ai convaincu. Je lui ai dit que mon amie Jonesy prenait soin de Charlie, que j'étais donc libre pour la soirée et qu'il devait absolument sortir avec moi. Il accepta et nous nous sommes retrouvés dans un bar du coin. Je l'avais vu précédemment en photo, mais même là, je n'étais pas certaine à quoi je devais m'attendre. Finalement, il n'était pas du tout mon type d'homme. Il était plutôt grand, avait les cheveux foncés et était d'assez belle apparence, si vous aimez les mordus d'informatique. Toutefois, il était de compagnie fort agréable, comme je m'y attendais selon nos échanges sur Internet. Nous avons flâné dans les bars de Broad Street jusqu'à leur fermeture. À la fin de la soirée, j'avais le sentiment de m'être fait un nouvel ami.

« Alors, ce n'était pas si mal, non ?

– Une torture », dit-il en mimant une grimace.

Quelques semaines plus tard, j'étais en compagnie de Das, un autre garçon rencontré sur Internet. En me dirigeant vers les toilettes, je suis tombée sur Mike et l'un de ses amis. J'ai tout de suite su qu'il s'agissait du *Hipster*.

« Bonjour, Mike.

– Bonjour, Lisa, répondit Mike. Es-tu à un rendez-vous galant ? demanda-t-il en riant et en s'étirant le cou pour voir Das.

---

2. NDT : Jeu de mots anglais avec *hip* (« hanche ») et *hipster* (« gigolo, jeune homme dans le vent »).

– Oui, exactement, répondis-je. (Je me suis tournée vers l'ami de Mike.)

– Tu dois être le *Hipster*! »

L'homme sourit et me toisa de la tête aux pieds. «Heureux de faire ta connaissance. Je suis Kev. »

Il s'appelait Kevin Harris. Il était très grand. Il avait des cheveux châtains, mais un front dégarni, de jolis yeux bleus et un charmant sourire. Cela dit, il n'était pas mon type d'homme… Encore un! En fait, j'avais décidé que je n'avais pas de type d'homme. Je ne cherchais plus l'amour. Je m'amusais et ma vie était bien remplie.

Nous avons bavardé quelques instants et nous sommes retournés chacun à nos affaires.

Deux semaines plus tard, j'étais avec une amie en route pour Broad Street. Nous nous sommes arrêtées à une boutique de chandelles et de cristaux. Mon amie voulait acheter un cristal à sa fille. Tandis que mon amie regardait les cristaux, je me suis dirigée dans le coin des cartes de tarot. J'ai remarqué une jeune femme tournant de magnifiques cartes tout en souriant. Je sentais qu'elle essayait d'en déchiffrer une information et j'ai alors ressenti le besoin envahissant de devoir lui transmettre quelque chose. J'ai parcouru de nouveau les divers présentoirs de la boutique, mais je suis revenue vers elle.

«Excusez-moi de vous déranger. Vous semblez occupée, mais je dois vous dire que tout ira très bien. »

Elle me regarda, les larmes aux yeux.

«Vous êtes enceinte, n'est-ce pas? lui demandai-je à voix basse pour que l'on ne nous entende pas.

– Oh, mon Dieu! Oui! Je l'ai appris aujourd'hui. Comment le savez-vous? »

Je lui ai expliqué que j'étais médium et que je tenais simplement à la rassurer. « Oh ! j'oubliais... ajoutai-je. Vous ne trouverez aucune réponse dans ces cartes parce que ce sera trop difficile de les interpréter pour vous-même. »

Je lui serrai amicalement le bras et m'éloignai. Mon amie et moi allions sortir de la boutique lorsque la jeune fille enceinte me rattrapa. « Je veux vous offrir ceci. Vous saurez mieux les utiliser que moi. »

Elle me remit le magnifique jeu de cartes qu'elle parcourait plus tôt. J'étais estomaquée. Je n'arrivais pas à croire qu'une personne puisse être aussi généreuse. J'acceptai ce magnifique jeu de cartes des Déesses que j'utilise encore aujourd'hui.

Mon amie et moi avons poursuivi la soirée dans un bar à discuter de choses et d'autres en sirotant une consommation. Soudainement, qui avons-nous vu entrer dans le bar ? Mike et son ami, le *Hipster*. Ils ont pris un verre avec nous et nous avons passé un bon moment avec eux. Puis, mon amie et moi les avons remerciés et nous sommes allées dans un autre bar. Dix minutes plus tard, qui avons-nous vu arriver ? Mike et son ami, le *Hipster*. Ça devenait une habitude ! Nous avons pris encore un verre ensemble, essayant de jaser malgré le bruit, puis nous nous sommes quittés de nouveau, mais pour se rencontrer une autre fois dans un troisième bar !

« Dites donc, est-ce que vous nous suivez ? leur demandai-je en riant.

– Non, en vérité, nous pensons que vous nous avez traqués ! » dirent-ils en rigolant.

Nous avons bu et dansé jusqu'à la fermeture. S'amuser autant donne faim ! Nous sommes allés tous ensemble manger dans un restaurant. Nous avons trouvé une table à l'écart. J'étais assise en face de Mike, tandis que mon amie était en face de Kev.

« Sais-tu que Lisa est une sorcière ? dit-elle à Kev.

– Quoi ?

– Elle est médium et clairvoyante.

– Tant mieux pour elle », dit Kev d'un ton anodin. Je ne savais pas s'il croyait ou non à ce genre de trucs.

J'ai regardé Mike. « Tu vas te marier dans deux ans et je vais assister à ton mariage, lui prédis-je.

– Ne me dis pas que je vais te marier ! protesta-t-il, amusé.

– Non… Ne prends pas tes rêves pour la réalité, lui dis-je en riant. Je dis seulement que je serai présente.

– Et que vois-tu pour moi ? demanda Kev.

– Je vois que tu as traversé une mauvaise expérience. »

Je lui ai ensuite décrit quelques-uns des problèmes qu'il avait connus dans une récente relation amoureuse.

« Je ne veux pas en entendre plus », dit Kev soudainement.

J'avais touché une corde sensible. Je me suis sentie désolée pour lui et je lui offris une séance si jamais le cœur lui en disait. « Il se pourrait que je te prenne au mot », conclut-il.

Je n'ai plus repensé à Kev, mais deux vendredis plus tard, je fus réveillée à une heure trente du matin par un appel sur mon cellulaire.

« Allo ?

– Bonsoir, Lisa. C'est Kev.

– Kev… ?

– L'ami de Mike, le *Hipster*.

– Ah oui… Comment vas-tu ?

– Est-ce une heure trop tardive pour te déranger ? demanda-t-il. (Il semblait perturbé.)

– Un peu, mais ne t'en fais pas. Pourquoi m'appelles-tu ?

– Je me demandais… la séance que tu m'as proposée… je crois que je l'accepterais. »

Je trouvais cela curieux, car il ne m'avait pas semblé être une personne ayant besoin d'une consultation avec un médium.

« D'accord, dis-je. Je te téléphonerai demain pour fixer un rendez-vous.

– Veux-tu mon numéro ?

– Non, il s'est inscrit dans mon cellulaire.

– Oh oui, bien sûr. »

J'ai raccroché et je suis retournée à mon sommeil. Le lendemain matin, j'ai téléphoné à Kev pour lui donner rendez-vous le jeudi suivant. « Je serai déjà dans ton secteur, lui dis-je.

– Peut-être est-ce un signe », se moqua-t-il nerveusement.

Le jeudi arriva. Je me rendis à l'appartement que Kev partageait avec Mike. Il était situé dans un vieil immeuble avec beaucoup de cachet. Je me souviens d'avoir observé la place et pensé que les gars auraient pu mettre encore plus en valeur ce magnifique appartement. Mais, la décoration intérieure n'était pas, de toute évidence, la priorité de deux célibataires.

« Es-tu prêt ? lui demandai-je.

– Oui, je pense.

– Veux-tu tout savoir ?

– Qu'est-ce que tu veux dire ?

– Si je vois quelque chose de négatif, veux-tu le savoir aussi ?

– Je crois que oui, sinon quel serait le but d'une telle séance ? »

J'ai installé mon appareil sur la table basse pour enregistrer la séance. Je lui ai demandé un objet personnel. Il m'a remis la chaîne en argent qu'il portait au cou. Je l'ai tenue quelques instants dans mes mains – elle était plutôt lourde – en la frottant entre mes doigts.

« Je ressens la même impression que la soirée où l'on s'est rencontrés », commençai-je. Tu as vécu une séparation traumatisante. Ce fut très difficile, mais je peux voir que tu t'en es déjà remis. Je vois que tu pars en vacances bientôt... en Thaïlande... ou quelque part près de là. Mais, à ton retour, les choses seront quelque peu différentes. Il me vient le nom "Éric". Je crois que tu ne devrais pas faire confiance à Éric. Je crois que tout ça est en rapport avec ton travail.

– Que veux-tu dire ? Je ne devrais pas faire confiance à Éric ?

– Tu connais donc un Éric ?

– Oui. Le seul Éric que je connaisse est mon patron.

– Alors, c'est bien lui, conclus-je.

– C'est insensé, dit-il en riant. Tout roule comme sur des roulettes au bureau. Je viens tout juste d'obtenir une promotion. »

Kev vendait des logiciels à de grandes entreprises. Il n'occupait pas ce poste depuis très longtemps, mais il s'y plaisait beaucoup.

« Je suis désolée, expliquai-je, mais je ne pense pas que tu seras longtemps à cet emploi... je dirais même que... attends... tu seras un temps sans travailler. Tu vas prendre une pause, puis on t'offrira une autre position, mais au lieu d'accepter, tu iras travailler chez le compétiteur.

– Te moques-tu de moi ? dit-il toujours en riant.

– Pas du tout.

– Je ne comprends pas vraiment ce que tu me dis… partir… ne pas travailler… travailler… aller chez un compétiteur… tout cela me semble difficile à croire.

– Comme toi, je n'y comprends rien, mais peut-être que ce sera un peu plus clair pour toi à ton retour de vacances.

– Que vois-tu d'autre ?

– Est-ce que le nombre 89 te dit quelque chose ? demandai-je.

– Tu me joues un tour là, dit-il, tout étonné. Est-ce que Mike t'a parlé de quelque chose ?

– Honnêtement, non. Ce nombre n'a aucune signification à mes yeux. »

Il se leva, traversa la pièce et revint avec des papiers qu'il me montra. « Je viens tout juste de faire un dépôt de garantie sur un appartement que l'on construit de l'autre côté des canaux, dit-il. L'adresse est le 89 Watermarque Street.

– Peut-être est-ce un coup de chance », blaguai-je.

Il se rassit. « Quoi d'autre ?

– Eh bien… je sais que tu n'aimeras pas ce que je vais te dire, mais tu te marieras d'ici peu. »

Il pouffa de rire et ne put s'arrêter. « Lisa, parvint-il à dire finalement, je croyais que tu étais une bonne médium. J'ai déjà été marié, ce fut une erreur et je ne ferai plus jamais la même bêtise.

– C'est pourtant ce que je vois, répétai-je.

– Peux-tu voir avec qui ?

– Ce sera avec une mère célibataire.

– Oh ! ouais. Bien sûr, dit-il en éclatant de rire à nouveau. Ne prends pas tes rêves pour la réalité, Lisa. Tu n'es pas mon genre de femme. »

Bougre d'effronté !

« Ne te méprends pas, répliquai-je en riant à mon tour. Tu n'es pas mon genre non plus. »

À la fin de la séance, il voulut me payer, mais je refusai.

« Lorsque tout ce que je t'ai dit se sera réalisé, alors tu me payeras », lui proposai-je.

Trois semaines passèrent avant qu'il ne me téléphone à nouveau. Il revenait tout juste de… la Thaïlande, évidemment !

« Lisa, il faut que je te voie, dit-il précipitamment.

– Déjà de retour de vacances ?

– C'est justement pour cela que je veux te voir. Je suis rentré il y a deux jours. Il y avait un message d'Éric sur mon répondeur qui m'annonçait que je n'avais plus d'emploi. Nous avons tous été licenciés, comme tu l'avais prédit. Tu m'avais dit de ne pas faire confiance à cet homme.

– Je suis désolée, Kev.

– Non, il ne le faut pas. Tu te souviens de m'avoir dit que je prendrais une pause du travail ? Eh bien, j'ai fait de petits profits sur des investissements immobiliers. Je n'ai pas à me presser pour trouver du boulot. J'ai décidé de faire une pause pendant quelque temps.

– Tu es bien chanceux, soupirai-je. J'aimerais pouvoir en faire autant. »

Nous avons discuté quelques instants. Je lui ai confié que j'étais malheureuse à mon emploi et que je songeais à démissionner.

Kev, toujours très sûr de lui, se prononça : « Tu devrais partir. Je sais que tu trouveras quelque chose de mieux.

— Je croyais être celle des deux qui voyait dans le futur, lui dis-je.

— Ne peux-tu pas voir ton propre futur ? demanda-t-il.

— Si seulement c'était aussi facile. »

Deux semaines plus tard, le 14 octobre, je démissionnai de mon emploi. Je n'avais aucun autre boulot en vue. Pour joindre les deux bouts, j'ai accepté plus de consultations. J'avais maintenant du temps pour recevoir plus de clients.

Un matin, Kev m'appela pour me dire qu'il en avait assez de se la couler douce et qu'il cherchait un nouveau travail. Il me demanda si je pouvais l'aider à rédiger son curriculum vitæ. Comme je n'étais pas très occupée, j'acceptai et il apprécia grandement mon aide.

Quelques jours plus tard, Kev me demanda de *luncher* avec lui. « S'il te plaît, apporte l'appareil à enregistrer, demanda-t-il. Je veux écouter l'enregistrement de la séance que tu as faite pour moi. »

Charlie étant à la garderie et n'ayant pas de consultations avant la soirée, je me suis rendue à la rencontre de Kev, à Birmingham, pour manger une pizza. Nous étions attablés à un petit bistro avec vue sur les canaux et les nouveaux *développements* immobiliers derrière. Kev avait apporté la cassette de l'enregistrement. Je la glissai dans l'appareil et nous avons écouté ce que je lui avais dit. Je dois humblement dire que j'en étais bouche bée. J'avais été très précise et mes prédictions s'étaient avérées exactes. J'en étais impressionnée moi-même ! Puis, l'enregistrement joua le passage au sujet de la mère célibataire et Kev se mit à rire.

« Tu l'as manquée, cette prédiction, non ? »

Je me mis à rire aussi. Je n'ai jamais pensé un instant que ça pouvait être moi. Pourtant, au cours des jours et des semaines qui suivirent, j'ai commencé à passer de plus en plus de temps en compagnie de Kev. Je l'aimais bien, mais je n'étais pas amoureuse. Nous allions magasiner ou *luncher* ensemble. Je me confiais facilement à cet homme qui savait me faire sentir comme une princesse. Nous sommes lentement devenus des amis intimes. J'avais toujours hâte de passer du temps avec lui, mais je n'ai jamais imaginé que ça puisse aller plus loin.

Un soir, il me téléphona pour me dire que son amie Fiona désirait une consultation avec moi. Comme je ne travaillais plus à temps plein et que ma mère voulait que Charlie passe une fin de semaine chez elle, j'ai pu donner rendez-vous à Fiona le vendredi suivant. Kev suggéra de tenir la séance à son appartement. De cette façon, nous pourrions aller casser la croûte ensemble par la suite. Je n'étais jamais sortie le soir avec Kev – c'était un ami de jour ! –, alors j'ai trouvé l'idée excellente. Et, puisque son amie Fiona serait avec nous, je n'ai pas eu d'autres intentions que de passer une soirée en bonne compagnie.

Le vendredi soir, Kev me téléphona pour me dire que son amie Fiona avait eu la frousse et qu'elle remettait à une autre fois la consultation. « Elle dit qu'elle ne se sent pas prête à consulter une médium, expliqua Kev. Mais nous pouvons tout de même sortir ensemble, toi et moi, non ? ajouta-t-il toujours aussi sûr de lui.

– Bien sûr ! Pourquoi pas ? »

Nous sommes donc sortis et nous nous sommes bien amusés. Au cours de la soirée, sachant que je n'avais pas à reprendre Charlie avant le lendemain, j'ai eu le goût de passer du Coke diète à une boisson alcoolisée. Mais, j'ai avisé Kev que je ne serais probablement pas en mesure de conduire pour retourner chez moi.

« Tu peux rester à l'appartement. Mike est à l'extérieur. Tu pourras dormir sur le sofa ou dans sa chambre, si tu veux », répondit Kev en parfait gentleman.

J'ai donc bu de l'alcool et nous avons beaucoup ri. Nous regardions les gens dans le bar, choisissant des hommes et des femmes parmi ceux présents. Je pointais un gars et je demandais à Kev : « Que penses-tu de celui-là ? »

Il grimaçait. « Lisa, tu peux avoir beaucoup mieux que ce type. »

De son côté, il allait *flirter* avec des filles et revenait avec des numéros de téléphone. Je lui faisais, à mon tour, des commentaires sur ses choix.

Nous avons quitté le bar à la fermeture. J'ai voulu prendre un taxi. Après tout, mes pieds se ressentaient d'une longue soirée en talons hauts. Kev me traita de mauviette et insista pour marcher jusqu'à son appartement. Je n'arrivais pas à le croire ! C'était à plus d'un kilomètre !

J'ai abdiqué et je l'ai suivi en marchant péniblement. Comme je me plaignais de ces pénibles talons hauts et de la faim, nous avons décidé de nous arrêter à un restaurant. Nous nous sommes assis l'un en face de l'autre. J'ai alors remarqué qu'il m'observait.

« Tu sais quoi, Lisa ? Si ça n'arrive pas cette nuit, je crois que ça n'arrivera jamais, dit-il enfin.

– Ouais, tu as raison », dis-je en riant nerveusement. Je n'arrivais pas à croire qu'il avait le béguin pour moi. Il était un ami !

Après le restaurant, nous avons repris notre marche – qui me semblait interminable – jusque chez lui. Devant la grille de l'entrée de l'édifice, il ne trouvait pas la clé du grillage ni le code pour l'ouvrir. C'était une clôture de près de deux mètres. Il l'a escaladée en m'invitant à en faire de même. *Il doit blaguer*, ai-je pensé. *Est-ce sa façon de procurer du bon temps aux filles ?* Malgré tout, j'ai grimpé et j'ai traversé la grille, déchirant mes pantalons au passage.

Une fois dans l'appartement, j'ai avisé Kev que je n'étais pas à l'aise de dormir dans le lit de Mike. « Et je ne dormirai pas sur le sofa non plus, mais toi, tu peux, si tu veux. »

L'instant d'après, nous nous embrassions. *Oh, mon Dieu ! Que suis-je en train de faire ? On n'est pas censé embrasser son meilleur ami !* ai-je pensé.

Après cette nuit, Kev et moi avons commencé à passer beaucoup de temps ensemble, sans toutefois le dire à personne. Nous ne voulions pas que quelqu'un interfère dans notre relation naissante. Je permettais à Kev de venir chez moi seulement une fois que Charlie était endormi. Je n'étais pas prête à ce qu'ils se rencontrent.

Il en fut ainsi durant tout le mois de décembre, puis Noël s'annonça. Un soir, j'ai emmené Charlie à Birmingham pour admirer les lumières et les décorations. Tandis que nous étions en route, Kev a téléphoné. Lorsque je lui ai dit que nous allions à Birmingham, il suggéra de nous y retrouver.

« Non, lui dis-je. Charlie est avec moi.

– Lisa, je comprends que tu veuilles le protéger, mais je ne suis pas que ton amoureux, je suis aussi ton ami.

– D'accord, ai-je soupiré. Nous serons à la place Brindley à dix-huit heures trente. »

Nous étions au rendez-vous à dix-huit heures trente pile – je suis quelque peu obsédée par la ponctualité ; j'excuse très mal les retards. C'était une soirée claire et fraîche. Tout était illuminé. C'était magnifique. Soudain, Charlie pointa quelque chose derrière nous. Je me suis retournée et j'ai vu un homme au loin avançant vers nous. Il me fallut un moment pour découvrir que c'était Kev qui venait nous retrouver. Charlie le fixait comme s'il le connaissait.

Kev – ponctuel lui aussi – s'accroupit immédiatement devant la poussette de Charlie.

« Allo, champion ! Comment vas-tu ? »

Le visage de Charlie s'illumina et il éclata de rire. Il se retourna vers moi et me sourit. Il aimait déjà Kev. Le lien fut instantané et inexplicable. Tous les trois, nous avons arpenté Broad Street pour admirer les décorations puis nous nous sommes arrêtés à un restaurant.

« Je veux seulement des frites, dit Charlie dès que nous fûmes attablés.

– Non, lui répondis-je. Il n'y a que de la pizza au menu. Ils ne servent pas de frites ici. Tu devras prendre une pizza au fromage.

– Non, je veux des frites ! » Charlie tenait de sa mère. Il était très pointilleux sur la nourriture.

« Bien, s'il désire des frites, nous lui trouverons des frites, trancha Kev.

– D'accord. » J'étais agréablement surprise de la réaction de Kev, lui qui n'avait jamais eu d'enfant.

Nous avons quitté la pizzeria pour trouver un restaurant où l'on servait des frites. Nous nous sommes assis et la serveuse apporta à Charlie des crayons à colorier et lui et Kev se mirent à dessiner.

« Hé... Allo ? dis-je. Je suis là. Est-ce que quelqu'un sait que j'existe ? »

Je blaguais, évidemment. J'étais enchantée d'observer la bonne entente entre Charlie et Kev. On aurait dit qu'ils avaient toujours vécu ensemble.

En quittant le restaurant, nous avons croisé l'une de mes clientes. « Lisa, dit-elle, empressée. J'ai besoin d'une consultation, mais je ne peux pas attendre trois mois !

– Ce n'est plus trois mois d'attente, maintenant, la rassurai-je. Je ne travaille plus à l'extérieur. Je peux certainement vous trouver un rendez-vous la semaine prochaine. Téléphonez-moi.

– D'accord, je le ferai, dit-elle en poursuivant son chemin.

– Tu as une liste d'attente de trois mois pour les consultations ? s'étonna Kev.

– J'en avais une lorsque je travaillais. Elle est plus courte maintenant. Je ne suis pas très habile pour programmer les choses. Mon agenda s'étale un peu partout.

– Je ne comprends pas pourquoi tu cherches un autre emploi, dit Kev. Selon moi, tu pourrais faire des consultations à temps plein.

– Tu le crois vraiment ?

– Absolument. Tu es une très bonne médium. Tu m'as aidé lorsque j'en avais besoin et je suis convaincue que tu peux en faire autant pour les autres. De plus, je vais toujours t'appuyer et t'aider, ne t'inquiète pas. »

J'ai réfléchi un instant et je fus rapidement conquise par l'idée. Cet homme avait raison. Il le savait, et maintenant, je le savais aussi.

Chapitre 7

Un nouveau départ

Lorsque les fêtes furent finalement arrivées, Charlie et moi étions reçus chez mes parents pour le dîner de Noël. Je n'avais pas invité Kev à m'accompagner. Je ne l'avais pas encore présenté à ma famille. De plus, il avait des obligations familiales de son côté.

En arrivant chez ma mère, je ne me sentais pas très bien. Comme Charlie et Kev avaient déjà un rhume, j'ai présumé que je combattais, moi aussi, le début d'un rhume.

J'observais Charlie assis en face de moi. Il faisait déjà preuve de bonnes manières à la table. Il devait partir chez son père le lendemain et il me manquait déjà.

Au milieu du repas, je me suis soudainement sentie très mal, au point où j'ai dû m'excuser et quitter la table. Je me suis étendue sur le lit dans la chambre d'amis, mais je me sentais encore plus mal. Ma mère vint s'enquérir de mon état et me trouva très mal en point. « Je me sens terriblement mal, lui avouai-je. Je crois que je vais retourner chez moi avec Charlie. »

De retour à la maison, Charlie commença à jouer avec ses jouets. J'étais étendue, tout près, sur le sofa, me sentant de moins en moins bien. J'étais fiévreuse.

Je demandai à Ben ou à n'importe qui du monde des esprits de m'entourer d'énergies de guérison. J'étais rarement malade, mais cette fois, je ne m'étais jamais sentie aussi mal en point. J'ai commencé à ressentir d'intenses douleurs à la poitrine, à l'estomac. Les douleurs augmentaient sans cesse.

En milieu de soirée, la douleur était si intense que j'en avais de la difficulté à respirer. J'ai réussi tant bien que mal à mettre Charlie au lit et j'ai appelé un docteur. J'ai composé le numéro de NHS – on y offre un service jour et nuit – et on me répondit qu'un docteur me rappellerait sous peu. J'ai pris des cachets antidouleur – ce que je ne fais pratiquement jamais – et je me suis couchée en plaçant une bouillotte sur mon estomac. J'ai attendu en vain l'appel d'un docteur.

À cinq heures du matin, je fus réveillée par des douleurs atroces. Il était trop tôt pour appeler ma mère, j'ai donc téléphoné de nouveau au NHS.

« Un docteur vous rappellera bientôt, dit la femme à l'autre bout du fil.

– C'est ce que vous m'avez dit hier soir. Je souffre terriblement. Je veux savoir maintenant ce qui ne va pas.

– Oui, madame. Je comprends. »

J'ai raccroché tandis que Charlie vint doucement me retrouver dans ma chambre. Il grimpa sur le lit et me caressa immédiatement le ventre. « Ça va aller, maman, dit-il. Ça va aller. »

Puis, il prit le téléphone et me le tendit. « Appelle mamie, dit-il. Appelle mamie. »

J'étais sidérée. Comment mon fils de deux ans et demi était-il sûr que j'avais besoin d'aide ? À me voir souffrir, ça se comprenait peut-être, mais me presser d'appeler ma mère dépassait l'entendement.

J'ai composé le numéro de mes parents et ma mère a répondu.

« M'man, tu vas devoir venir chercher Charlie et p'pa va devoir m'emmener à l'hôpital.

– D'accord, dit-elle en essayant de camoufler son inquiétude. Je serai là dans quinze minutes. »

Ma mère se doutait que quelque chose n'allait pas, car je suis rarement malade et j'ai un seuil de tolérance à la douleur élevé. Lorsqu'elle et papa arrivèrent chez moi, j'ai noté la frayeur dans leurs yeux.

« Je vais m'en sortir », les rassurai-je. Mais, au fond de moi, je sentais que c'était sérieux.

Le temps de nous rendre à l'urgence de l'hôpital, la douleur avait doublé d'intensité. J'avais l'impression de subir une longue et interminable contraction d'accouchement, mais d'une intensité dix fois supérieure.

L'infirmière à l'entrée nous remit des formulaires à remplir. Mon père fit ce qu'il put et me demanda les renseignements qu'il ignorait, mais de plus en plus, je sentais que mon abdomen allait éclater. Voyant mon état, mon père devint terriblement en colère. Il retourna au service d'admission.

« Écoutez-moi bien… La plupart des gens dans cette salle d'attente sont là pour des rhumes ou une toux. Ma fille est de toute évidence très malade. Elle a besoin d'un docteur immédiatement. »

Je n'avais jamais vu mon père aussi fâché, mais sa colère a porté fruit. L'infirmière prit mon pouls. Il était à 115. Elle m'installa dans un fauteuil roulant et m'amena précipitamment dans la salle d'examen. Un docteur vint me voir quelques minutes plus tard. Il analysa mon dossier en se murmurant à lui-même : « Historique de cancer... hum... intéressant. »

Il ne m'a même pas examinée et n'a pas jeté un coup d'œil à mon abdomen qui m'apparaissait s'être transformé en un volcan en feu. Je me suis mise à crier d'agonie. Un second docteur entra dans la salle et me donna rapidement un sédatif. Lorsque je me suis réveillée, des heures plus tard, j'étais branchée à de multiples appareils. Le deuxième docteur est revenu me voir et m'a annoncé que je souffrais d'une sévère infection aux trompes de Fallope. Il la traitait avec des mégadoses intraveineuses d'antibiotiques. « Vous serez hospitalisée au moins trois jours », conclut-il.

Je me suis rendormie. À mon réveil, j'ai fouillé dans mon sac à main pour trouver mon cellulaire. Il y avait un message texte de Kev me disant bonjour et m'exprimant tout son amour. Je lui écrivis que j'étais à l'hôpital et que nous nous parlerions plus tard. Kev n'a pas répondu.

Quelques heures plus tard, je m'éveillai d'un autre somme. En ouvrant les yeux, j'ai vu Kev qui arpentait la chambre où l'on m'avait mise.

« Que se passe-t-il donc ? dit-il en souriant.

– N'es-tu pas censée être avec ta famille ?

– Tu m'as fourni une bonne excuse pour m'en évader », répondit-il.

J'étais heureuse de voir Kev. Je ne savais pas où allait nous mener notre relation ni même la direction que je souhaitais qu'elle prenne, mais cette délicate attention à mon égard en disait beaucoup sur la bonté de cet homme.

Je restai à l'hôpital cinq jours. Comme c'était la période de Noël, je n'ai eu que quelques consultations à annuler. À mon retour à la maison, j'ai donc pu profiter de quelques jours de repos.

Avec le début de la nouvelle année et ma santé retrouvée, ma nouvelle carrière prit son envol. Kev avait un bon sens des affaires et de temps à autre, il m'aidait à mieux me structurer et à travailler de façon plus professionnelle. Je me suis procuré un premier véritable agenda de rendez-vous. J'ai alors appelé tous mes clients pour les informer que j'offrais dorénavant des consultations le jour. Je ne croyais pas que les gens voudraient consulter une médium le jour, mais Kev croyait le contraire. Il insistait pour que je contrôle mon horaire et mon temps. Il avait raison. À la fin de janvier, je fixais vingt rendez-vous chaque semaine. De nouveaux clients appelaient chaque jour. L'année 2003 offrait un début prometteur.

L'une des premières consultations de 2003 fut faite avec une nouvelle cliente qui, dès le départ, m'informa que sa mère avait été assassinée. « Je veux savoir ce qui s'est passé et si c'est bien le coupable que l'on a emprisonné. »

Elle n'était qu'une enfant lorsque sa mère fut tuée. Même des années plus tard, elle avait toujours des doutes sur ce crime. « Si vous pouviez me donner le nom de l'homme qui a fait ça, alors je saurais enfin la vérité », me confia-t-elle.

Je lui ai demandé si elle voulait tout savoir et elle m'a répondu « oui ». Immédiatement, sa mère apparut dans la pièce. Elle dit à sa fille qu'elle était fière d'elle et qu'elle n'avait pas à s'inquiéter. Elle n'avait pas souffert au moment de mourir et elle allait la protéger tout au long de sa vie. J'ai demandé à la mère si elle pouvait me communiquer le nom de son assassin. Immédiatement, un nom me parvint comme dans un cri, non pas comme quelqu'un qui crie contre vous, mais comme une voix qui éclate bruyamment dans votre tête.

« J'entends le nom "Robert" », dis-je à ma cliente.

Elle devint livide. J'ai même cru qu'elle allait s'évanouir. « Est-ce que ça va ? »

Elle me fit signe que oui et elle prit une profonde respiration.

« J'ai toujours des doutes. Je ne voulais pas le croire et il l'a nié pendant tant d'années. Maintenant, je sais que c'est lui, le coupable. Je sais que c'est lui, le coupable. Je sais que c'est mon père qui a tué ma mère. »

Je me sentais triste pour elle. Toute sa vie, elle a voulu croire en l'innocence de son père, et je venais de tout briser. « Je suis désolée, lui dis-je.

– Non. On croit certaines choses seulement parce que l'on veut les croire. Mais il était temps de cesser ce jeu. Je vais affronter la vérité. Merci ! Je vous serai toujours reconnaissante pour cela. »

Je ne pouvais m'arrêter de penser à elle après son départ. J'avais toujours l'impression d'avoir brisé quelque chose en elle. Peut-être n'était-ce qu'une illusion, mais certaines personnes ont besoin de leurs illusions pour avoir la force et le courage de sauter du lit le matin. J'étais incertaine devant une telle situation. Pendant longtemps, je me suis demandé si j'avais le droit de dire ce que je voyais ou entendais, à elle ou à d'autres personnes. Je vivais un conflit intérieur. Puis, j'ai compris que ce n'était pas à moi de décider. Qui étais-je pour juger si l'une de mes révélations aidait ou nuisait à une personne qui me consultait ? Et si je taisais certaines choses, ne serait-ce pas une forme de mensonge ?

J'ai repensé à quelques-unes de mes premières séances. J'avais l'impression d'avoir toujours été honnête dans mon travail de médium. Par contre, je me souvenais d'une fois où j'avais décidé que je ne pouvais pas tout dire à la cliente… jusqu'à ce qu'elle me pose la question.

C'était une vieille femme. Dès le moment où elle s'assit devant moi, l'esprit de son mari se manifesta. « Je l'attends », avait-il dit.

Je sus immédiatement que la femme allait bientôt mourir. J'avais décidé de ne pas lui en parler, mais à la fin de la séance, je lui ai offert de poser des questions.

« Quand vais-je mourir ? » demanda-t-elle.

Ouf ! Je n'en croyais pas mes oreilles. Je fus honnête et je lui répondis.

« Votre mari m'a dit qu'il vous attend. »

Elle a souri, m'a remerciée et est partie après m'avoir payée. Une fois seule, je me suis demandé si j'avais une raison valable de ne pas lui avoir dit tout de suite ce que son mari me confiait. J'ai réalisé que ce n'était pas une information qui m'appartenait et que les esprits diraient seulement aux gens ce qu'ils avaient besoin de savoir ou ce qu'ils pouvaient assumer. À partir de ce jour, je décidai de ne plus rien censurer envers mes clients. Je n'avais pas le droit de le faire puisqu'en réalité ce n'était pas moi qui leur parlais. C'étaient les esprits qui leur parlaient. Moi, je ne faisais que « transmettre ». Il m'apparut dès lors évident qu'il revenait aux esprits de décider ce qu'ils voulaient partager avec leurs proches encore vivants et qu'ils devaient sans doute garder certaines informations pour eux-mêmes.

Avec le téléphone qui n'arrêtait jamais de sonner et les rendez-vous qui noircissaient rapidement mon agenda, j'ai repensé à ce que ma grand-mère m'avait dit : « Tu vas poursuivre mon travail. » Elle avait raison. Et ça me ramenait à d'autres prédictions qu'elle m'avait révélées. Elle avait dit que je me ferais connaître aux États-Unis, ce qui me semblait peu probable puisque je n'avais aucun contact là-bas. Je n'y connaissais absolument personne. Elle m'avait aussi dit qu'il y aurait deux hommes plus âgés que moi dans ma vie. Je me demandais si Kev était l'un d'eux. Il avait onze ans de plus que moi, bien qu'il ne m'ait jamais paru plus âgé que moi. L'autre homme plus âgé demeurait un mystère.

L'été suivant, après six mois de relation avec Kev, je l'ai finalement présenté à ma famille. J'ignore pourquoi je cachais ma relation avec Kev. J'adorais cet homme, tout comme Charlie d'ailleurs. Nous nous voyions trois ou quatre soirs par semaine. Il était devenu une partie de ma vie.

Comme j'étais plutôt nulle dans la gestion et l'organisation d'un agenda, Kev avait tout naturellement pris la relève dans cet aspect de mon travail. Chaque matin, il me décrivait la façon dont ma journée allait se dérouler.

« Tu as un rendez-vous à dix heures ce matin, ici, avec Molly, puis une consultation avec Kathy à midi et une autre avec Raj à dix-sept heures.

– À dix-sept heures ? N'est-ce pas un peu tard pour Raj ?

– C'est eux qui viennent te voir, expliqua-t-il. Et tu as une vie en dehors de la médiumnité. Ne sois pas trop accommodante avec tes clients. Laisse-les s'ajuster à ton agenda, non le contraire. »

J'avais un peu de difficulté à voir les choses comme Kev. À cette époque, mes consultations n'étaient pas un travail pour moi. J'essayais juste d'aider les gens et je faisais toutes sortes d'entorses à mon horaire pour me rendre disponible pour mes clients. Si j'avais vraiment un don de médiumnité, si limité pouvait-il être, je sentais qu'il était de ma responsabilité d'aider les gens. Kevin n'était pas d'accord. Cela dit, il avait raison au moins sur un point : il était important que je puisse vivre ma vie.

« Les thérapeutes aussi aident les gens, disait-il. Et les clients les consultent selon les rendez-vous qu'on leur a fixés. Même chose pour les docteurs, à la différence que tu dois patienter trois mois pour les voir, même si tu es en train de mourir. »

La perception de Kev était sensée. Comme il le disait, j'étais dans les affaires et je devais agir en ce sens.

« Tu es douée pour ce que tu fais, répétait-il. Certains sont doués pour la peinture, d'autres pour l'écriture ou l'architecture. Ils sont payés pour ce talent. Pourquoi serait-ce différent pour toi ?

– Je ne sais pas, avouai-je. Parfois, je me demande si je suis aussi douée que les gens le disent.

– Douée ? Des femmes n'arrêtent pas de te demander de leur enseigner à être médium ! »

C'était vrai. Parmi mes clientes, il y avait quelques femmes qui me suppliaient de leur enseigner à être médium. J'avais résisté à leurs demandes incessantes parce que je n'étais pas certaine que la médiumnité pouvait s'enseigner. Et, à vrai dire, je doutais parfois de mon don. Je ne fais pas de fausse modestie en révélant cela. La vérité est que j'ai toujours été peu sûre de moi. Plus jeune, je n'étais jamais la plus jolie, ni la plus brillante, ni la plus populaire. Une fois adulte, ces sentiments d'infériorité ont tendance à s'incruster.

Kev m'apprenait à avoir plus confiance en moi, à me voir comme lui et mes clients me voyaient. Ce fut libérateur. Et deux mois après cette conversation, trois femmes s'amenaient chez moi pour la première leçon.

« La première chose que je vous dis est que ce que vous allez voir, entendre ou percevoir n'aura pas toujours du sens. En fait, ça n'a habituellement aucun sens. Vous allez essayer de comprendre, mais tout vous semblera confus, parce que les règles de la logique ne s'appliquent pas dans ce domaine. Ne vous en faites pas avec la logique, votre travail est de dire à vos clients ce que vous voyez et d'essayer d'observer le plus de détails possible de ce que vous percevez. Aucun détail n'est négligeable. Une simple rose sur un lit peut ne pas avoir de signification pour vous, mais cette image peut résoudre un mystère pour votre client. »

Je leur ai enseigné à utiliser les cartes de tarot (passé, présent, futur), les cartes de médiumnité et les cartes des Déesses. Je leur ai donné les bases de la psychométrie en leur faisant échanger des objets personnels pour qu'elles s'exercent à ressentir les énergies et les vibrations qu'ils dégagent. Et j'ai insisté fortement sur l'importance d'être honnêtes avec les personnes qui les consultent.

« Au début de chaque séance, vous devez demander à la personne devant vous si elle veut tout savoir. Si elle ne le veut pas, alors faites preuve de discernement et de discrétion.

Personnellement, je dis quand même ce que je vois, mais dans des mots différents, comme pour adoucir ou atténuer les aspects négatifs. Par contre, si la personne vous dit qu'elle veut tout savoir, vous ne pouvez pas censurer et taire certaines choses que vous percevez. Ce n'est pas votre rôle de filtrer. Vous ne pouvez pas décider de ce que vous dites et de ce que vous taisez. Ce n'est pas votre responsabilité, c'est celle des esprits. »

Pour vraiment aider la personne à progresser et à la faire avancer dans sa vie, je leur ai fait comprendre qu'elles devaient elles aussi travailler sur elles-mêmes. Je leur ai expliqué que la plupart des gens ont tendance à ressasser le passé, ce que j'ai moi-même fait, mais que la vie suivait un mouvement vers l'avant et qu'il était important de lâcher prise sur le passé.

« Il est utile de comprendre ce qui a fait de vous ce que vous êtes aujourd'hui, mais c'est complètement inutile de vous y accrocher. »

Pour illustrer mon propos, je leur ai confié l'une de mes consultations qui avait eu lieu quelques mois auparavant. La cliente était venue avec l'une de ses amies. À peine les deux femmes avaient-elles franchi le seuil de ma porte que j'ai regardé l'amie de ma cliente et je lui dis : « Votre père dit qu'il est désolé. »

La femme s'était mise à sangloter et il lui fallut quelques instants pour s'en remettre. Je ne lui avais pas demandé pourquoi son père s'excusait. Ça ne me regardait pas et, bien honnêtement, je ne tenais pas du tout à le savoir. Cela dit, je comprenais que cette femme était restée accrochée toute sa vie à un événement de son passé. Cet après-midi-là, elle avait fait le premier pas vers le lâcher-prise. Plusieurs semaines plus tard, elle était revenue me voir en consultation, seule cette fois, et elle m'avait confié que j'avais transformé sa vie. Elle s'était libérée par le pardon. Je dis également à mes étudiantes que j'étais persuadée qu'elle avait en elle le pouvoir de lâcher prise sur sa blessure et de se libérer de la colère engendrée bien avant qu'elle vienne me voir.

« Rien n'encombre plus l'esprit que le passé », expliquai-je encore. Cela est vrai pour chacun de nous, mais ce l'est encore plus pour quiconque souhaite s'ouvrir à des dimensions autres que le plan terrestre. Un esprit encombré est un esprit bruyant, mais un esprit clair est en mesure d'écouter, et les esprits des « décédés » recherchent ceux qui savent écouter.

Je leur ai aussi parlé des rêves. Je leur ai expliqué que les rêves qui semblent réels peuvent être plus que des rêves. C'est parfois un contact avec le monde des esprits, une visite d'un être désincarné. Une conscience endormie est moins encombrée et offre plus de possibilités que nous le croyons.

« Un rêve peut ouvrir la porte à des choses que nous serions incapables de vivre dans notre vie éveillée. »

J'ai aussi parlé à mes étudiantes des tours que nous joue la mémoire. Par exemple, nous avons parfois l'impression de nous souvenir d'événements ou de choses qui, à notre conscience, ne sont jamais arrivés. Ces souvenirs ne semblent pas être les nôtres, et effectivement, il est plus que probable qu'ils ne le soient pas. Peut-être ne sont-ils que des fragments d'une lecture, d'une histoire qui nous fut racontée ou d'une séquence d'un film visionné bien longtemps auparavant. Mais, dans la plupart des cas, ces souvenirs sont directement reliés à des vies passées.

Je crois de toute mon âme à la réincarnation. Je crois que nous mourons puis renaissons sans cesse pour apprendre, et que lorsque toutes les leçons ont été apprises, nous nous retrouvons dans un lieu qui dépasse notre entendement, qui dépasse même notre pouvoir d'imagination.

Certaines personnes se sont incarnées à plusieurs reprises et elles sont clairement en avance sur l'échelle de l'évolution. Ce sont de *vieilles âmes*. Elles ont vécu plusieurs vies. Les plus douées ont tendance à laisser leurs empreintes dans l'histoire. Des musiciens, des acteurs, des écrivains, des humanistes... Nous avons tous été créés égaux, mais peut-être évoluons-nous à différents rythmes, durant plusieurs vies.

Je me suis permis de raconter à mes étudiantes une anecdote concernant Charlie, mon fils.

Lorsqu'il avait à peine trois ans, alors que nous nous pelotonnions dans mon lit, Charlie me fit une confidence.

« Tu sais, maman, avant de venir ici, Dieu m'a dit que je devais venir au monde pour veiller sur toi. »

Je l'avais regardé, étonnée. « Ah, oui ? Vraiment ?

– Oui. Il savait que toi et papa ne resteriez pas ensemble et il a pensé que ce serait bien que je vienne pour veiller sur toi. C'est pour ça que je suis ici. »

J'avais dû retenir mes larmes. « Et je suis très heureuse que tu sois ici, avais-je ajouté.

– Moi aussi », avait-il dit.

J'aime penser que mes étudiantes ont appris une chose ou deux avec moi. Personnellement, j'ai beaucoup appris en leur enseignant. L'une de mes étudiantes, Margaret, a continué de faire des séances pour les clients que j'ai dû laisser derrière moi lorsque je partis un jour pour les États-Unis. Je suis encore aujourd'hui très fière d'elle. Elle m'a personnellement reçue plusieurs fois en consultation et je sais à quel point elle est douée.

Enseigner a renforcé ma conviction sur certains aspects reliés à mon travail, par exemple la nécessité d'être honnête et l'importance des détails. Ça m'a aussi fait prendre conscience de l'étendue de mon don. J'étais vraiment douée pour la médiumnité. Le but était dorénavant de poursuivre mon évolution sur la voie spirituelle. En même temps, je réalisais que ce don n'était pas quantifiable. On ne peut mesurer de tels talents, et ce n'est pas le but de toute façon.

Il ne s'agissait plus pour moi d'être bonne ou d'être la meilleure. Il s'agissait de toujours m'efforcer de m'améliorer, sur tous les plans, et d'utiliser mon don pour en faire profiter les autres et pour leur enseigner la spiritualité.

Je crois que je me suis effectivement améliorée. Je suis devenue plus sensible et reliée aux esprits et, du coup, un peu plus soucieuse aussi. Parfois, bien après qu'un client ait quitté la maison, des esprits demeuraient chez moi. Je pouvais être en train de regarder la télé et sentir un esprit à mes côtés. Ou je pouvais être dans mon bain et me sentir observée par un esprit. Ça ne m'effrayait pas vraiment, mais ça me mettait assurément mal à l'aise. Je ne voulais pas attirer de la négativité dans la maison. Je devais penser à Charlie dans tout ça. Je savais que mon grand-père le protégeait – il m'est arrivé souvent de sentir sa présence en entrant dans la chambre de Charlie –, mais je tenais à ne courir aucun risque.

«Je pense que ce serait bien si je recevais mes clients à l'extérieur de la maison, dis-je à Kev, un soir après le dîner. J'aimerais séparer ma vie personnelle de ma vie professionnelle.»

Le problème était de trouver un endroit abordable pour moi.

Durant les jours qui suivirent, j'ai jeté un coup d'œil aux annonces classées, en étant plus ou moins convaincue. J'espérais trouver la parfaite petite place pour moi, mais rien ne se présenta. Puis, un soir, je reçus une cliente à la maison. La séance qui suivit me stimula à trouver un endroit rapidement.

La cliente et moi étions au rez-de-chaussée – tandis que Charlie dormait à l'étage – lorsqu'au beau milieu de la séance, je ressentis une onde froide dans la pièce. J'ai observé tout autour, mais je n'ai rien vu.

«Qu'est-ce qu'il y a? demanda la cliente.

– Je ne sais pas, répondis-je. Je ressens une forte énergie négative dans la pièce.»

Au même moment, j'ai entendu la guitare électrique de Charlie jouer un air perçant et agressif comme je n'en avais jamais entendu auparavant. Je me suis levée d'un bond, le cœur battant.

« Mon Dieu ! Avez-vous entendu cela ?

– Bien sûr que je l'ai entendu ! » répondit ma cliente.

J'ai gravi l'escalier en courant, le cœur battant à un rythme fou, et j'ai fait irruption dans la chambre de Charlie. Mon fils était toujours endormi. La guitare reposait au pied de son lit, face contre sol. Elle résonnait encore à la suite du bruit entendu. Lorsque le son s'évanouit complètement, je n'entendis plus que les battements saccadés de mon cœur. Je n'arrivais pas à comprendre comment la guitare s'était retrouvée là. Je me rappelais clairement l'avoir rangée en couchant Charlie. Je m'approchai du lit et je me suis penchée vers Charlie. Il respirait paisiblement ; il semblait calme et bien. J'ai ramassé la guitare, un peu hésitante, et je l'ai déposée dans le corridor. Puis, je suis redescendue retrouver ma cliente.

« Est-ce que tout va bien ? demanda-t-elle.

– Oui », lui dis-je simplement.

À vrai dire, j'avais complètement flippé. C'est une chose d'avoir une conversation avec une personne décédée, mais c'en est une autre de ressentir une forte énergie négative. À l'époque, c'était au-delà de mes compétences.

Je terminai la séance avec la cliente, mais je restai soucieuse de ce qui s'était passé. J'ai reconduit ma cliente à la sortie et je suis immédiatement montée à l'étage. J'ai cueilli Charlie dans son lit et l'ai emmené dans le mien. Je crois que j'ai dû dormir toute la nuit avec la main sur lui.

Au matin, j'ai téléphoné à Kev pour lui raconter ce qui s'était passé et pour lui demander de m'aider à trouver une place pour mes consultations. Après avoir déposé Charlie à la garderie, je suis allée à la bibliothèque pour voir ce que je pourrais y trouver concernant les esprits maléfiques. Le meilleur livre que je trouvai fut *The Art of Psychic Protection* de Judy Hall, médium, astrologue et guérisseuse. Dès que j'en eus terminé la lecture, je m'empressai de me procurer tout ce dont j'avais besoin pour protéger ma maison des esprits malveillants : des cristaux pour mettre aux fenêtres afin d'éloigner les énergies négatives et de la sauge sèche dans tous les coins et recoins de la maison. L'odeur de la sauge était si présente que les gens se demandaient parfois si je n'avais pas fumé quelque chose d'interdit !

Ce même soir, après avoir complété la protection de ma maison, Ben, mon esprit-guide, fit l'une de ses rares apparitions.

« Où étais-tu passé ? lui demandai-je. Je ne t'ai pas vu depuis des mois.

– Je ne veux pas que tu t'inquiètes pour Charlie, dit-il. Je veillerai toujours sur lui. »

Et sans en dire plus, il s'évanouit dans le néant. Au matin, je me suis même demandé si je n'avais pas rêvé cette apparition pour me sécuriser. J'espérais que non, car j'appréciais l'aide de Ben. C'était difficile de démêler tout cela. Ben était un personnage insaisissable.

L'une de mes plus mémorables séances de cette période de ma carrière fut avec une femme distinguée, à l'allure professionnelle et aux cheveux longs et châtains. Comme la plupart de mes clients, une amie lui avait recommandé de venir me voir.

Je lui ai versé une tasse de thé, l'ai invitée à s'asseoir et lui ai demandé un objet personnel. Elle me remit sa montre. J'ai mis en marche le magnétophone.

« J'ai quelqu'un ici qui fait cuire des muffins, dis-je. Soit ce sont des muffins ou bien des petits gâteaux de fantaisie… je n'arrive pas à bien voir. »

Immédiatement, la dame se mit à pleurer. Au bout d'un moment, je lui ai dit avec une voix de petite fille : « Ne pleure pas, maman. »

Elle leva les yeux vers moi, surprise et s'essuyant les yeux.

« Pardonnez-moi, lui dis-je. Je ne sais pas pourquoi j'ai dit cela de cette façon.

– Non, je vous en prie, continuez. C'est ma fille, Lucy.

– Oh ! je suis désolée. »

Je n'avais aucune idée qu'elle avait perdu un enfant. Ayant moi-même un enfant, je pouvais imaginer la dévastation laissée par une telle perte. Elle me fit signe de poursuivre et j'ai observé l'image que je voyais. La petite fille était tout juste à ma droite, souriante et affairée à la cuisson des gâteaux.

« Demandez à maman à propos de Jenny, me dit la petite fille.

– Elle me dit de vous interroger à propos de Jenny », repris-je pour la dame.

Cette dernière avait éponge ses larmes et elle roulait dans ses mains le papier-mouchoir tout humide.

« C'est assez particulier, disons, commença-t-elle. Il y a environ un an ou peut-être un an et demi, peu importe, vous avez reçu en consultation une femme appelée "Jenny". Vous lui avez dit qu'elle entendrait parler d'une petite fille qui mourrait. Cette enfant, c'était Lucy, ma fille.

– Jenny est l'amie qui vous a dirigée vers moi ?

– Non. Je ne connais pas Jenny, mais elle est une amie de l'une de mes amies. Elle lui a parlé de moi, et me voilà donc ici. J'essaie encore de comprendre comment vous avez pu parler à quelqu'un que je ne connaissais pas de l'accident qui fut fatal pour ma fille.

– Je ne le comprends pas moi non plus, lui dis-je honnêtement. Cependant, j'ai appris à ne plus chercher à tout comprendre. S'il y a des règles dans le monde des esprits, je ne suis pas certaine que quelqu'un d'entre nous puisse les décrypter.

– Pouvez-vous voir ce qu'il lui est arrivé ?

– À votre fille ?

– Oui. »

Je me suis retournée vers la fillette. Lucy roulait maintenant en vélo. J'ai vu son pied glisser. La fillette manqua alors une courbe et fut projetée sur les poignées de son vélo. L'une des poignées heurta violemment Lucy au ventre.

J'ai décrit le scénario à sa mère. Elle se remit à pleurer en balançant la tête. « Les docteurs nous ont dit qu'elle avait subi des dommages irréparables au foie, confirma-t-elle.

– Mais ce n'était pas ta faute, maman, dit Lucy.

– Elle dit que ce n'est pas votre faute, répétai-je.

– Je sais. Dans mon cœur, je le comprends. Mais je n'arrive pas encore à me défaire de la culpabilité, dit-elle. La culpabilité est un sentiment horrible.

– Mais vous savez que vous n'y êtes pour rien, repris-je. Et Lucy le sait, elle aussi. »

Soudainement, Lucy intervint. « Tu dois prendre soin de tes ovaires.

– Elle dit que vous devez prendre soin de vos ovaires, repris-je.

– Mes ovaires ? Je n'ai plus d'ovaires. J'ai subi une hystérectomie il y a quelques années de cela. »

Je me suis retournée vers Lucy pour lui demander des explications, mais elle était partie.

« Peut-être n'a-t-elle pas voulu parler des ovaires, suggéra la dame. Après tout, Lucy est une petite fille. Elle ignore ce qu'est un ovaire.

– Peut-être avez-vous raison, mais peut-être aussi vous avertit-elle d'un problème. Je vous conseillerais de surveiller votre santé en général. »

Après le départ de la dame, je me suis demandé si je n'avais pas mélangé les messages, ce qui arrive de temps à autre. Peut-être que l'avertissement de Lucy était dirigé vers moi. J'ai eu mon lot de problèmes avec cette partie du corps, et tout cela m'apparaissait donc plausible.

Neuf mois plus tard, la dame revint pour une nouvelle séance.

« Lisa, vous souvenez-vous de ce que vous m'aviez dit à propos de mes ovaires ?

– Pas vraiment, lui dis-je. (Comme je le disais plus tôt, je ne conserve pas toujours des souvenirs distincts de mes séances.) Rafraîchissez-moi la mémoire, je vous prie.

– Eh bien, comme je vous l'avais dit à l'époque, je croyais que mes ovaires avaient été retirés de mon corps. Peu après la séance avec vous, j'ai consulté mon docteur pour une pénible douleur. Non seulement ai-je alors appris qu'il me restait un ovaire, mais j'ai aussi appris qu'il était atteint d'une tumeur, cancéreuse en plus. Lorsque j'ai interrogé le docteur qui avait pratiqué mon hystérectomie, il me confirma avoir laissé en place un ovaire en pensant que ça aiderait à équilibrer mes hormones. Je n'arrive pas à croire que vous le saviez ! C'est incroyable ! »

Même si je pratique ce travail depuis des années, je suis toujours étonnée de ce que je dis aux clients.

J'ai poursuivi la séance avec la dame et Lucy réapparut, mais brièvement.

« Dites-lui que je reviens, me dit Lucy.

– Quoi ?

– Dites-lui que je reviens ! »

La dame s'interrogea.

« Est-ce que c'est Lucy ?

– Oui, fis-je. Elle me dit de vous dire qu'elle revient. »

Nous en avons eu toutes les deux des frissons. Nous nous demandions ce que Lucy voulait dire à ce moment-là.

Mais l'histoire ne se termine pas là.

Un an plus tard, la dame revint me voir, déterminée une fois de plus à parler à sa fille. Mais Lucy n'était plus là.

« Je ne sais comment vous expliquer cela, mais j'ai la forte impression qu'elle ne fait plus partie du monde des esprits, dis-je. Ce n'est qu'un sentiment, mais je crois qu'elle est partie.

– Partie ? Que voulez-vous dire ?

– Je ne sais pas. Je ne peux pas l'expliquer », avouai-je.

La dame secoua la tête, comme si tout cela la dépassait. Après un moment de silence, elle prit la parole.

« Tout cela est très étrange. Je suis vraiment venue ici aujourd'hui pour annoncer à Lucy que j'allais adopter un enfant. Cet enfant est né un peu plus tôt, cette semaine. Si je veux avoir un autre enfant, c'est ma seule chance. Je crois que je venais chercher l'approbation de Lucy. »

Je sentis mes cheveux se dresser derrière ma nuque. Je ne pouvais comprendre clairement ce qui se passait, mais les paroles de Lucy me revenaient en tête : « Dites-lui que je reviens. »

Ce soir-là, j'ai raconté toute l'histoire à Kev. « Alors, qu'est-ce que tu en conclus ? demanda-t-il. Que la fillette s'est réincarnée dans le bébé que la dame va adopter ?

– Je n'en suis pas certaine, mais je crois que c'est possible.

– Alors, tu crois en la réincarnation ?

– Oui, j'y crois. Je pense que les bouddhistes ont raison lorsqu'ils disent que nous revenons sur terre jusqu'à ce que nous ayons complété nos classes. Tout cela est relié au karma. Si tu es bon dans cette vie, tu en seras récompensé dans la prochaine.

– Et si tu es méchant, tu te réincarnes en chien », rigola Kev.

La semaine suivante, Kev se fit offrir un emploi dans la vente de logiciels. Il rencontra l'équipe déjà en place. Comme tout semblait parfait, il s'empressa d'accepter l'emploi. Cela dit, le jour précédant le début de son nouvel emploi, il reçut un appel d'une entreprise compétitrice et il aboutit à cet endroit. Il revint à la maison, déboussolé.

« Tout s'est passé exactement comme tu me l'avais prédit », dit-il.

Malgré son nouvel emploi, Kev continua de gérer mes rendez-vous. Une agréable et confortable routine s'installa. Ma vie était formidable sur tous les plans : Charlie, Kev, mon travail.

Étrangement, alors que je vivais une période bénie sur le plan personnel, je reçus en consultation une quantité de femmes qui vivaient des difficultés dans leur vie amoureuse. Je me souviens d'une, entre autres, à qui j'ai dit que son mari voyait une autre femme. Je lui avais fourni plusieurs détails, dont le nom de l'endroit où son mari retrouvait sa jeune maîtresse. Le nom de cette jeune femme m'échappait, mais ma cliente avait suffisamment de détails pour vérifier auprès de son mari.

Le jour suivant cette séance, à dix-huit heures, on frappa soudainement à ma porte. En ouvrant, je tombai face à face avec un homme visiblement en colère. Ses narines étaient grandes ouvertes. Comme il était plutôt de petite taille, je ne fus pas trop impressionnée.

« Êtes-vous Lisa Williams ?

– Oui, c'est moi.

– Pourquoi avez-vous dit à ma femme que je fréquentais quelqu'un d'autre ? De quel droit faites-vous cela ? C'est un tas de mensonges !

– Je…

– Elle est partie avec les enfants ! Vous pouvez être fière de vous maintenant. Vous avez ruiné la vie d'un homme innocent ! »

Je me ressaisis. « Et vous, êtes-vous fier de vous ? Car il est clair pour moi que vous fréquentez Tracy ! »

J'eus l'impression que sa mâchoire se décrocha tant il resta stupéfait. D'un coup, toute sa colère se dissipa. J'étais moi-même un peu sous le choc, je l'avoue. Je ne sais pas comment le nom de la jeune femme me vint en tête, mais il était évident que j'étais tombée pile. Heureusement.

« Qui… Qui êtes-vous au juste ? demanda-t-il, déstabilisé. Comment avez-vous su pour Tracy ?

– C'est mon travail. C'est ce que je fais. »

Puis, à mon grand étonnement, il demanda de prendre rendez-vous avec moi.

« Appelez-moi à ce numéro et nous fixerons un rendez-vous », lui dis-je en lui tendant ma carte et en refermant la porte.

Au début de juin 2003, deux semaines avant mon trentième anniversaire de naissance, je reçus un appel qui me semblait être un canular. Un homme m'appela de Londres et se présenta comme un artiste immensément populaire. Ne sachant trop quoi lui répondre, je lui débitai mon truc habituel.

« Je suis Lisa Williams. Que puis-je faire pour vous ? »

Il me dit alors qu'il avait entendu parler de moi par un ami de ses amis et que, durant la même semaine, une autre personne lui avait mentionné mon nom.

« Je ne crois pas aux coïncidences, dit-il. Alors, je vous appelle pour prendre rendez-vous avec vous. »

J'étais curieuse de savoir qui lui avait parlé de moi, mais je ne lui ai demandé aucun détail. « Je ne crois pas aux coïncidences, moi non plus.

– Bien. Voici la situation : je dois partir pour Los Angeles très bientôt et je serai longtemps là-bas. J'espérais que vous pourriez me donner rendez-vous le 18. Je vis à Chelsea, mais je vous enverrais avec plaisir un chauffeur privé.

– Quoi ? Jusqu'à Redditch ? C'est une longue route. Je vais plutôt prendre le train. Pourriez-vous cependant demander à quelqu'un de me prendre à la station Euston ?

– Parfait ! » dit l'homme.

Immédiatement après le coup de fil, je téléphonai à Kev. « Tu ne devineras jamais qui vient tout juste de me téléphoner.

– Qui ? » demanda-t-il, curieux.

Lorsque je lui ai dévoilé le nom de l'homme en question, Kev fut très impressionné. En apprenant la date du rendez-vous, il s'offrit de me rejoindre à la gare puisqu'il serait à Londres lui aussi cette journée-là.

« Je ne veux pas que tu y ailles seule. »

Ainsi, le 18 juin 2003, la veille de mon trentième anniversaire, je pris le train pour Londres et j'y retrouvai Kev. Comme promis, un chauffeur nous attendait à la porte de la gare en tenant une pancarte avec mon nom dessus. Je me suis sentie importante ! Le chauffeur nous fit monter dans une luxueuse Mercedes noire et nous conduisit à un charmant immeuble d'appartements à Chelsea, sur King's Road. L'artiste vint nous ouvrir. Il était adorable et nous fit sentir comme chez nous. Il prépara même le thé pour Kev. Il nous présenta son chien – un mastodonte – et parla avec nous de choses et d'autres. Après avoir bu son thé, Kev se retira.

« Je t'appellerai lorsque j'aurai terminé », lui dis-je.

La séance alla bon train. L'artiste avait des questions spécifiques, quelques-unes en rapport avec les affaires, mais la plupart au sujet de différents projets dans lesquels il était engagé et des gens avec qui il travaillait. Je lui ai transmis ce que je pressentais, je lui ai parlé des esprits qui s'étaient joints à nous et de ce qu'ils avaient à lui communiquer. Au bout de deux heures, la séance était complétée. L'artiste semblait très satisfait. J'ai appelé Kev et il est venu me rejoindre.

« Restons en lien, nous dit l'homme. J'ai le sentiment que nous allons être des amis pour longtemps, vous et moi. »

Sans doute était-il un brin médium lui aussi, car nous sommes effectivement amis depuis ce temps.

Kev et moi sommes remontés dans la Mercedes et le chauffeur nous conduisit directement à Redditch.

Le lendemain, nous commencions à célébrer mon anniversaire. Je dis « commencions », car les célébrations ont duré cinq jours. Janey avait prévu un *lunch* avec les filles puis j'eus droit à un dîner avec Kev. Cela s'est poursuivi les jours suivants avec une série de *lunchs* avec des amis, de dîners festifs, de tournées de boîtes de nuit pour se terminer par une fête chez Janey.

« Lisa a trente ans maintenant, annonça Janey en levant son verre. Et je crois qu'il est temps pour elle de devenir adulte et de cesser de boire du Coke diète ! »

Les gens ont alors applaudi tout en criant de joie. J'entendis des bouchons de champagne éclater. Je pris un verre ou deux de champagne pour souligner mon anniversaire. J'eus le sentiment – pas un sentiment de médium cette fois – que ce serait pas mal si j'apprenais à aimer les mousseux.

Kev m'accompagna tout le long des cinq jours de célébration. Mon anniversaire marqua un tournant dans notre relation.

Peu après mon anniversaire, je mentionnais à Kev que je cherchais une plus grande maison. Il me conseilla d'acheter une propriété. « Oh, je ne suis pas prête à acheter une maison, lui dis-je. Je préfère louer pour l'instant. »

Il me confia alors qu'il souhaitait investir dans une autre propriété et me demanda comment je me sentirais si je louais de lui cette autre propriété. « Ce serait avantageux pour moi aussi, expliqua-t-il. Et je n'aurais pas à chercher de locataire. »

Au départ, j'ai pensé que ce serait quelque peu bizarre que mon propriétaire soit aussi mon amoureux, mais Kev chassa toute inquiétude et nous nous sommes mis à la recherche d'une maison.

En peu de temps, nous avons déniché un charmant cottage victorien datant de 1845. Il y avait une merveilleuse petite pièce à l'avant de la maison qui serait parfaite pour recevoir mes clients. On y trouvait un grand salon, une cuisine à rénover et deux chambres à l'étage. Nous sommes tombés amoureux de cette maison. Elle avait besoin de rénovations, mais le projet plaisait à Kev.

Charlie et moi y avons emménagé le 1er août 2003. Dès le départ, nous nous y sommes sentis chez nous. C'était douillet et chaleureux. Il y avait un foyer et un long jardin étroit à l'arrière. Kev aussi trouva l'endroit familier et confortable. Avant longtemps, il avait pratiquement emménagé avec nous. Je lui ai acheté une brosse à dents, un investissement qui en valait la peine !

Pour plusieurs de nos amis, ça semblait étrange que Kev partage toujours l'appartement avec Mike sur Watermarque et que je lui paie un loyer pour la maison. Cela dit, l'arrangement nous convenait, à tous les deux, et c'est ce qui importait. Je payais toujours le loyer à la date prévue et je pouvais toujours compter sur mon propriétaire pour accourir et réparer tout ce qui ne fonctionnait pas dans la maison. Parfois, il cuisinait le dîner et passait la nuit avec moi. Que demander de plus ?

À cette époque, je faisais quatre consultations par jour, en personne ou par téléphone, cinq jours par semaine. Durant les fins de semaine, il m'arrivait également de faire deux ou trois séances. Je discutais régulièrement avec mon célèbre ami – l'artiste – qui m'appelait de sa résidence secondaire à Los Angeles.

C'est aussi à cette époque que je me suis ouverte à de nouvelles avenues. Par exemple, l'une de mes clientes était maître de reiki. Lorsque je lui exprimai mon désir d'en connaître plus sur le reiki, elle m'offrit mon premier « ajustement ». J'ignorais ce que cela voulait dire précisément, mais elle m'expliqua le tout en venant chez moi quelques jours plus tard. Elle avait apporté des fleurs, des clochettes et de petits objets qui représentaient des symboles du reiki.

« Cette petite cérémonie t'enseignera comment ajuster tes énergies avec la force de vie universelle, dit-elle. C'est le premier pas pour devenir une adepte de cet art de guérison. »

Je me suis assise sur un tabouret, les mains jointes, tandis que ma cliente dansait, chantait, agitait les symboles et faisait résonner les cloches autour de ma tête. Elle tourna autour de moi plus de fois que je ne pus les compter. Je dois l'avouer, j'ai alors trouvé la cérémonie plutôt amusante et même un peu bizarre. Au début, j'ai dû me retenir pour ne pas éclater de rire, mais je suis tout de même restée sérieuse quant à cette forme d'initiation. Au cours des trois semaines suivantes, j'adhérai parfaitement aux recommandations de ma cliente pour mon autoguérison.

L'idée de base était de me brancher aux énergies naturelles de guérison qui nous entourent et d'essayer de les canaliser par mes mains à travers mon corps. Ça peut sembler étrange à première vue, mais ce fut une expérience incroyablement intense. Je passai par toute une gamme d'émotions, à l'image de montagnes russes. C'était réellement étonnant. Je parvenais littéralement à ressentir l'énergie dans l'air autour de moi puis à déposer ma main à un endroit précis de mon corps qui se purifiait alors. J'avais parfois l'impression que mes mains étaient magnétisées. Elles étaient comme des aimants qui retiraient les impuretés de mon corps. J'étais curieuse et pressée d'en savoir plus sur ce phénomène.

Quelques mois plus tard, je vécus, coup sur coup, deux brèves expériences qui m'ont replongée dans le reiki.

La première se passa lors d'une séance avec une cliente qui venait me voir pour la première fois. Je ne l'avais jamais rencontrée auparavant, mais elle m'apparut très dépressive. Elle semblait porter une telle lourdeur émotionnelle que je lui proposai une séance de guérison au lieu de la médiumnité. Je ne sais pas où j'ai puisé le courage de lui faire une telle suggestion, mais je suspectais les esprits de me pousser dans cette voie.

« Que ferez-vous ? demanda la cliente.

– Au début, je vais simplement placer mes mains sur vos épaules, la rassurai-je. Et nous verrons par la suite. »

Je me tins debout derrière sa chaise et je déposai doucement mes mains sur ses épaules. En quelques secondes, mes mains devinrent étrangement chaudes. Je ne pouvais plus les retirer, comme si elles étaient collées aux épaules de ma cliente. Je pouvais cependant sentir son corps entier se détendre. Soudainement, je me suis sentie légère et libre. J'ai demandé la permission aux esprits de retirer mes mains, mais je ne pus le faire aussi longtemps qu'ils ne m'avaient pas accordé leur permission.

Ma cliente se retourna vers moi. Elle semblait joyeuse et transformée. « Je ne sais pas ce que vous avez fait exactement, mais je me sens plus légère qu'au cours des dernières années ! »

Moi non plus, je ne savais pas ce que j'avais fait exactement, et j'étais moi-même épatée. Je lui ai souri.

« Je suis heureuse d'avoir pu vous être utile », lui dis-je.

Je me sentais énergisée. Il me semblait que j'aurais pu alors guérir le monde entier.

La seconde expérience eut lieu un samedi chez mon amie Anne. Elle déménageait et j'étais allée l'aider à empaqueter ses effets personnels. Au bout d'un moment, la mère d'Anne arriva et j'allai vers elle pour la saluer.

« Bonjour, Sally. Comment allez-vous ? »

En disant cela, j'ai porté ma main à sa joue gauche. Je n'ai aucune idée pourquoi je fis ce geste. Je connaissais Sally, mais pas aussi intimement. Embarrassée, j'ai immédiatement retiré ma main de son visage.

« Bien, dit-elle en souriant, mais visiblement embarrassée elle aussi. Merci de vous en préoccuper. »

Elle nous quitta pour récupérer des boîtes. Comme je devais aller cueillir Charlie, je partis, moi aussi, sans revoir la mère d'Anne.

Trois semaines plus tard, j'étais de nouveau chez mon amie Anne et sa mère vint la visiter elle aussi. Elle sembla heureuse de me revoir.

« Lisa, vous souvenez-vous de l'autre jour où vous étiez venue aider Anne à faire des boîtes ?

– Bien sûr, et je dois vous dire que je m'excuse d'avoir posé la main sur votre visage. Ça ne m'a pas sorti de la tête depuis. Je me sens un peu gênée de mon geste.

– Ne le soyez pas, car quelque chose d'étrange s'est alors produit. À ce moment-là, je souffrais d'un pénible mal de dents et mon dentiste ne pouvait pas me voir avant plusieurs jours. Après que vous ayez placé votre main sur ma joue, j'ai réalisé que la douleur s'était dissipée. »

❧❧❧

Pour ma part, la vie se déroulait bien. Même qu'elle devenait de plus en plus agréable de jour en jour.

En octobre, Kev vivait pratiquement à temps plein avec Charlie et moi. Un soir où il faisait plutôt froid pour la saison, Kev alluma un feu dans la cheminée après le dîner. Il m'aida à tout ramasser et s'installa sur le plancher pour jouer avec Charlie. Je me calai dans le sofa avec un livre – je raffole des suspenses – et je les ai regardés, lui et Charlie. Je n'avais jamais vu une aussi belle image de famille. Après leurs jeux, je couchai Charlie et redescendis auprès de Kev. Je lui proposai alors une consultation en bonne et due forme.

« Pourquoi ? s'étonna-t-il.

– Je ne sais pas. Je sens simplement que je dois le faire.

– D'accord.

– Mais ce sera une consultation comme celle que je fais pour n'importe quel autre client, précisai-je. Ce ne sera pas Lisa, mais bien la *sorcière* qui sera devant toi.

– Ça me va », accepta-t-il.

J'ai commencé la séance.

« Tu vas partir au loin... je ne sais où, mais tu auras une offre que tu ne pourras pas refuser... Je vois aussi que tu auras des problèmes de visa... assure-toi que tout est en règle...

– Est-ce que je pars outre-mer ?

– Je crois que oui, mais je ne peux dire où précisément. Tu seras accompagné d'une femme… elle vivra une expérience de mort imminente…

– Eh bien, je vais attendre cela impatiemment », blagua-t-il. Mais il revint sérieux immédiatement. « Est-ce qu'il s'agit de toi ? »

J'ai ignoré sa question.

« J'ai aussi le sentiment que tu ne travailleras pas encore pour longtemps… pas à ton emploi actuel, en tout cas… je te vois devenir une sorte de gérant…

– Gérant ? De qui ?

– Je n'en suis pas certaine… mais peut-être de moi.

– Eh bien, c'est sûr que ton agenda aurait besoin d'une petite restructuration, dit-il. Peut-être est-ce ce que tu vois.

– Allez, je suis sérieuse. Je vois aussi que tu vas emménager dans ta propre maison… et que tu vas te marier… tu auras la responsabilité de deux enfants…

– Mais tu n'en as qu'un, répliqua-t-il.

– Je n'ai jamais dit qu'il s'agissait de moi, lui ai-je spécifié.

– Alors, tu dis que je vais vraiment me remarier, mais pas avec toi ? »

Je l'ai regardé, exaspérée. « Combien de fois devrai-je te répéter que je ne comprends pas toujours ce que je vois ! »

J'ai abandonné la séance et je nous ai plutôt préparé du thé. Puis, nous sommes montés nous coucher.

« Tu sais que je ne me marierai jamais de nouveau, non ? commença Kev en me prenant la main.

– Oui.

– Alors, pourquoi persistes-tu à me dire que je vais me remarier ? Tu m'en as déjà parlé lors de la première consultation et tu me le prédis de nouveau ce soir !

– Kev, je dis ce que je reçois comme information. Je n'essaie pas de comprendre. »

La semaine suivante, mon ami l'artiste m'appela de Los Angeles et je lui fis une séance par téléphone. Lorsque ce fut terminé, il me parla de Los Angeles.

« Tu sais, Lisa, il faut que tu viennes à Los Angeles.

– Pourquoi ?

– Tu adoreras Los Angeles, je te le dis, et Los Angeles t'adorera aussi. Tu dois venir.

– Je vais peut-être en parler avec Kev, répondis-je. Nous pourrions y aller pour quelques semaines.

– Non, ça ne servira à rien, rectifia l'artiste. Si tu viens, et je te conseille fortement de le faire, tu devras rester au moins trois mois. »

Lorsque Kev rentra ce soir-là, je lui fis part de ma conversation avec notre ami, l'artiste, et il sembla plutôt enthousiaste. Trois mois lui paraissaient beaucoup, mais un mois serait sans doute possible.

Lorsque je reparlai à mon ami, il ne dérogea pas de son idée.

« Écoute, Lisa, tu auras besoin de trois mois ici. Je te promets que tu tomberas amoureuse de la place et que la ville sera amoureuse de toi aussi. Mais cesse ton baratin. La prochaine fois que l'on se parlera, je veux que tu m'annonces que tu viens à Los Angeles pour trois mois. »

Kev et moi en avons ensuite reparlé. Kev avait décidé que ça valait le coup d'essayer. Il avait d'abord pensé prendre un mois de congé sabbatique à son emploi – ce qui finalement ne servait à rien –, mais il conclut qu'il valait mieux qu'il démissionne tout simplement. Kev a toujours été volontaire pour foncer et prendre des risques. Pour lui, ça semblait être une belle occasion.

«Le changement nous fera un grand bien, et qui sait où ça peut nous mener!» dit-il.

Pour ma part, j'étais préoccupée pour Charlie. Il n'avait que trois ans. Il avait une belle relation avec son père. Je ne voulais pas la briser.

«Je dois en parler avec Simon, dis-je.

– Oh, il n'y verra aucun inconvénient, dit Kev sans hésiter. Ce sera une merveilleuse expérience pour le petit homme et le moment est idéal avant qu'il commence l'école et tout le reste.

– Mais son père va lui manquer.

– Il y a des téléphones, en Amérique, tu sais. Et des courriels aussi. Nous apporterons un ordinateur avec une caméra Web. Ils pourront ainsi se voir tout en se parlant.

– Et pour l'argent? Je ne peux pas m'offrir un tel luxe!

– Moi, je peux. J'ai quelques économies et je vais vendre mon auto et l'appartement.

– C'est un peu radical, non?

– Allez, Lisa, dit Kevin en riant. Où est ton sens de l'aventure?»

Avant de plonger dans l'aventure, je devais parler à Simon. Au début, il était hésitant, mais je me servis de l'un des arguments de Kev et je lui fis valoir à quel point ce serait une expérience enrichissante pour Charlie.

« Il ne se souviendra de rien, s'opposa-t-il. Quels sont tes souvenirs de ce que tu as vécu à quatre ans ? »

J'en avais plein – notamment les visages des esprits qui traversaient les murs de ma chambre –, mais je n'en dis rien.

« C'est Los Angeles ! dis-je. Il y a les plages, Disneyland et Universal Studios. Il va adorer. »

Simon voulut prendre la nuit pour y réfléchir. Le lendemain, il téléphona : « Il va me manquer, mais je suis d'accord. Tu peux y aller. »

Kev et moi avons passé les soirées suivantes à naviguer sur Internet à la recherche du meilleur forfait de voyage et d'un endroit pour vivre pas trop loin de la plage.

Kev n'avait pas encore décidé s'il démissionnait définitivement de son emploi ou s'il demandait un congé sans solde de trois mois. Quant à moi, je m'inquiétais de la réaction de mes clients. Pendant deux semaines, Kev et moi avons été stressés. Nous nous demandions toujours si nous devions aller de l'avant dans cette aventure.

Un soir, Kev rentra à la maison en disant qu'il était temps de mettre un terme à toute cette folie. « C'est assez ! Nous allons de l'avant. Je démissionne de mon emploi et nous réservons nos billets d'avion ce soir. Nous allons arrêter de nous stresser ainsi. »

Nous avons examiné mon agenda de rendez-vous et avons décidé du meilleur moment pour partir. Ce n'est qu'à ce moment que j'ai réalisé que mon agenda était rempli jusqu'en mars 2004. Je n'arrivais pas y croire : j'avais des rendez-vous pour cinq mois à l'avance.

Nous avons ensuite trouvé un vol avec Air New Zealand pour un départ le 5 mars et un retour 88 jours plus tard – notre visa américain ne serait valide que pour 90 jours.

«Ainsi, nous allons vraiment le faire…, dis-je.

– Tout à fait», confirma Kev.

Il sortit son portefeuille de sa poche et me tendit sa carte de crédit. J'ai rempli le formulaire de réservation à l'ordinateur.

«Tout ce qu'il reste à faire est de cocher la case *Confirmer*, dis-je à Kev.

– Très bien. Au compte de trois…»

J'ai fermé les yeux, compté jusqu'à trois et c'était fait.

Nous allions en Amérique.

Chapitre 8

L'aventure américaine

La vie se déroula normalement durant les mois suivants, sauf que l'aventure qui s'annonçait occupait constamment nos pensées.

« J'ai le sentiment que nous allons vivre de belles choses, disait Kev.

– Alors, c'est maintenant toi, le médium ? lui dis-je en souriant.

– Peut-être que tu déteins sur moi, je ne sais trop, mais je sens que nous allons vivre quelque chose d'extraordinaire. »

Environ six semaines avant notre départ, je dus cesser de donner de nouveaux rendez-vous et Kev commença à annuler ceux qui empiétaient sur notre voyage. La plupart de mes clients comprenaient la situation, mais quelques-uns démontraient une grande déception. Ils se sentaient comme laissés à eux-mêmes.

« Comment vais-je pouvoir prendre mes décisions sans toi ? maugréa l'un d'eux.

– Tu as toujours décidé par toi-même, rétorquai-je.

– Oui, mais selon les informations que tu me fournissais. »

Je comprenais leur point de vue. Plusieurs personnes considèrent les séances de médiumnité comme une sorte de psychothérapie. Mais, les gens survivent sans leur thérapeute ! Mon travail ne consistait pas à vivre la vie de mes clients à leur place, mais à leur fournir des informations qui puissent les orienter vers la bonne voie à suivre. J'imagine que c'est un peu la même chose pour les thérapeutes, sauf que leurs conseils sont basés sur la perception du monde physique.

« Je ne vous abandonne pas, leur répétai-je. Et si les choses deviennent désespérantes, vous pouvez toujours me téléphoner. »

Kev n'arrêtait pas de parler du voyage. Il était aussi excité qu'un enfant. Il me suggéra de tenir un journal. Pour sa part, il se procura une nouvelle caméra. Il insista également pour que l'on s'achète des valises assorties, ce que je trouvais très amusant.

« Nous devons avoir des valises assorties, répétait-il. C'est la seule façon de faire. »

Charlie était tout aussi excité que Kev. Il nous parlait sans cesse des journées à la plage que nous lui avions promises et il rêvait de Disneyland. Il voulait monter dans tous les manèges, et même deux fois plutôt qu'une si le temps le permettait.

Pour ma part, j'étais étrangement calme, ce que Kev n'arrivait pas à comprendre.

« Je te le dis, ce voyage changera notre vie », disait-il pour m'enthousiasmer.

Une semaine avant de partir pour l'Amérique, en attendant mon tour chez la coiffeuse, je sortis mon journal pour en commencer la rédaction. Soudain, je sus que ce voyage serait important et extraordinaire. Nous étions sur le point de partir et il y avait de fortes chances que ce voyage devienne l'aventure d'une vie. Je connaissais à peine la coiffeuse qui me fit asseoir dans sa chaise, mais je ne pus m'empêcher de lui parler du voyage.

« Nous partons pour trois mois entiers ! Ça changera nos vies ! »

De retour à la maison, je commençais à devenir hyperactive. Je vérifiai et revérifiai les billets d'avion, j'envoyai des confirmations pour l'hébergement, j'imprimai des itinéraires sur Google et je fis des piles de linge adapté au climat de la Californie. Je parcourus la ville pour les derniers achats en vue du voyage : de la lecture et des jeux pour le temps en avion, des produits de soins personnels, des jouets pour la plage, des collations, des guides touristiques, etc. Et ce n'est qu'en soirée, lorsque je me couchai complètement épuisée, que les paroles de ma mamie me revinrent en tête.

« Tu te feras connaître en Amérique. »

Une médium au Kensington Market m'avait dit un peu la même chose. Je me levai et je pris mon journal. Au haut de la première page, j'écrivis : *L'aventure américaine.*

Peut-être que Kev a raison, pensai-je. *Peut-être que mamie et la médium du Kensington Market avaient raison, elles aussi. Peut-être que ce voyage changerait vraiment notre vie.*

Lorsque Kev rentra, il me trouva en pleine euphorie. « Qu'est-ce qui te rend aussi heureuse ?

— Je viens de le réaliser, dis-je en sautillant partout.

— Quoi donc ?

— Nous allons en Amérique. »

Nous nous sommes enlacés en dansant et en riant. Nous allions en Amérique ! Nous allions vraiment en Amérique !

Quelques jours avant le départ, je fis mes deux dernières séances. Lorsque mon dernier client partit, je restai là, sans savoir quoi faire.

J'étais soulagée, mais triste également. Je sentais qu'un chapitre de ma vie se terminait. J'avais l'impression d'être déjà partie, comme si je n'habitais plus notre maison ni même mon propre corps. J'étais impatiente de partir.

Le jour précédant notre vol, je reçus un courriel de la part de gens qui nous avaient offert de louer leur maison. Ils s'excusaient et expliquaient que leurs plans avaient changé. Je demeurai imperturbable. Je dis à Kev que nous trouverions un endroit où loger une fois là-bas et que ce serait sans doute pour le mieux. Au moins, nous pourrions visiter la maison que nous louerions.

Ce soir-là, des amis et des membres de nos familles vinrent nous rendre visite et nous dire au revoir. Charlie reçut d'autres jouets pour s'occuper durant le vol. Nous en avons profité pour demander à Janey de passer une fois par semaine pour s'assurer que tout se passait bien à la maison. Nous avons aussi remis une clé à ma mère et Charlie s'assura de lui dire lui-même toutes les directives sur la façon de nourrir son poisson ! Et, bien sûr, nos amis nous encouragèrent à louer une grande maison en Amérique, car ils avaient l'intention de venir nous visiter.

Le lendemain matin, à six heures, mes parents se pointaient à la maison pour nous conduire à l'aéroport d'Heathrow, qui était à une heure trente de voiture de chez nous. Nous sommes montés dans l'auto, avec nos valises assorties, et voilà, nous étions partis !

En arrivant à l'aéroport, Charlie s'aperçut que ma mère était triste. Il lui tapota gentiment le bras en essayant de la réconforter du mieux qu'il le pouvait.

« Grand-m'man, nous allons nous revoir bientôt », répétait-il.

Nous avons enregistré nos bagages puis nous avons pris une bouchée tous ensemble. Au moment de nous dire au revoir, au poste de sécurité, ma mère éclata en sanglots.

« M'man, nous serons partis seulement trois mois, lui dis-je en retenant mes propres larmes. Nous serons de retour bientôt. »

Mon père l'a prise par le bras. Nous nous sommes dit au revoir et nous nous sommes séparés. Charlie, Kev et moi allions passer le comptoir de sécurité lorsque je me retournai pour regarder mes parents. On se serait cru dans une scène de film : mes parents, debout, bras dessus, bras dessous, nous regardant d'un air piteux.

Une fois la sécurité passée, au quai d'embarquement, Kev emmena Charlie jusqu'à la fenêtre pour lui montrer le Jumbo Jet qui nous emmènerait outre-mer.

« Est-ce qu'il va se rendre directement en Amérique ? demanda Charlie.

– Oui, mon vieux !

– Combien de temps lui faudra-t-il ?

– Dix heures et demie, répondit Kev.

– Ce sera long ! » s'étonna Charlie.

Je jetai un coup d'œil à Kev. Nous étions une famille, et ça me plaisait.

Effectivement, le vol fut long, mais sans ennui quelconque. Nous avons dormi, visionné des films, mangé et dormi encore un peu.

En arrivant à Los Angeles, nos valises assorties étaient introuvables, ce qui rendit Kev de mauvaise humeur. Il nous fallut deux heures pour faire une réclamation, mais au moment de remplir les formulaires, les valises ont soudainement été retrouvées.

En sortant de l'aéroport, nous avons été saisis par la démesure des choses : les affiches, les autos, les taxis jaunes et, bien sûr, la chaleur. Charlie se tourna vers nous : « Ils parlent drôlement par ici », nous dit-il en nous décrochant un éclat de rire.

Nous sommes montés dans une navette jusqu'à un hôtel. Le lendemain, le décalage horaire faisant son effet, nous étions debout à quatre heures du matin. Nous avons pris le petit-déjeuner, avons loué une auto et sommes partis à la recherche d'un endroit pour nous loger.

Rouler sur l'autoroute fut un choc pour nous. À Birmingham, le paysage était verdoyant et la nature, luxuriante. En roulant dans nos petites voitures, nous apercevions dans toutes les directions des collines verdoyantes. Mais, en Amérique, j'avais l'impression que les affiches avaient été conçues pour obstruer le ciel. Tout le monde conduisait frénétiquement d'immenses véhicules. En quittant l'autoroute, cependant, tout a changé. Nous avons réalisé que la Californie était exactement comme elle apparaissait dans les films… ou presque !

Comme je m'étais levée à quatre heures du matin, j'avais fait des recherches sur Internet pour de potentiels appartements. Évidemment, nous ne connaissions pas la région et nous ne savions donc pas à quoi nous attendre la plupart du temps. Le premier endroit que nous devions visiter ne nous semblait pas rassurant.

« Mince alors ! dit Kev en stationnant l'auto dans l'allée de la maison. Je crois que nous ne descendrons même pas de la voiture. »

Nous avons décidé de nous diriger vers Santa Monica. Nous avions entendu de bons commentaires sur cet endroit.

Nous nous perdions constamment. En Angleterre, la signalisation est très efficace et on sait bien à l'avance que la sortie à prendre se rapproche. En Californie, nous identifions notre sortie seulement après l'avoir dépassée !

Pendant deux jours, nous avons visité au moins deux douzaines d'endroits – du plus sublime au plus médiocre. Nous avons finalement trouvé l'appartement parfait au coin de Wilshire et Barrington, dans le secteur ouest de Los Angeles. L'appartement comptait deux chambres, deux salles de bain et un grand salon pouvant servir de chambre d'amis au besoin. L'édifice offrait un gymnase, des terrains de tennis et une piscine, ce qui plaisait à Charlie. Nous ne pouvions attendre plus longtemps avant d'y emménager. Ainsi, même en n'ayant aucun meuble, nous y avons passé la nuit... couchés sur le sol. Et le lendemain, nous avons loué tout ce dont nous avions besoin. L'aventure commençait !

Au cours des trois semaines suivantes, nous avons fait du tourisme. Rapidement, nous sommes tous les trois tombés amoureux de l'Amérique. Nous avons visité Disneyland, flâné sur différentes plages – non pas que j'aie nagé, car j'ai peur à mourir de l'océan, même si je nage comme un poisson –, fait des excursions en montagne, des promenades en ville et nous nous sommes prélassés au bord de la piscine de notre édifice, regardant Charlie se prendre pour un dauphin. Nous avons rencontré des gens du coin qui nous parurent amicaux et enthousiastes.

J'ai fait quelques séances de médiumnité à des gens rencontrés à la piscine ou au restaurant. J'ai aussi reçu plusieurs appels de clients d'Angleterre qui vivaient mal mon départ. Je dus les réconforter de mon mieux.

Au cours de la dernière semaine, nos amis Chris et Linzi sont venus nous visiter. Nous leur avons servi de guides autour de Los Angeles et nous avons planifié un voyage à Las Vegas avec eux. Un soir, dans un restaurant de Los Angeles où nous dînions tous les quatre – nous avions trouvé une gardienne que Charlie adorait –, j'avais bu un peu trop peut-être et je me sentais joyeuse. J'ai regardé mon homme de l'autre côté de la table, en pleine conversation avec Chris.

« Kev, l'interrompis-je en bafouillant. Pourquoi ne pas nous marier à Las Vegas le temps que nous y serons ? »

Kev se mit à rire.

« Ne sois pas idiote, Lisa ! » Et il reprit sa conversation.

J'étais dévastée, mais il ne s'en est pas aperçu. Linzi m'amena aux toilettes et fit de son mieux pour me consoler. « Ne t'en fais pas, dit-elle. Le gars ne sait pas la chance qu'il a de t'avoir. »

Plus un mot sur le sujet ne fut dit.

La semaine suivante, nous nous rendions à Las Vegas – pour jouer et parier, mais pas pour nous marier. Je m'étais résignée à rester mère célibataire et je ne pensais plus au mariage. Enfin, pas trop! Kev, quant à lui, faisait comme si nous n'avions jamais parlé du sujet.

Debout, devant une table de jeu, Kev annonça: «Je mise cent dollars sur le noir.

– C'est le rouge qui sortira, dis-je.

– Ne fais pas ça! m'avisa-t-il. J'ai déjà fait mon choix.»

Il misa sur le noir, mais ce fut le rouge qui sortit.

«Tu aurais dû m'écouter», lui dis-je en m'éloignant pour jouer au black jack.

Je me suis bien débrouillée à ce jeu. Je savais quand j'étais sur le point de dépasser le total prévu ou quand le croupier obtenait 21. Je n'ai donc pas perdu un tour. Je m'amusais bien, mais Kev et nos amis avaient terminé et voulaient partir. Pas besoin de vous dire que je fus la seule de nous quatre à avoir gagné à Las Vegas.

Après le départ de nos amis, nous avons déniché une merveilleuse maternelle pour Charlie. Le jour où il y fit son entrée coïncida avec l'arrivée d'autres visiteurs, notre amie Anita et son frère Gopi. Anita était sur le point d'avoir trente ans et elle avait planifié sa venue en Amérique de façon à célébrer son trentième anniversaire avec nous.

Le jeudi avant l'anniversaire d'Anita, je me suis réveillée en piteux état. Kev emmena Anita et Gopi faire du magasinage, tandis que je restai au lit presque toute la journée. J'espérais aller mieux avant la fête organisée pour Anita. Mais mon état se détériora. En milieu de journée, mon abdomen commença à me faire souffrir.

J'essayai de me traiter par le reiki en utilisant tous les symboles comme il se doit. J'espérais faire sortir le mal de mon corps. Pendant un moment, je me sentis mieux, mais la douleur persistait.

Pendant ce temps, Kev avait mis fin au magasinage afin de se rendre chez un dentiste pour une dent fêlée. Le temps de revenir à la maison, la novocaïne ne faisait plus effet et sa dent le fit souffrir de nouveau. Je me suis souvenue de la façon dont j'avais soulagé Sally, la mère d'Anne, d'un mal de dents. Je me suis levée et j'ai déposé ma main sur la mâchoire de Kev. Sans tarder, ses yeux s'éclairèrent.

« Qu'as-tu fait ? La douleur a complètement disparu, s'exclama Kev.

– Je ne sais pas, lui dis-je. J'ai essayé de faire la même chose sur mon ventre, mais ça n'a pas aussi bien fonctionné. »

En soirée, Kev et moi avons rejoint Anita et Gopi pour le dîner dans un restaurant. Je ne me sentais pas bien, mais je ne voulais pas décevoir nos invités. Au milieu du repas, la douleur devint si intense que Kev dut me reconduire à l'appartement. Nous avons donné congé à la gardienne, puis je me suis étendue. La douleur ne cessa d'empirer. Je finis par m'assoupir malgré tout et je fis un rêve très réel dans lequel je dansais en robe de mariée. C'était un rêve très heureux, mais soudainement, quelqu'un ou quelque chose – je ne pouvais voir ce que c'était – me poignardait à répétition dans le dos. Je me réveillai avec d'atroces douleurs. Il n'était que cinq heures du matin, mais Kev était déjà réveillé. Mes gémissements l'avaient sorti du sommeil. Charlie était endormi sur un matelas au pied de notre lit – Anita et Gopi occupaient sa chambre.

« Ce mal est en train de me tuer ! dis-je à Kev. Je vais prendre une douche chaude, peut-être m'aidera-t-elle à aller mieux. »

La douche n'améliora en rien mon état. Kev voulut mettre sa main sur mon abdomen, mais la douleur était si intense que je me tournai et fis un pas vers l'arrière.

« Jésus ! Je n'en peux plus. C'est insoutenable », dis-je, en douleur. Charlie se réveilla à six heures trente et vint me trouver dans le lit.

« Est-ce que ça va, maman ?

– Je vais bien, lui dis-je pour ne pas l'inquiéter.

– Non, tu n'es pas bien. Tu dois aller à l'hôpital, déclara Charlie.

– Il a raison, ajouta Kev. Tu dois voir un docteur. »

Kev prépara Charlie pour la maternelle et nous sommes montés tous les trois dans l'auto. Je donnais l'impression d'être une personne âgée de quatre-vingt-dix ans et plus, tellement je me déplaçais lentement et recroquevillée. Nous avons déposé Charlie et Kev en profita pour se renseigner sur l'hôpital le plus près. On lui conseilla de me conduire au centre médical UCLA, à Westwood, à moins de dix minutes de route. On nous conseilla également de nous rendre directement à l'urgence, ce que nous fîmes.

Le temps d'y être, la douleur était devenue si violente que j'avais peine à marcher. Après les formulaires d'usage, une infirmière prit mon pouls. Il était à 120 et ma pression sanguine était dangereusement élevée.

On m'amena rapidement en fauteuil roulant dans une salle d'examen. Un jeune docteur nous y retrouva et m'administra de la morphine pour soulager la douleur. Je tombai somnolente. Lorsque je revins à moi, quelque trente minutes plus tard, Kev était toujours à mes côtés, me tenant la main.

Un autre docteur entra et commença l'examen. Tandis qu'il procédait, je remarquai l'illustration sur le mur. On y voyait une fleur desséchée et des pétales fanés tout autour. Sans doute était-ce artistiquement joli, mais je me suis interrogée sur la pertinence d'une telle illustration dans un hôpital.

« Sur une échelle de 1 à 10, à combien évaluez-vous votre douleur ? » demanda le docteur.

Une infirmière m'avait déjà posé la même question une heure plutôt et je lui avais dit que la douleur était à 11. Comme la douleur était plus intense qu'à ce moment-là, j'informai le docteur, en pleurant, que cette fois la douleur était à 12 !

Il m'administra une autre dose de morphine et me dit qu'il reviendrait dans quelques instants.

La morphine ne me soulagea guère. J'étais à l'agonie. Juste comme la douleur devenait totalement insupportable, j'ai aperçu ma grand-mère au-dessus du pied du lit. Il y avait une lumière intense et éclatante derrière elle, plus blanche que tout ce que j'avais déjà vu. Je fus immédiatement attirée vers cette lumière. Je me suis sentie m'élever du lit et flotter vers ma grand-mère, étant littéralement aspirée par la lumière. Tandis que je semblais flotter, la douleur s'évanouissait de plus en plus. C'était un merveilleux soulagement. Je me sentais paisible et sereine. Ma mamie me souriait si tendrement que j'avais l'impression d'être accueillie dans le confort d'un foyer.

Ma grand-mère prit mes mains. « Retourne », dit-elle.

Je comprenais ce qu'elle disait, mais je ne voulais pas retourner. Je me sentais si bien que je ne souhaitais nullement retourner à la douleur.

« Retourne, répéta-t-elle. Ton heure n'est pas encore arrivée. Tu as encore tellement de travail à compléter. »

Elle voulait que je m'éloigne de la lumière et que je retourne vers le lit d'hôpital, mais j'étais épuisée de souffrir. « Je ne peux pas, dis-je. La douleur est trop insupportable.

– Je sais, dit doucement ma grand-mère. Mais tout ira bien. Je te le promets. »

Elle s'approcha de moi et me prit dans ses bras. J'aurais voulu demeurer avec elle pour toujours, mais un instant après, je ressentais de nouveau l'intensité d'une douleur vive. J'ai ouvert les yeux, sans comprendre pourquoi j'étais seule dans la salle d'examen. Puis, j'ai entendu la voix de Kev criant dans le corridor. « Vite ! Appelez un médecin. »

Ça me rappelait la dernière fois où je fus dans de telles souffrances et que mon père m'avait conduite à l'hôpital le jour du *Boxing Day*.

Kev revint près de moi en essayant de rester calme. Il caressa mon bras et ma tête en me répétant que tout irait bien, que quelqu'un venait s'occuper de moi. Je me mis à sangloter. Je sentais de chaudes larmes couler de chaque côté de mon visage.

J'ai pensé à Charlie et à ce qu'aurait été sa vie sans moi.

« Je ne veux pas mourir, dis-je d'une voix si éteinte que Kev dut se pencher sur moi pour m'entendre.

– Ne t'en fais pas, chérie, tu vas t'en sortir. Je vais m'en assurer », me répondit-il.

Une infirmière vint me donner une autre dose de morphine et je me suis réveillée plus tard dans une autre pièce. Kev était à mes côtés. J'étais sous perfusion de morphine. Kev m'expliqua que je pouvais appuyer sur un bouton si la douleur se faisait sentir et que l'on viendrait me soulager. J'ai immédiatement appuyé sur le bouton, et je crois que j'ai dû répéter ce geste à de multiples reprises dans les heures qui suivirent.

Kev dut partir pour aller cueillir Charlie à la maternelle, mais il m'assura de revenir à la première heure le lendemain matin. Il m'embrassa sur le front et s'en alla. Je me suis sentie seule. J'avais horreur de voir Kev s'en aller, mais Charlie avait besoin de lui. Et au fond, il ne pouvait pas faire plus pour moi à l'hôpital.

Le lendemain, je me suis réveillée à quatre heures du matin. Il était donc midi à Birmingham. J'ai téléphoné à ma mère pour lui dire que j'étais hospitalisée, mais elle le savait déjà puisque Kev le lui avait déjà annoncé. Elle attendait de me parler avant de sauter dans le premier avion en partance pour Los Angeles.

« Non, lui dis-je. Tout s'arrangera. »

Mais, à l'intérieur, je pleurais comme une petite fille : *Je veux ma maman. Maman va tout arranger. Personne ne peut prendre soin de moi comme maman.*

Simplement lui parler m'a fait du bien. À la fin de la journée, la douleur avait diminué d'intensité. Les docteurs avaient diagnostiqué une sévère infection à mes trompes de Fallope. Il fallut quatre jours complets d'antibiotiques intraveineux avant d'en ressentir les effets bénéfiques.

Kev et Charlie me tenaient compagnie tous les jours. Kev m'apportait des mets – comme un typique sandwich anglais au fromage et aux cornichons – tandis que Charlie s'assoyait près de mon lit pour dessiner ou regarder la télé.

Le cinquième jour, je suppliai les docteurs de me laisser quitter l'hôpital. « Lorsque vous pourrez marcher jusqu'au bout du corridor par vous-même, alors vous pourrez retourner à la maison », me répondit-on.

Deux jours plus tard, déterminée à rentrer chez moi, je clopinai jusqu'au bout du corridor et j'obtins mon congé de l'hôpital l'après-midi même. Les docteurs me prescrivirent des tonnes d'antibiotiques et du Vicodin en me faisant promettre de revenir à l'hôpital si la douleur réapparaissait. Je me souviens encore du soulagement ressenti lorsque Kev et Charlie, chacun de leur côté du fauteuil roulant, me sortirent de l'hôpital. Les garçons avaient aussi hâte que moi de me voir revenir à la maison.

Le même soir, alors que nous venions de nous mettre au lit, Kev se tourna vers moi.

« Te souviens-tu de ce que tu m'avais prédit lors de la dernière séance que tu as faite pour moi ? me demanda-t-il.

– Qu'est-ce que c'était au juste ?

– Tu avais prédit que je partirais outre-mer, qu'il y aurait des gens qui m'accompagneraient et que l'une de ces personnes vivrait un épisode de mort imminente.

– Tu as raison, j'avais oublié.

– Tu me fais peur, parfois, dit Kev.

– Parfois, je m'effraie moi-même », ajoutai-je.

Lorsque je me suis sentie mieux, sans toutefois être complètement rétablie, nous avons visité San Diego puis nous avons passé une semaine à Vancouver. Je suis tombée amoureuse de ces deux villes. En revenant à Los Angeles, je fis un saut à l'hôpital pour un suivi médical. La douleur était certes moins intense, mais elle n'avait pas complètement disparu. Parfois, sans que je m'y attende, la douleur me frappait soudainement, comme si l'on me donnait un coup de couteau. Les docteurs étaient devant une impasse. L'infection n'était plus virulente, mais elle tendait à persister.

La même semaine, mon célèbre client, qui nous incita à venir à Los Angeles, nous invita au cabaret House of the Blues, sur le Sunset Boulevard, pour assister à l'un de ses spectacles. Après la représentation, il nous pria de le retrouver dans le foyer des artistes. Plusieurs de ses amis et de ses admirateurs l'entouraient déjà. Il nous présenta en ajoutant : « Vous vous souvenez de la clairvoyante dont je vous ai parlé ? »

En quelques instants, Kev et moi étions assis avec un petit groupe de personnes me posant des questions sur mon travail. « À quoi ressemble le monde des esprits ? L'esprit des gens que j'ai aimés est-il constamment autour de moi ? Arrivez-vous à vivre une vie normale malgré votre don ? »

En une semaine, j'ai fait huit séances pour des amis de mon client, dont une avec la belle-fille d'une célèbre actrice décédée depuis très longtemps. Je n'avais aucune idée de qui était cette fille ou de qui était l'esprit maternel qui s'était manifesté. Mais, lorsque Kev revint et commença à lui parler, nous avons réalisé leur identité.

J'avais ainsi fait une séance pour une DJ réputée. Je lui avais mentionné, entre autres, qu'elle ferait ses valises pour l'Europe. Elle voulait bien me croire, d'autant plus que je lui avais dit que tout se passerait bien, mais elle se demandait si je ne lui avais pas simplement dit ce qu'elle voulait entendre. En fin de compte, j'avais vu juste puisque six mois plus tard, elle vivait en Espagne.

J'ai aussi fait une séance pour une femme qui avait perdu son père et son frère dans un accident sans avoir la chance de leur dire adieu. Les deux hommes se sont manifestés durant la séance et la femme est repartie en pleurant de gratitude.

Avant longtemps, je recevais des appels de parfaits étrangers, des gens qui connaissaient quelqu'un qui connaissait quelqu'un qui m'avait rencontrée à la House of Blues. Je faisais deux séances par jour. C'était ma limite, cependant. Je me considérais en vacances avec Kev et Charlie et je ne voulais pas faire trop de séances.

Soudainement, la douleur se manifesta de nouveau. Je dus retourner au centre médical UCLA pour rencontrer la gynécologue. Elle m'examina sans trop parler. Je lui confiai que j'étais médium. Elle n'a pas sourcillé, il était clair qu'elle était ouverte à ces phénomènes.

« Dites-moi, vous êtes-vous fait une quelconque forme de traitement avant de venir à l'hôpital la première fois ? me demanda-t-elle.

– Oui, avouai-je. Ou plutôt, disons que j'ai essayé, mais ça n'a pas semblé avoir un effet quelconque.

– Vous vous trompez, reprit-elle. Avec la sévérité de l'infection, c'est difficile de croire que votre trompe de Fallope ne s'est pas rompue. Vous êtes chanceuse d'être encore en vie.

– Mais, maintenant, tout est rentré dans l'ordre, n'est-ce pas ?

– Non, nous devrons aller en chirurgie », annonça-t-elle.

J'étais sous le choc. « Je n'en ai pas le temps. Nous retournons à Londres dans deux semaines, le 28 mai précisément, argumentai-je.

– Je ne vous autoriserai pas à passer dix heures dans un avion dans cette condition. C'est trop risqué. Vous pourriez mourir durant le vol. »

Son argument m'effraya. Je ne pouvais pas croire que notre séjour prenait une tournure cauchemardesque.

La gynécologue fixa la chirurgie le 26 mai en m'avisant que j'aurais besoin d'au moins dix jours de convalescence. Nous devrions donc demander à l'ambassade américaine de rallonger notre visa, ce qui, nous avait-on dit, n'était pas une mince tâche. Cela dit, lorsque quelque chose doit arriver, tout semble se mettre en place pour le permettre.

Nous nous sommes rendus à l'ambassade en anticipant une longue journée d'attente et d'interrogations. Lorsque j'expliquai ma situation à l'homme derrière le comptoir, il prit nos passeports et la lettre de l'hôpital et revint au bout de deux minutes avec nos visas portant l'estampille d'une prolongation de dix jours. Appelez ça le « destin », peu importe, nous avions peine à y croire.

La journée précédant l'opération, une dame m'appela sur mon cellulaire. « Je m'appelle "Lauren", dit-elle. Vous avez fait la connaissance de ma fille à la House of Blues et vous avez fait une séance avec elle par la suite. Vous l'avez fortement impressionnée et elle m'a conseillé de vous voir. Pouvez-vous me recevoir demain ?

– Malheureusement, je dois subir une chirurgie demain, lui dis-je en riant. Je vais avoir besoin de la fin de semaine pour reprendre des forces, mais pourriez-vous venir mardi ? À quinze heures, est-ce que ça irait ?

– Ce sera parfait », accepta-t-elle.

Le matin de la chirurgie, nous avons eu des problèmes avec la compagnie d'assurances en Angleterre. Elle tenait à ce que l'hôpital stabilise mon état et me renvoie en Angleterre sans opération, même si le risque d'en mourir était considérable. Elle insista aussi pour obtenir plusieurs avis médicaux. Mais tous ces médecins se trouvaient à des kilomètres de l'hôpital. J'étais découragée. Même Kev, habituellement d'un calme désarmant, faisait les cent pas. La chirurgienne suggéra que l'on en parle à son patron, le docteur Berwick. Peut-être qu'il nous aiderait à aplanir la situation avec la compagnie d'assurances.

Le docteur Berwick, éminent docteur en gynécologie, lut gentiment le dossier, me regarda et conclut : « Aucun doute, il vous faut subir cette chirurgie sans délai. Allez à la salle d'urgence pour l'instant et je vais m'assurer que tout soit en règle. »

Je n'en croyais pas mes oreilles. Soulagée, je me mis à pleurer et lui fis une longue accolade. Kev lui serra la main et le remercia chaleureusement.

L'opération fut un succès complet. Par une laparoscopie, mes trompes de Fallope furent débouchées et l'infection fut nettoyée entièrement. Lorsque je revins à moi, on me laissa partir sans trop tarder. J'avais l'impression que le personnel du centre médical UCLA m'avait sauvé la vie et je pris le temps de remercier tout le monde pour ce qu'il avait fait pour moi.

Je passai les jours suivants en convalescence, en partie sur la plage de Malibu, à observer Kev et Charlie s'amuser dans l'eau.

Le mardi, à quinze heures, Lauren arriva à l'appartement pour sa séance, comme prévu. Charlie était à la maternelle et Kev s'installa à la piscine pour respecter l'intimité de la dame.

La séance se déroula très bien. À la fin, Lauren me confia qu'elle était impressionnée.

« Je connais quelqu'un qui souhaiterait vous rencontrer. Avez-vous déjà fait de la télé ? demanda-t-elle.

– Non, lui dis-je, intriguée.

– L'homme dont je vous parle œuvre dans le milieu de la télévision. En fait, je travaille pour lui. Il est en train de développer un concept qui vous irait parfaitement.

– Eh bien, je serais enchantée de le rencontrer, répondis-je. Rappelez-moi pour que l'on fixe une rencontre. »

Je dois avouer que j'étais plutôt sceptique. Après tout, nous étions à Hollywood : petit poisson, grand bassin, folie des grandeurs !

Elle partit vers dix-sept heures et, pour être franche, je ne m'attendais pas à recevoir de ses nouvelles. Moins de vingt minutes plus tard, le téléphone sonna.

« C'est Lauren. J'ai parlé à mon patron et il aimerait vous rencontrer demain à quatorze heures. Êtes-vous disponible ?

– Bien sûr », dis-je en essayant d'avoir l'air aussi convaincue que possible.

Lauren m'indiqua la direction. Elle me conseilla d'utiliser le service de voiturier du Regent Beverly Wilshire et de faire le reste à pied jusqu'à son bureau.

« Vous allez rencontrer Merv Griffin, précisa-t-elle. Vous savez qui il est, sûrement.

– Non, je suis désolée, j'ignore qui il est. »

Elle rit. « Vous pourriez faire une recherche sur Google avant de venir demain.

– Merci, je vais sûrement le faire. »

Alors que je terminais l'appel, Kev entra.

« As-tu déjà entendu parler de Merv Griffin ? lui demandai-je.

– Merv Griffin ? Oui, il me semble. Je crois qu'il est dans le milieu du divertissement... un acteur, peut-être... »

Je voulais commencer ma recherche sur Google, mais nous devions retrouver des amis pour prendre un verre et dîner à l'extérieur. J'ai plutôt opté pour une douche.

Lorsque le dîner au Hollywood and Vine tira à sa fin, mon amie me demanda si je voulais prendre le *lunch* avec elle le lendemain.

« Je ne peux pas, m'excusai-je. J'ai rendez-vous avec Merv Griffin.

– Tu as rendez-vous avec qui ? dit l'une de mes amies.

– Merv Griffin. Tu le connais ?

– Ce n'est que le plus important producteur de télévision de Los Angeles ! »

Lorsque Kev et moi sommes rentrés à l'appartement, nous avons finalement fait une recherche sur Google au sujet de Merv Griffin et nous sommes demeurés bouche bée durant plusieurs minutes. Merv Griffin était chanteur, acteur, auteur, compositeur et producteur. Sous son nom s'étalait toute une série de réalisations. Je n'ai jamais vu l'une de ses émissions en Angleterre, mais comme tout le monde, j'avais entendu parler de *Wheel of Fortune* et de *Jeopardy*. Et ces deux superproductions de télévision n'étaient que la pointe de l'iceberg.

« Bon sang ! Ce gars est une légende, dit Kev, impressionné.

– Je sais !

– Tu as dû drôlement impressionner cette dame !

– Je ne vois pas comment ! dis-je. Ce fut une séance comme toutes les autres pour moi.

– Eh bien, peut-être que celle que tu feras pour Merv Griffin sera la meilleure, ajouta Kev.

– Je ne suis pas certaine qu'il veuille me voir pour une consultation. Lauren m'a demandé si j'avais déjà fait de la télé.

– C'est fou !

– Tu sais ce qui est plus fou encore ? Ma mamie m'avait parlé de lui. Elle m'avait parlé de deux hommes plus âgés que moi, l'un que je marierais et l'autre qui m'ouvrirait des portes.

– Dieu merci, je ne suis pas plus vieux ! blagua Kev. Alors, soit tu marieras cet homme soit il t'ouvrira des portes. »

Le lendemain après-midi, Kev me conduisit à Beverly Hills, stationna l'auto au Regent Beverly Wilshire et marcha avec moi jusqu'au bureau de Merv. Il n'alla pas plus loin. Il m'embrassa et me souhaita bonne chance. Je lui promis de lui téléphoner dès que je sortirais du rendez-vous.

Je suis entrée dans l'immense édifice jaune et je me suis présentée à la réceptionniste.

« Je suis Lisa Williams. Je viens rencontrer M. Griffin.

– Oui, il vous attend. »

La réceptionniste composa un numéro et l'instant d'après, un jeune vint vers moi et me conduisit à l'ascenseur. Nous avons monté d'un étage – je me rappelle m'être dit que nous aurions pu utiliser l'escalier.

Lorsque les portes de l'ascenseur s'ouvrirent, Michael, l'adjoint de Merv, se présenta. Nous avons parlé brièvement dans le corridor. Je remarquai que les murs du corridor étaient couverts de photographies – Merv en compagnie de célébrités – et que les étagères meublant le corridor étaient garnies de trophées. J'ai su plus tard qu'il s'agissait d'Emmys et qu'il y en avait plus d'une douzaine.

« Merv vous recevra maintenant », me dit Michael en me conduisant vers le bureau de Merv.

Derrière des portes de bois se trouvait une immense pièce. À ma gauche, je remarquai un sofa qui s'étirait d'un mur à l'autre, et à ma droite, je vis un immense bureau de chêne, le plus imposant que j'ai vu de toute ma vie. Merv Griffin était assis derrière ce bureau. Lorsqu'il m'aperçut, ses yeux s'illuminèrent et il se leva d'un bond. C'était un grand et solide gaillard à la tignasse blanche. À ses côtés se trouvait un grand chien. Merv s'approcha et me donna une chaleureuse accolade.

« Lisa, je suis ravi de vous rencontrer, dit-il d'une voix chaude et agréable.

– Je suis heureuse de vous rencontrer, moi aussi ! »

Il y avait quatre chaises devant l'imposant bureau de Merv. Il m'en indiqua une précisément. Lauren et un collègue étaient déjà là et nous avons échangé de brèves salutations avant de nous asseoir dans nos sièges respectifs. En levant les yeux, je remarquai que Merv m'observait intensément. Pendant un instant, j'oubliai que d'autres personnes étaient dans la pièce.

« Lisa, j'ai entendu tellement de commentaires élogieux à votre endroit, dit-il en désignant Lauren. Je tiens à vous remercier d'être venue nous rencontrer.

– Merci de m'avoir invitée, dis-je. Et je voudrais m'excuser. Honnêtement, je dois vous dire que j'ignorais qui vous étiez jusqu'à ce que je mène une recherche sur Google hier soir. »

Il rit. «C'est très bien, dit-il. Mes productions n'ont jamais été présentées en Angleterre, mais je n'en suis pas amer. Je possède même un château en Irlande.»

Il ramassa un exemplaire du magazine *Hello!* – que je connaissais bien – et l'ouvrit sur un long article à son propos. Il y avait des photos de lui à une grandiose maison à La Quinta, qui se trouve juste au sud de Palm Springs.

«Mon Dieu, m'exclamai-je. Je détesterais devoir faire le ménage de cette maison.

– Lisa, reprit-il, j'ai des employés qui font le ménage.»

Tout le monde rit de bon cœur, puis Merv devint soudainement sérieux.

«Voyez-vous l'esprit de quelqu'un dans la pièce? me demanda-t-il.

– Oui, répondis-je. Il y a une dame assise sur le sofa, juste là.

– À quoi ressemble-t-elle?»

Je l'ai décrite jusqu'aux moindres bijoux qu'elle portait. Merv était interloqué.

«C'est ma mère. Très bien!» dit-il en se tournant vers Lauren pour lui signifier qu'il était impressionné. Il se retourna vers moi.

«Parlez-moi un peu de la façon dont vous travaillez», renchérit-il.

Je lui racontai brièvement mon histoire, entre autres que j'avais hérité du don de ma grand-mère, que j'utilisais les cartes, le tarot et la psychométrie, que j'étais médium et clairvoyante et que je communiquais avec les morts.

«Je vais là où les esprits me dirigent, conclus-je.

– Bien sûr! Je suis intéressé par tous ces domaines et j'ai une idée pour une émission de télévision. J'espère pouvoir vous convaincre d'en faire partie.

– Je suis déjà intéressée, dis-je.

– J'ai mené beaucoup de recherches dans ces domaines : les clairvoyants, les tireuses de bonne aventure, les médiums, les astrologues, les analystes de l'écriture, enfin un peu dans tout finalement. Je veux monter une série de télévision autour de ces sujets et j'aimerais que vous y participiez. Vous avez un *look* fantastique pour la télé, et croyez-moi, j'ai l'œil pour le talent.

– Merci. »

Après que j'eus fait une séance et traité par le reiki l'un de ses cadres, Merv se leva, signifiant ainsi la fin de la rencontre, et me conduisit à l'ascenseur.

« Ce fut un réel plaisir de vous rencontrer aujourd'hui, me dit-il.

– Il en fut tout autant pour moi. »

Il appuya sur le bouton de l'ascenseur et se tourna face à moi, son grand chien à ses côtés.

« J'ai juste une dernière question à vous poser, et je dois vous la poser, car ça me chicote, dit-il. Pourquoi n'êtes-vous pas encore célèbre ?

– Parce que je ne vous avais pas encore rencontré, Merv ! »

Il éclata de rire et me prit dans ses bras.

« Vous allez recevoir de mes nouvelles très bientôt, dit-il.

– Je l'espère », lui dis-je tandis que les portes de l'ascenseur se refermaient sur moi.

Même une fois dans la rue, je ne pus réprimer le large sourire qui ornait mon visage.

Chapitre 9

Les cloches du mariage

La rencontre avec Merv Griffin avait duré au moins deux heures, même si j'eus l'impression qu'elle s'était déroulée en quelques minutes. Pour Kev, cependant, elle sembla durer une éternité.

« Je croyais que tu en aurais pour vingt minutes. Qu'est-il arrivé ? me demanda Kev en me retrouvant.

– Que de bonnes choses ! » Et je lui racontai en long et en large le déroulement de la rencontre.

Il ne nous restait plus qu'une semaine en sol américain et nous en avons profité. Nous sommes allés à la plage, avons fait un peu de magasinage et avons passé du temps avec nos nouveaux amis américains. Le dernier soir avant notre départ, nous nous sommes réunis en grand nombre pour un dîner d'au revoir au restaurant The Little Door sur la 3e Rue. Au moment de terminer la soirée, j'ai levé mon verre en disant :

« Je vous donne tous rendez-vous en septembre !

– Tu reviens en septembre ? me demandèrent presque à l'unisson les amis.

– À vrai dire, j'ignore pourquoi j'ai dit ça. Les mots sont comme sortis de ma bouche par eux-mêmes. Mais, puisque je l'ai dit – ou puisque quelqu'un ou quelque chose m'a forcée à le dire –, il en sera sûrement ainsi. »

Nous nous sommes envolés le lendemain en Angleterre, toujours avec nos valises assorties ! J'ai repris mes consultations, et avant que je m'en rende compte, mon agenda était rempli pour les trois prochains mois.

Nous avons renoué avec quelques amis, notamment avec Mike, l'ami de Kev. Nous avons entendu parler qu'il avait rencontré quelqu'un, mais nous ne nous attendions pas à recevoir une invitation à son mariage, qui devait se tenir le jour de mon anniversaire. J'ai bien ri en recevant son invitation, car je me rappelais très bien lui avoir dit que j'assisterais à son mariage.

Lorsque nous fûmes vraiment réinstallés, je pris rendez-vous avec ma docteure qui, après avoir lu mon dossier, me confirma que j'avais eu de la chance. Je lui racontai ce que la gynécologue américaine m'avait mentionné, notamment au sujet du reiki, mais j'ai bien vu qu'elle n'était pas très ouverte à ces domaines et je n'ai pas insisté. Nous avons tout simplement fixé un autre rendez-vous.

Contrairement à ma docteure, j'étais de plus en plus intéressée par les techniques de guérison et plus déterminée que jamais à les explorer plus à fond. Rapidement, deux occasions se présentèrent.

La première concernait une nouvelle cliente qui avait reçu un diagnostic de fatigue chronique et qui était constamment à bout de souffle. Après la séance de médiumnité, je lui ai proposé de s'allonger sur le sofa et j'ai posé mes mains sur son diaphragme, juste sous les poumons. Je lui touchais à peine, mais elle m'affirma qu'elle ressentait l'énergie sortir de mes mains et l'envahir. En peu de temps, elle se détendit. Au bout d'une minute, elle s'assit et prit une profonde respiration en mentionnant qu'elle se sentait étrangement énergisée. Peut-être n'était-ce que le pouvoir de la suggestion ou même un désir de sa part, mais elle était assurément transformée.

La seconde occasion se présenta lorsqu'une cliente me consulta pour savoir si je voyais un enfant pour elle un jour. Je lui mentionnai que je n'en voyais pas prochainement. Elle confessa alors que selon elle, c'était sans doute sa faute, car elle était si effrayée des responsabilités de la maternité et si inquiète de ne pas être à la hauteur qu'elle avait repoussé inconsciemment la grossesse. Cependant, son mari et elle désiraient réellement un enfant et elle se sentait prête, du moins sur le plan de la conscience. Son subconscient demeurait apeuré et inquiet. Je lui expliquai que je pouvais l'aider et je lui demandai de se coucher sur le sofa. J'ai promené mes mains au-dessus de son corps, de haut en bas, en cherchant à libérer le blocage. À un certain moment, j'ai vu des petits points de lumière – comme de minuscules gouttes de pluie transparentes – s'échapper de son corps par le dessus de sa tête. J'ignorais ce que c'était, mais j'ai nettement vu le phénomène. Trois mois plus tard, elle me confirma qu'elle était enceinte.

À la même époque, j'ai vécu une autre étrange expérience. Sans être reliée à la guérison, elle n'en était pas moins intéressante. J'avais accepté de faire une séance de groupe, à Birmingham, chez une femme d'origine indonésienne. J'ai fait trois consultations de suite pour les invitées de la femme avant que ce soit son tour. Toutefois, je me sentais très fatiguée, et comme j'étais mal à l'aise de lui en parler, j'ai entrepris la consultation avec elle.

Comme à l'habitude, je lui ai demandé si elle voulait tout savoir puis j'ai actionné le magnétophone. Quelques minutes plus tard, envahie par l'épuisement, je fermai les yeux – en me jurant que ce ne serait que pour une minute ou deux, mais je me suis endormie. Je me suis réveillée quelque temps après, revigorée.

« Je suis désolée, dis-je à la femme qui me regardait, l'air ébahi et la bouche ouverte. Ce fut une très longue journée, repris-je.

Je suis fatiguée… peut-être serait-ce mieux de remettre la séance à un autre jour. »

Le magnétophone roulait toujours. La femme me fixait, sans rien dire.

« Est-ce que ça va ? lui demandai-je, étonnée à mon tour.

– Savez-vous ce qui vient de se passer ? me demanda-t-elle finalement.

– Je crois que je me suis endormie, avouai-je.

– Écoutez ce que le magnétophone a enregistré. »

J'ai donc réécouté l'enregistrement comme elle le suggérait. Effectivement, quelque chose s'était passé. Une voix masculine, s'exprimant en punjabi, pouvait être entendue… Mais il n'y avait aucun homme dans la pièce ! C'était moi qui parlais. À mon tour, je fus sous le choc. Je connaissais un peu ce que l'on désigne sous le terme de *channeling* et il m'arrivait parfois de prendre un accent particulier ou de gesticuler d'une certaine façon, mais je n'avais jamais rien vécu de tel.

« Est-ce que je parlais comme une personne que vous connaissez ? lui demandai-je.

– Oui, dit-elle sans hésiter. Mon grand-père décédé. »

Je lui ai demandé de me traduire ce que son grand-père lui avait dit à travers moi. Il lui avait principalement dit qu'elle n'avait pas à s'inquiéter, car le traitement serait une réussite.

« Est-ce que cela a un sens pour vous, car pour moi, ça n'en a aucun ! lui dis-je.

– Tout à fait ! Il y a quelques semaines, on m'a diagnostiqué un cancer du sein. J'étais certaine que j'allais mourir, raconta-t-elle, les larmes aux yeux. C'est à ce moment-là que je vous ai téléphoné pour prendre rendez-vous.

– Eh bien, il semble que vous n'allez pas mourir, finalement, dis-je en souriant.

– Je ne sais pas comment vous remercier », dit-elle en pleurant chaudement cette fois.

Je lui ai pris la main. « Ne me remerciez pas. J'ai fait peu de choses, au fond. Remerciez plutôt votre grand-père. »

La semaine suivante, réalisant que je n'avais pas eu personnellement de séance depuis très longtemps, j'ai décidé d'aller à une soirée de séances publiques au Harbone Healing Center, un endroit que ma grand-mère fréquentait régulièrement. Les samedis soir, il y a toujours un rassemblement de médiums, de clairvoyants et de tireuses de cartes. Tout au long de la soirée, certains montent sur la scène et font une séance. Kev accepta de m'y accompagner. Je portais un chemisier rouge que j'avais acheté en Amérique. J'espérais que l'un des médiums capte quelques informations pour me dire si j'étais sur la bonne voie avec ce projet d'émission de télé. Je n'avais pas eu de nouvelles de Merv Griffin depuis mon retour au pays. Je savais que ce genre de projet peut parfois être long à élaborer, mais je voulais au moins savoir si l'Amérique était inscrite quelque part dans mon avenir. Je voulais simplement que l'on m'aide à m'orienter.

Une femme monta sur scène. Rapidement, elle annonça que quelqu'un dans l'assistance connaissait une personne qui affichait une croix tatouée sur le lobe d'une oreille. L'un de mes cousins s'était effectivement fait tatouer le lobe de l'oreille, mais j'ignorais si le tatou représentait une croix. Et comme je ne l'avais pas vu depuis fort longtemps, je croyais sincèrement que ce n'était pas de lui et moi dont parlait la médium. Mais soudainement, elle me pointa du doigt en disant : « C'est vous ! Là, derrière… la dame au chemisier rouge.

– Moi ? » me pointant à mon tour du doigt, un peu surprise.

Elle confirma d'un signe de la tête et alla de l'avant.

« Il y a un homme ici qui dit s'appeler "Jack" et être votre grand-père. »

Ça devenait de plus en plus intéressant.

« Il y a aussi une dame… forte, dominante… qui semble particulièrement à l'aise dans ce lieu-ci. »

C'était bien, quoiqu'un peu vague.

« Elle me dit que vous devez être patiente, que ça fonctionnera. Il faut simplement du temps… »

Je n'étais toujours pas très impressionnée. Après tout, n'importe qui peut vous dire d'être patient, de laisser le temps agir, car en général, tout le monde attend quelque chose ou espère qu'un projet fonctionnera, même si ce n'est pas de grande importance, même si ce n'est qu'une simple soirée. C'est alors qu'elle me déstabilisa complètement.

« Elle s'appelle Frances. Est-ce que ce nom vous dit quelque chose ? »

Tout le monde se tourna vers moi. Chaque personne présente connaissait Frances, une sorte de légende dans le milieu, et savait qui j'étais. Bien sûr, on peut penser que puisque j'étais connue comme médium dans la région, quelqu'un avait très bien pu fournir des informations à la médium sur la scène. Et cette possibilité m'a effleuré l'esprit. Mais la médium clarifia tout doute.

« Frances dit qu'elle est heureuse que vous ayez enfin décidé d'accepter votre mission de vie… Et la réponse à votre question est oui. Vous irez en Amérique. »

Personne ne pouvait avoir eu vent de mon projet !

En juillet, le père de Charlie se maria et, bien sûr, Charlie fut invité à y assister. J'étais contente que Simon pense à lui. Kev et moi allions profiter d'une fin de semaine tranquille à la maison. Le vendredi, nous sommes allés dîner au Dhakra, le restaurant indien du coin. En nous voyant entrer, Abdul, le propriétaire, afficha un grand sourire. « Comme d'habitude, les amis ? »

Après le dîner, rassasiés, nous sommes rentrés à la maison et nous nous sommes couchés tôt. Le lendemain, nous avons flâné à la maison, lisant, regardant la télé et picossant dans les restes d'un poulet au marsala. Autour de dix-neuf heures, des amis nous invitèrent à les retrouver pour prendre un verre et danser un peu.

À un moment de la soirée, Kev et moi étions seuls au bar, profitant d'une pause. Soudainement, Kev se tourna vers moi.

« Lisa, lorsque nous retournerons en Amérique, ne devrions-nous pas nous marier ? »

Je l'ai regardé, intriguée.

« Est-ce une demande en mariage ? »

Il sourit. « Je suppose que oui, dit-il.

– Que c'est romantique », dis-je avec un air quelque peu sarcastique, je l'avoue. Au fond de moi, j'étais heureuse. Je l'ai étreint et embrassé, mais mon enthousiasme était étouffé par une seule pensée déplaisante : *Combien de verres Kev a-t-il pris ? Me demande-t-il en mariage parce qu'il est ivre ?*

« Tu ne vas pas te désister demain matin, n'est-ce pas ? lui demandai-je pour me rassurer.

– Non ! Bien sûr que non ! Faisons-le vraiment ! Marions-nous ! »

Je l'ai serré dans mes bras en l'embrassant, avec beaucoup moins de retenue cette fois. Puis, une autre pensée m'envahit : *Oh, mon Dieu ! Il est sérieux ! C'est terrifiant !*

Le pauvre gars ne pouvait gagner sur aucun tableau !

Nos amis revinrent de la piste de danse. Kev voulut leur annoncer la nouvelle, ce qui m'emballa.

« Kev vient de me demander en mariage, annonçai-je. Nous allons nous marier. »

Les accolades et les baisers suivirent, entrecoupés de cris de joie.

« Est-ce qu'il s'est agenouillé ? demanda une amie.

– Non, répondis-je.

– J'ai pensé le faire… et on sait que c'est la pensée qui compte, blagua Kev.

– Tu sais ce que ça veut dire, n'est-ce pas ? lui demanda mon amie en souriant. Ça signifie que tu devras acheter une bague de fiançailles !

– Non, précisa Kev. Il n'y aura pas de bague de fiançailles. Je ne crois pas aux bagues de fiançailles. Nous allons directement passer au mariage. »

Le lendemain, nous avons annoncé la nouvelle à ma famille et tout le monde fut ravi.

Nous ne savions pas quand nous souhaitions nous marier, mais aucun de nous deux ne voulait attendre trop longtemps.

Le jour suivant, j'ai cherché sur Internet un lieu qui conviendrait pour notre mariage. J'ai alors découvert que le jardin botanique de Birmingham acceptait de célébrer des mariages. Comme nous voulions une célébration simple et intime, j'ai pensé que ce serait un lieu adorable mais Kev n'était pas convaincu.

« Très bien, lui dis-je. Nous en discuterons plus tard. »

Cela dit, nous n'en avons pas discuté. Nous discutions rarement des choses sur lesquelles nous étions en désaccord. Nous étions tous les deux très heureux. Je disais à tous ceux que je rencontrais que j'étais fiancée. Tout le monde en était très heureux. Après les accolades et les baisers venait toujours la même question : « Où est ta bague de fiançailles ? »

Je n'en avais pas, évidemment, et j'essayais d'expliquer pourquoi. « Kev ne croit pas en l'utilité d'une bague de fiançailles. »

Les gens faisaient alors semblant d'approuver en murmurant : « Je vois. » Certains prétendaient que Kev était simplement radin, ce qu'il n'était pas. En fait, il était l'homme le plus généreux que j'avais connu. Ces accusations finirent par me déplaire et en peu de temps, je pensai comme Kev. Pourquoi aurais-je besoin d'une bague de fiançailles ? Je savais que j'étais fiancée. Je n'avais pas besoin d'une bague pour me le rappeler.

Charlie était absolument fou de joie lorsque nous lui avons appris la nouvelle. Pour lui, ça voulait dire que Kev serait avec nous tout le temps et qu'il n'aurait plus à lui souhaiter bonne nuit au téléphone.

La même semaine, nous sommes allés tous les trois au jardin botanique pour voir si l'endroit convenait et nous sommes tous tombés d'accord que ce serait un lieu parfait pour notre mariage. Notre salle préférée était l'une des plus petites pouvant accommoder autour de soixante personnes. Elle était disponible samedi, le 30 octobre.

« De l'année prochaine, c'est ça ? voulut s'assurer Kev en espérant avoir toute une année pour tout planifier.

– Non, nous reprit-on. Cette année ! »

Kev pâlit, mais se ressaisit. Nous avons finalement réservé la salle sans plus tarder. Puis, la coordonnatrice nous informa qu'il nous fallait trouver un célébrant pour nous maricr. Elle ajouta que, malheureusement, nous aurions beaucoup de difficultés à en trouver un qui serait disponible à une date aussi rapprochée. Mais, une fois de plus, le sort joua en notre faveur. En téléphonant au bureau de la magistrature, on nous informa qu'une annulation venait tout juste de libérer un magistrat pour le 30 octobre à midi, exactement l'heure et la date que nous voulions. Incroyable !

« Oh, mon Dieu ! s'exclama Kev. Il n'y a pas de coïncidences dans la vie, n'est-ce pas ? »

J'ai ensuite magasiné une robe de mariée appropriée. Mon amie Anita suggéra de faire un saut du côté de Soho Road, reconnue pour sa culture asiatique. En entrant dans une boutique, j'ai constaté que j'étais la seule Anglaise parmi des femmes de cultures asiatique et indienne. J'ai alors pensé, amusée, que si je devais entrer en transe à ce moment précis, je parlerais sans doute un punjabi fluide !

J'ai fini par dénicher un mignon sari ivoire, magnifiquement orné de broderies et qui descendait jusqu'à mes chevilles. On m'informa alors que l'on devrait prendre mes mensurations et télécopier le tout en Inde. Dans six semaines, la robe serait prête et je pourrais passer la prendre. Je remis huit cents dollars à la caissière et sortis de la boutique en me demandant ce que je venais de faire.

« Je vais avoir besoin de quelqu'un pour m'aider à enfiler ce sari le grand jour venu », dis-je à Anita.

De retour à la maison, je n'ai pas parlé du sari à Kev et c'était mieux qu'il ne pose aucune question. Nous nous sommes entendus sur les arrangements floraux, la musique et la nourriture.

« Nous allons servir de la saucisse-purée[3] et du gâteau au fromage, notre menu préféré ! » dis-je.

Nous avons également préparé nous-mêmes nos cartons d'invitation.

Au milieu de toute cette effervescence, je reçus un courriel de Lauren, la productrice qui m'avait présentée à Merv Griffin.

---

3. *Bangers and mash* : plat typiquement britannique de saucisses et de purée.

Lauren me demandait si je pouvais me rendre aux États-Unis en septembre pour enregistrer une émission pilote pour le projet de télévision dont Merv m'avait parlé et qui, pour l'instant, devait s'appeler *The Predictors*.

«En septembre? fit Kev. N'est-ce pas ce que tu avais dit à tout le monde lors de notre dernière soirée à Los Angeles : "Je vous revois en septembre"?»

Trois semaines plus tard, je m'envolais pour Los Angeles, prête pour l'émission pilote. J'allais partager le plateau de tournage avec un autre médium, un astrologue, un graphologue et un numérologue. Nous devions tous faire une séance pour des gens de l'auditoire.

Nous avons donc pris place sur le siège qui nous était désigné. Nous devions ressembler sans doute à des panélistes à un jeu-questionnaire de la télé! Toutes les personnes présentes dans le studio avaient inscrit leur nom et date de naissance pour le numérologue et avaient rédigé une phrase complète pour le graphologue.

Huit personnes furent choisies au hasard parmi l'auditoire et on nous demanda de choisir ensemble celle, parmi ces huit personnes, à qui nous voulions nous adresser en particulier. Je voulais choisir un homme appelé Dennis, mais ma sélection ne fut pas retenue par les autres invités. Le choix s'arrêta sur un homme appelé Walter. Les quatre autres panélistes parlèrent à Walter de différents aspects de sa vie, ce qui sembla impressionner le public. Puis, nous fîmes une pause.

Au retour, un personnage connu avait été invité pour une séance. J'étais la première à intervenir – et j'étais quelque peu nerveuse. J'ai commencé à lui dire certaines choses qu'il s'amusait à tourner en dérision, jusqu'à ce que je lui parle du père de sa mère, décédé depuis peu. Cet esprit tenait à dire au personnage connu qu'il irait loin dans la vie et qu'il aurait beaucoup de succès. L'homme cessa de blaguer et écouta attentivement, plutôt remué par ce que je lui disais.

À la pause, j'ai cherché Dennis, mais il semblait plus intéressé par l'astrologue et le numérologue. Mais, j'avais un message à lui livrer et je lui ai donc rapidement adressé la parole. « Je veux simplement vous dire qu'une personne que vous connaissez, une personne très près de vous, a combattu un cancer récemment et on m'a dit que tout irait bien pour elle. »

Des gens autour avaient entendu ce que je venais de dire à Dennis et leurs murmures me parvenaient. « Cancer ? Qu'est-ce qu'elle lui a dit ? Quelqu'un est malade ? »

J'étais concentrée sur Dennis. Durant un long moment, il me dévisagea sans dire un mot. Puis, il me prit à l'écart pour me parler en privé. « Madame Williams, murmura-t-il. Je ne sais pas comment vous avez pu savoir, mais on vient tout juste de m'enlever une tumeur maligne, la semaine dernière.

– Eh bien, vous n'avez pas à vous inquiéter », lui dis-je avec le sourire.

Lorsque l'émission reprit, on offrit aux gens de l'auditoire de poser des questions aux panélistes. La première question fut pour moi.

« Lisa, pouvez-vous communiquer avec ma mère ? demanda une dame.

– Je vois une femme. Elle s'appelle "Betty" », dis-je.

La dame s'agita et se mit à pleurer. « C'est elle ! C'est ma mère ! »

J'étais désolée pour elle. Je me suis levée de mon siège et je me suis rendue dans l'auditoire. Toutes les caméras se fixèrent sur moi, ne voulant rien manquer de cela. Je pris la main de la dame.

« Votre mère me dit qu'elle va bien, mais qu'elle s'ennuie de manger des biscuits, assise dans votre cuisine », lui confiai-je.

La dame ne pouvait que pleurer, dépassée par les émotions. Je lui fis une chaleureuse accolade et je suis retournée à ma place. Les caméras étaient toujours braquées sur moi.

À peine avais-je rejoint les autres panélistes qu'une femme se leva dans l'assistance et s'adressa à moi.

« Lisa, j'aimerais entrer en communication avec mon neveu.

– Votre neveu a été assassiné, n'est-ce pas ? »

Elle fit signe que oui, interloquée, tandis qu'un murmure s'éleva dans le public.

Après cette autre intervention, une troisième question me fut posée, ce qui me mit un peu dans l'embarras. Il y avait quatre panélistes, tous doués, et je ne voulais pas que l'émission devienne le *Lisa Williams Show* !

Après une seconde pause, Merv demanda à chacun des panélistes d'y aller d'une prédiction pour l'année suivante. Je ne me souviens plus de ce que les autres ont répondu, mais j'ai un net souvenir de ma réponse.

« Il y aura un imposant désastre naturel en Extrême-Orient, vers la fin de l'année. Peut-être en Thaïlande… ou en Chine… quelque part dans cette région. Plusieurs personnes y perdront la vie, mais cet événement réunira les nations pour venir en aide aux sinistrés. »

Comme à l'habitude, je n'étais pas en mesure de préciser la signification de cette prédiction. Je ne pouvais en dire plus.

« Ce n'est pas une prédiction très réjouissante, dit Merv.

– Non, mais c'est ce qui m'est apparu. »

Lorsque tout fut terminé et que nous retournions vers les loges, l'adjoint de Merv m'intercepta et m'informa que son patron voulait me parler. J'ai cru que j'étais prise en faute. Je croyais être réprimandée pour avoir enfreint les règles et m'être levée pour aller dans l'auditoire et pour avoir ainsi monopolisé l'attention en seconde portion de l'émission. Je m'attendais au pire. En entrant dans sa loge, je trouvai Merv entouré d'amis, de membres de sa famille et d'admirateurs. Je craignais de recevoir une remontrance devant tous ces gens.

Le visage de Merv s'illumina en me voyant et il vint à ma rencontre.

«Ah! Lisa! dit-il en me prenant la main.

— Euh… ai-je fait quelque chose de répréhensible? ai-je demandé, inquiète.

— Non, non, dit-il. Pas du tout! Je voulais juste vous soustraire à cette foule. Je sais que les gens meurent d'envie de vous bombarder de questions et je voulais vous en protéger.»

Je me sentais soulagée. «C'est gentil de votre part», dis-je.

Lauren s'approcha de nous. «Vous savez, Lisa, avec ce que nous avons vu, il est clair que vous pourriez avoir votre propre émission. Vous avez un talent naturel, dit-elle.

— Vraiment?

— Vraiment», reprit Merv.

À mon retour à l'hôtel, je téléphonai à la maison pour tout raconter à Kev, incluant ma prédiction au sujet d'une catastrophe naturelle.

«Il faut que tu mettes ça par courriel, et conserve le document, conseilla Kev.

— Pourquoi? L'émission a été enregistrée.

— Je t'en prie, fais-le, insista Kev. Tu ne sais jamais.»

J'ai raccroché et j'ai rédigé et envoyé le courriel comme Kev le suggérait. Il était daté du 14 septembre 2004.

Le lendemain matin, j'ai fait mes bagages et je suis repartie en Angleterre pour reprendre ma vie. Une semaine plus tard, j'eus des nouvelles de Lauren.

« Merv a détesté l'émission et ça ne prendra jamais l'antenne, m'annonça-t-elle. Mais ne désespérez pas, ajouta-t-elle. Il est toujours très intéressé par vous. »

J'ai repris la vie normale, essayant de ne plus penser à Merv ni à l'Amérique, mais c'était plus fort que moi.

Un jour, j'appris qu'un médium bien connu était en ville pour donner une soirée de médiumnité. J'ai téléphoné à ma mère pour lui dire que j'allais nous procurer une paire de billets.

Le soir venu, ma mère et moi nous sommes rendues au local d'un petit club social de Redditch où avait lieu l'événement. Dès que j'entrai dans la salle, j'ai aperçu plusieurs de mes clients. C'était étrange de voir les gens me désigner de la tête et murmurer Dieu je ne sais quoi entre eux.

« Assoyons-nous vers l'arrière », dis-je à ma mère.

Nous avons trouvé des places libres à l'avant-dernière rangée. J'essayais tant bien que mal de passer inaperçue, mais je me sentais mal pour ma mère. Elle avait perdu un frère l'année auparavant, en plus d'avoir déjà perdu sa mère. En chemin, elle m'avait confié qu'elle souhaitait recevoir un message de l'un d'eux.

Dès le départ, je pus constater que ce médium donnait plutôt un spectacle. Il arpentait la scène, équipé d'un micro sans fil, baratinant et blaguant. De temps à autre, il tombait pile sur un nom et commençait à broder autour.

« Je vois que vous étiez très près… vous vous échangiez des cadeaux à Noël… alliez dîner en certaines occasions… »

Au bout d'un moment, je me levai pour aller aux toilettes. Alors que je me lavais les mains, une vague silhouette d'un homme apparut dans un coin.

« Tu dois dire à ta mère que je suis ici, me dit-il.

– Qui êtes-vous ?

– Dis à ta mère que c'est Jim. Elle saura qui je suis. »

Je me dépêchai de retourner auprès de ma mère et je lui murmurai : « M'man, il y a un homme dans les toilettes qui veut te parler. Il dit qu'il s'appelle "Jim".

– Jim ? dit-elle. Jim… ? » Puis, elle le reconnut. « Oh, mon Dieu ! C'est le frère de ta tante. Il est mort très jeune. »

Soudainement, mamie apparut à son tour. Elle me sourit sans rien dire, puis tourna son attention vers ma mère. « As-tu la bague ? » lui demanda-t-elle.

J'ai regardé ma mère, mais j'ai réalisé qu'elle n'entendait pas mamie.

« Mamie est ici, lui expliquai-je.

– Elle veut savoir si tu as la bague.

– Je n'arrive pas à le croire, dit ma mère sous le choc. Comment sais-tu pour la bague ?

– Je ne sais rien à propos de la bague, c'est mamie qui te pose la question. »

Je me suis retournée vers mamie, mais elle n'était plus là. Le médium-comédien poursuivait son *spectacle*, essayant de faire rire et espérant deviner juste de temps à autre.

« Si ce gars avait été le moindrement doué, il aurait vu mamie, dis-je à ma mère.

– Tu as raison, confirma-t-elle. Il ne vaut pas grand-chose. »

Nous sommes toutefois restées jusqu'à la fin de la soirée, aussi décevante qu'elle pût être. Dans le stationnement, juste avant de monter dans l'auto, ma mère ouvrit son sac à main et me tendit une bague. C'était la bague ayant appartenu d'abord à sa grand-mère et que sa propre mère lui avait remise. Elle était jolie : un anneau en or surmonté de six petits diamants.

« Je sais que ça t'agace que les gens demandent à voir ta bague de fiançailles, dit-elle. Je veux que tu acceptes celle-ci. »

J'étais très touchée et je me confondais en remerciements. Le lendemain, je la fis ajuster à ma taille. Kev ne croyait toujours pas à l'utilité d'une bague de fiançailles, mais il comprenait mon sentiment. Je portais fièrement cette bague.

Mercredi, le 27 octobre, trois jours avant le mariage, tout sembla aller de travers. J'étais allée chercher mon sari – qui était absolument fabuleux – et j'avais demandé à l'une des femmes de la boutique si elle pouvait venir m'aider à bien revêtir le sari le matin des noces. Après tout, un sari exigeait tellement de manipulations – plier, tourner, boucler – qu'il m'aurait fallu un manuel d'instruction pour arriver à m'en revêtir correctement. Mais, en arrivant à la maison, je découvris que la femme en question avait laissé un message sur mon répondeur m'avisant que ça lui serait impossible de venir m'aider à revêtir mon sari. À la boutique, elle m'avait revêtue impeccablement, et là elle m'apprenait que je devrais m'en sortir toute seule.

Je téléphonai à Anita, qui s'y connaissait un peu dans ce genre de vêtement. « Je n'arrive pas à croire ce qui m'arrive. Crois-tu que tu pourrais m'aider ? »

Anita ne se sentait pas à la hauteur, vu l'importance de l'événement.

« Je connais une femme à Walsall qui peut le faire, dit-elle. Cependant, tu devras te rendre chez elle. Elle ne viendra pas chez toi.

– C'est à des kilomètres ! Je devrai conduire aller-retour le matin des noces ? En sari de mariage ?

– Je peux t'y conduire et te ramener à temps pour le mariage. »

Kev m'entendit me plaindre et il s'approcha pour voir ce qui n'allait pas. Je lui dis que je devrais me rendre à Walsall le matin du mariage pour une raison particulière, et il me regarda, perplexe.

« Tu ne peux pas te rendre à Walsall le matin de tes noces ! dit-il. Tu es censée revêtir ta robe de mariée, te rendre chez ta grand-mère et attendre que l'on vienne te chercher ! »

Je me suis mise à pleurer. Je ne voulais pas gâcher la surprise en lui disant que ce n'était pas une robe de mariée comme les autres et que je ne pourrais pas m'habiller toute seule. Je me suis mise à pleurer encore plus.

Kev ne comprenait rien.

« Qu'est-ce qu'il y a ? Je ne comprends pas ce qui se passe ! me dit-il.

– Je ne peux pas te le dire.

– Si tu ne me le dis pas, comment pourrais-je t'aider ?

– Je ne peux pas te le dire.

– Mais pourquoi ne peux-tu pas me le dire ? Tu vas m'épouser, alors on ne devrait pas se cacher des choses. »

De toute évidence, la situation commençait à l'agacer.

« Tu ne comprends pas, lui dis-je.

– Alors, explique-moi.

– C'est au sujet de ma robe, ai-je fini par lui dire. Ce n'est pas une robe ordinaire ! C'est un sari ! Je vais porter un sari. »

Son visage se décrispa. Il semblait se remettre d'un choc.

« Un sari ! Oui… bien… maintenant, je comprends. »

Il se retourna et quitta la pièce. Je me remis à pleurer de plus belle. *Je vais finir par me présenter à mon mariage en sous-vêtements !* pensai-je.

Quelques minutes plus tard, Kev se pointa de nouveau. Il avait fait quelques appels et avait fini par trouver une femme d'origine indienne qui serait heureuse de venir m'aider. Kev était toujours dans un état presque comateux, cependant, je pouvais imaginer ce qu'il pensait. Il croyait sûrement que je marcherais vers lui à la cérémonie vêtue d'un sari rouge vif et d'une étoffe assortie, arborant un *bindi* peint au milieu de mon front.

Bien sûr, au final, j'étais plutôt élégante – si je peux me permettre de le dire. J'ai marché vers Kev et le magistrat sur l'air d'*Almost There*, d'Andy Williams, accompagnée de mon père et de Charlie à mes côtés. Juste au moment de rejoindre Kev, la chanson se termina. Kev prononça ses vœux d'une voix étranglée par l'émotion, et je prononçai les miens ensuite. Charlie tenait fièrement les alliances. La cérémonie était très émouvante, plus intense et plus édifiante spirituellement que ce que j'avais imaginé. En nous tournant pour redescendre l'allée, en tant que couple marié, j'ai remarqué que la moitié de l'assistance pleurait. Nous avons fait notre premier pas et la voix de Barry White entama juste au bon moment la chanson *You're the First, the Last, My Everything*.

Ce fut plus fort que moi. J'étais si heureuse que je me mis à danser dans l'allée, et Kev emboîta le pas dans ma folie. Puis, tout le monde se joignit à nous. Ce fut un instant magique et l'une des plus belles journées de toute ma vie. Le mariage était aussi parfait que l'on pouvait le souhaiter. Je me sentais comme la fille la plus heureuse au monde.

Nous avons *lunché* – saucisse-purée et gâteau au fromage, évidemment – et avons fait les discours. J'ai ensuite décidé que je voulais lancer mon bouquet de mariée. Je sais, ça peut paraître un peu idiot, mais j'ai toujours rêvé de le faire. J'ai donc rassemblé les filles célibataires. «Allez, les filles! Je vais lancer mon bouquet! Voyons qui sera la prochaine!»

Dès qu'elles furent en ligne derrière moi, j'ai lancé bien haut le bouquet, puis je me suis tout de suite retournée pour voir qui l'attraperait. C'est alors que j'aperçus Gopi, le frère d'Anita, sur un côté de la salle, fumant une cigarette et observant la folie joyeuse des filles. Mais le bouquet s'est dirigé vers lui! Gopi le ramassa, toujours aussi calme, et le leva bien haut dans les airs en le tenant d'une main. Tout le monde éclata de rire et Gopi joua le jeu, l'air un peu penaud. Me croiriez-vous si je vous disais que Gopi se maria peu après? Coïncidence? Je ne crois pas.

Kev et moi avions organisé un voyage en Afrique du Sud pour notre lune de miel. Toutefois, le départ n'était que le 5 décembre. Nous avons donc commencé notre vie de couple marié à la maison. Entre-temps, je fis quelques séances et je rencontrai aussi ma gynécologue pour un examen de routine. On me diagnostiqua des cellules précancéreuses qui devraient être retirées par une chirurgie. La gynécologue fut assez compréhensive pour faire la chirurgie après mon voyage de noces.

L'Afrique du Sud offrait tout ce que nous avions espéré et même plus. Nous avons habité chez des amis, Chris et Linzi, à Hout Bay, près de la plage et non loin de Cape Town. Nous y avons rencontré des gens extraordinaires, dont une femme qui œuvrait pour l'église de son village. Un jour, nous l'avons visitée – nous avons alors connu l'Afrique véritable – et elle nous a présenté un jeune garçon appelé «Zimmy». La mère de Zimmy était alcoolique et son père était mort récemment du sida. Zimmy était sous-alimenté et souffrait de la tuberculose. Nous avons tenu à lui venir en aide et nous sommes ainsi devenus ses parrains. L'argent que nous lui avons versé lui a permis d'avoir accès à des médicaments, d'aller à l'école et d'avoir un toit. Il a eu sept ans récemment[4] – le même âge que mon Charlie – et il a une bien meilleure mine que lorsque nous l'avons connu. Nous l'avons parrainé jusqu'ici et nous espérons que son éducation lui permettra de subvenir à ses besoins.

Deux semaines après notre retour à la maison, le 24 décembre 2004, précisément, un tsunami dévasta l'Extrême-Orient, tuant au passage trois cent mille personnes. C'était la pire catastrophe naturelle de l'histoire. Comme je l'avais prédit sur le plateau de l'émission pilote, le monde entier se rassembla pour venir en aide aux sinistrés.

En janvier 2005, je fus admise à l'hôpital pour une chirurgie, comme prévu. On m'enleva une partie du col de l'utérus. La convalescence se déroula sans problème et rapidement. Mais, au bout de trois semaines, un vendredi matin, je me suis réveillée avec des douleurs. Je me sentais affreusement mal. J'ai ouvert les yeux et j'ai vu Ben au pied du lit. Il y avait longtemps que je n'avais pas eu la visite de mon esprit-guide.

«Où étais-tu passé?

– Je viens vers toi seulement lorsque tu en as besoin, dit-il. Et tu as besoin de moi aujourd'hui.

– Ah oui?

– Oh! oui, reprit-il. Tu as un kyste. Tu dois le faire retirer.»

Il disparut sur ces mots, aussi soudainement qu'il était apparu. J'ai immédiatement pris rendez-vous avec ma gynécologue.

---

4. NDT: À noter que la première version originale du livre est parue en 2008. Zimmy aurait donc aujourd'hui douze ans.

J'ai mentionné que c'était urgent et on a réussi à me faire voir la docteure le même jour.

« J'ai un kyste qu'il faut retirer, ai-je dit à la gynécologue.

– Êtes-vous médecin ?

– Non, mais disons que j'ai accès à de l'information que les médecins n'ont pas.

– Qu'est-ce que vous voulez dire ?

– Je crois que vous n'aimeriez pas le savoir », conclus-je.

Elle m'examina et me dit qu'elle sentait effectivement quelque chose. Elle me retourna à la maison avec des antibiotiques.

« Je vais revenir dans une semaine », lui prédis-je en sortant de son bureau.

Et comme je l'avais dit, je retournai consulter ma gynécologue le vendredi suivant, mais encore plus mal en point que la dernière fois. Entre-temps, elle avait interrogé des gens à mon sujet et elle avait même discuté avec l'une de ses collègues que j'avais déjà reçue en consultation. Elle était un peu plus réceptive à mon propre diagnostic médical. Elle me dirigea vers l'hôpital pour une radiographie qui mit en évidence ce qui a été considéré comme une légère anomalie. Personne ne semblait s'en inquiéter outre mesure et on me garda sous observation.

Mon guide, Ben, fit l'une de ses rares apparitions. « Lisa, tu as un seuil de tolérance à la douleur très élevé. La plupart des femmes seraient à l'agonie ! Alors, agonise un peu ! »

J'ai écouté Ben et j'ai laissé savoir au personnel médical l'intensité de ma douleur. Pour s'assurer qu'il n'y avait rien de grave, on me fit passer une laparoscopie, le dimanche. Alors que j'étais sur la civière que l'on roulait jusqu'à la salle d'examen, l'une des infirmières me reconnut. Elle accourut vers la civière et prit le temps de me parler quelques instants.

« Tout ce que vous m'aviez dit s'est avéré juste, dit-elle. Vous aviez parlé avec mon père, ce qui fut l'un des plus beaux cadeaux pour moi, et vous m'aviez prédit que je travaillerais dans un hôpital. Et me voilà, ici, travaillant à l'hôpital ! »

Quelques instants plus tard, l'anesthésiste se pencha vers moi, et ce n'est que plus tard que je me réveillai dans une chambre. C'était alors ma gynécologue qui se pencha vers moi.

« Lisa, j'ignore comment vous l'avez su, mais vous aviez raison. Il y avait un kyste de la grosseur d'un pamplemousse à l'intérieur de votre abdomen. Vous avez été trois heures à la salle d'opération. »

Cinq jours plus tard, je rentrai à la maison. J'étais très faible, mais déterminée à reprendre mon travail. Kev voyait les choses autrement. Constatant que j'avais besoin de temps pour récupérer, il annula les rendez-vous des deux semaines suivantes. Cette période d'arrêt m'amena à une profonde introspection. Au départ, j'étais frustrée de tous mes problèmes de santé et de mes séjours fréquents à l'hôpital. Je commençais à m'apitoyer sur mon sort. Mais, rapidement, je suis sortie de ma torpeur. Après tout, j'étais toujours en vie et je me remettais bien de la dernière chirurgie. Et puis, que pouvais-je changer au passé ? C'était comme pour les cartes de tarot : le passé, le présent et le futur. Mamie m'avait appris à ne pas accorder d'importance au passé, car on ne pouvait rien changer à ce qui était derrière nous. C'était plus qu'une leçon de tarot, c'était une leçon de vie. Certaines personnes s'accrochent au passé avec une férocité qui défie toute logique. En fait, le passé ne parvient qu'à tirer vers le bas. Le présent est ce qui compte. Vivre au présent ! Être ici et maintenant ! Ouvrir nous yeux au monde si incroyable et si vibrant qui nous entoure, tant visible qu'invisible ! Il est sans doute utile et bien d'analyser les forces et les événements qui ont forgé notre être, mais il n'y a qu'aujourd'hui qui compte. Les choix que je fais aujourd'hui détermineront mon futur.

« J'ai eu une idée folle, annonçai-je à Kev.

– Une autre ? dit-il en souriant.

– J'ai pensé que je devrais créer des cours de développement dans le domaine psychique et parapsychique pour mes clients.

– Des cours ?

– Une version écrite de ce que j'avais enseigné à un petit groupe il y a longtemps.

– Je crois que c'est une excellente idée. Les gens vont adorer, m'encouragea Kev.

– Je sais que ça peut avoir l'air quelque peu prétentieux – après tout, qui suis-je pour enseigner quoi que ce soit à quiconque ? –, mais les gens me demandent constamment des conseils, et j'ai vraiment appris un truc ou deux de ma propre vie ! »

J'avais effectivement tiré des leçons de tout ce que j'avais vécu. Lâcher prise sur le passé en était une. J'ai aussi appris l'importance de l'empathie et de la compassion. Je pouvais parler des guides et des aides invisibles. Et j'étais convaincue sans l'ombre d'un doute que le hasard n'existait pas. J'avais aussi acquis la certitude que la mort n'était pas la fin. Ou du moins, je le croyais, de toute façon.

J'ai pris mon ordinateur portable et j'ai écrit ma première phrase : *Je m'appelle « Lisa Williams » et j'aimerais partager certaines connaissances avec vous.*

Kev s'approcha et regarda par-dessus mon épaule. « Alors, ce cours ?

– Je n'aime pas la première phrase, avouai-je, mais je pourrai toujours y revenir et la modifier. »

Quelques semaines plus tard, je partis pour la Thaïlande afin d'assister à une retraite qui devait m'aider à récupérer. La rédaction de mon cours avançait lentement. J'espérais apprendre quelque chose lors de mon voyage qui pourrait s'insérer dans mon cours.

La Thaïlande m'apparut comme un pays très spirituel. Je me suis sentie réénergisée et plus en santé que jamais. J'ai entendu beaucoup d'enseignements, de la part de gens à la retraite, au sujet de la régression et des vies antérieures. On m'informa qu'une femme ayant un don particulier vivait de l'autre côté de l'île et on me conseilla fortement de prendre rendez-vous avec elle, ce que je fis.

Le jour de mon rendez-vous, il pleuvait abondamment. Je pris un taxi pour me rendre chez la femme de l'autre côté de l'île. J'étais plutôt nerveuse. Je ne parlais pas le thaïlandais, j'ignorais où je m'en allais au juste et je devais me fier à un chauffeur avec qui je ne pouvais pas communiquer. Mais, finalement, nous sommes arrivés à bon port et j'ai réussi à faire comprendre au chauffeur de revenir me chercher dans trois heures.

La maison était des plus modestes. Je dirais même que c'était plus une hutte qu'une maison. La femme que je devais rencontrer s'avéra être américaine. En entrant, elle me regarda et me dit : « J'attendais votre venue. Il y a longtemps que je vous attends. »

Elle me fit coucher sur un lit et me recouvrit d'une couverture. « C'est un honneur de vous recevoir chez moi », dit-elle.

Je ne comprenais pas ce qu'elle voulait dire et, pendant un moment, je me suis demandé si je ne m'étais pas trompée de jour et si elle se méprenait sur ma personne.

« Je vais vous hypnotiser, annonça-t-elle. L'hypnose vous est-elle familière ?

– Oui, la rassurai-je.

– Dans ce cas, vous savez que vous allez demeurer consciente, mais que nous allons tenter de puiser des informations dans votre subconscient. Nous verrons ensemble ce que nous trouverons.

Je vais prendre des notes durant notre session d'hypnose et vous pourrez les apporter à la fin.

– Ça me semble très bien », dis-je.

Elle se mit à parler doucement, gentiment, et je me suis sentie devenir de plus en plus lourde. Je me sentais comme si je m'enfonçais de plus en plus dans l'étroit lit. Sans m'en rendre compte, je me suis mise à pleurer.

« Qui êtes-vous ? demanda la femme.

– Je m'appelle "Jimmy", répondis-je.

– Quel âge avez-vous ?

– J'ai dix ans.

– Êtes-vous seul ?

– Non, ma sœur est avec moi. Elle est blonde.

– Et vos parents ?

– Ma mère est très malade et mon père est très mesquin et méchant. Je veux fuir loin de la maison. »

Elle me posa quelques autres questions, mais je n'arrivais pas à tout voir clairement. Je crois que j'étais sur une ferme en Irlande, mais je ne pouvais l'affirmer. La femme m'amena vers une autre scène. Je courais à travers un champ de maïs aussi vite que me le permettaient mes jambes de garçon de dix ans. Puis, je me suis vue monter à bord d'un bateau, clandestinement. Il y avait un autre garçon avec moi, lui aussi clandestin.

« En quelle année êtes-vous ? » demanda la femme.

Je remarquai une grosse caisse de thé près de moi. Une date était clairement inscrite sur le côté. « En 1876 », ai-je répondu.

Je n'arrivais pas à croire que tout était aussi net et réel. Je pouvais entendre le vent siffler et les vagues se fendre sur le bateau. Je me sentais lutter contre le mal de mer.

Je me souviens d'avoir fouillé dans la caisse et d'y avoir trouvé une collection de cuillères à thé en argent. J'en pris une et je la glissai dans ma poche. Au même moment, une voix d'homme gronda au-dessus de moi.

« Hé ! toi, le garçon ! »

Je levai les yeux, terrifiée. Un homme d'imposante stature et arborant une impressionnante barbe grise et un grand chapeau me fixait.

« Oui, toi ! Comment es-tu monté à bord de ce bateau ? Et qu'est-ce que tu viens de voler ?

– Euh… rien, dis-je en hésitant.

– Rends-le-moi ou je te jette par-dessus bord.

– Je n'ai rien pris », ai-je menti.

Je ne sais pas pourquoi j'ai menti. J'avais peur de l'homme, mais je voulais donner la cuillère en argent à ma mère en cadeau. C'était tout à fait insensé parce que j'étais en fugue.

L'homme me prit par les cheveux et m'obligea à me redresser. Il fouilla dans ma poche et trouva la cuillère. Il me lança dans la mer. J'ai coulé avant même de pouvoir crier.

« Qu'est-il arrivé alors ? demanda la femme.

– Je me suis noyée, dis-je en pleurant.

– Vous êtes en sécurité, me rassura-t-elle. Continuons. »

J'ai alors pensé que je savais dorénavant pourquoi j'avais peur de l'océan.

Dans une autre vie, je suis morte dans un incendie. J'étais avec Kev qui faisait partie de ma vie aussi à cette époque, mais il portait un autre nom. Je ne pouvais voir clairement où nous étions, mais je savais qu'il s'agissait d'un édifice. J'ai toujours trouvé curieux que lorsque Kev et moi pénétrions pour la première fois dans un édifice, nous identifiions toujours les sorties d'urgence. Je savais pourquoi maintenant.

Dans une autre vie encore, je fus mordue à mort par trois dobermans. J'étais une petite fille et je jouais devant une résidence huppée. Un premier chien s'était avancé vers moi pour me sentir. Plus j'essayais de le repousser, plus il se faisait menaçant. Puis, il m'attaqua. Deux autres dobermans, alertés par mes cris et mes pleurs, s'approchèrent, et c'est tout ce dont je me souvenais.

Ces deux dernières expériences étaient très significatives pour moi. Je les avais relatées – du moins en partie – à mes parents lorsque j'étais une enfant. Je n'avais aucune idée à ce moment-là d'où me venaient ces souvenirs.

La femme m'amena à une autre vie antérieure. Je me suis immédiatement mise à crier de douleur.

«Où êtes-vous?» demanda-t-elle.

J'ai essayé de rassembler les informations. J'étais en 1847, dans une sorte d'hôpital miteux. Avec frayeur, j'ai réalisé que j'allais subir un avortement clandestin.

«Il n'en veut pas! dis-je en gémissant.

– Qui? demanda la femme.

– Le père! Il ne veut pas du bébé et il ne veut pas de moi non plus!

– Qui êtes-vous?

– Amanda.

– Quel âge avez-vous ?

– Vingt-six ans.

– Que se passe-t-il ?

– Je souffre. Mon abdomen me fait souffrir. Je veux avoir ce bébé, mais ma mère ne me l'autorisera pas. »

Quelqu'un procéda à l'avortement, mais une grave infection survint et j'ai réalisé que j'étais en train de mourir.

J'ai ouvert les yeux, et j'étais de retour dans le moment présent, sur le lit de la hutte. Je transpirais abondamment.

« Est-ce que ça va ? me demanda l'Américaine en me regardant.

– Je crois que oui.

– À quoi pensez-vous ?

– Je pense à mon petit garçon, Charlie. J'avais 26 ans lorsque je l'ai eu.

– Voilà, dit-elle. Vous avez eu une autre vie, une autre chance. »

Elle m'aida à m'asseoir.

« Ça peut sembler bizarre, dis-je, mais j'ai eu plusieurs problèmes de santé sur le plan du système reproducteur. Je me demande si ça peut être relié à l'avortement…

– Tout arrive pour une raison précise, dit-elle. Parfois, quelque chose survient dans notre existence parce que nous l'avons emporté d'une vie passée.

– Est-ce que tout ce que nous traînons d'une autre vie est négatif ?

– Non, corrigea-t-elle en souriant. Prenez Mozart. On dit qu'il pratiquait ses gammes bien avant de venir au monde. »

Je suis rentrée de Thaïlande, convaincue d'avoir vécu auparavant et certaine que je vivrais encore après cette vie. J'ai compris que chaque jour passé sur terre nous fournit l'occasion de devenir une meilleure personne. Je me suis juré de ne jamais l'oublier.

Chapitre 10

L'Amérique

❧❧❧

Au cœur de l'année 2005, je travaillais plus que jamais. Je donnais quatre séances par jour, cinq jours par semaine. Les gens devaient prendre rendez-vous plusieurs mois à l'avance. Je n'arrivais pas à tout gérer, mais j'étais incapable de décevoir les gens. Kev prit donc en charge tous les aspects de ma carrière. Je ne répondais même plus aux appels, car les gens s'attendaient souvent à ce que je leur dise des choses au téléphone.

« Je me sens comme un contrôleur aérien, fit remarquer Kev. Tu as quatre séances aujourd'hui et demain, tu te rends à Stratford-upon-Avon pour des séances avec un groupe de cinq personnes. »

J'avais commencé à donner des séances à des réceptions privées. Un vendredi, à la fin de juin, je me rendais à l'une de ces réceptions. Je ne me sentais pas très bien, mais celle qui recevait le groupe chez elle était une bonne cliente et je ne voulais pas la décevoir. Je fis la première séance avec elle et son défunt mari m'apparut.

« Tu ne vas pas très bien », dit-il.

Je répétai à ma cliente ce que l'esprit de son mari avait dit.

« Tu ne vas pas très bien.

– Mais qu'est-ce qu'il veut dire ? Je me porte très bien, insista-t-elle.

– Pas elle, reprit l'esprit. C'est toi qui ne vas pas bien.

– Moi ? dis-je, intriguée.

– Oui. Tu dois retourner à la maison et prendre soin de toi. »

Soudainement, je me sentis fiévreuse et lourde, comme si j'étais sur le point de vomir. Je me suis rendue à la salle de bain. Je me suis sentie si étourdie que j'ai dû m'accroupir sur la céramique froide du plancher. Puis, j'ai entendu la voix de ma cliente de l'autre côté de la porte.

« Lisa ? Lisa, est-ce que ça va ? »

Ma tête me faisait mal. J'ai réalisé que j'avais perdu connaissance et que je m'étais cogné la tête sur le radiateur. Je me suis levée de peine et de misère et j'ai ouvert la porte.

« Lisa ! s'écria ma cliente. Vous avez l'air malade. Est-ce que vous allez bien ?

– Ça va aller. Je vais appeler mon mari pour qu'il vienne me chercher. »

Mais, ma cliente s'occupa plutôt de moi. Elle m'étendit sur son lit et téléphona elle-même à Kev. Je me sentais vraiment mal – de nouveau, mon abdomen me faisait souffrir – et je sentais que je pouvais m'évanouir d'un instant à l'autre. Lorsque j'entendis la voix de Kev au bout du fil, je lui ai dit que j'étais malade et je lui ai demandé de venir me chercher.

« Non, rectifia-t-il. Dis à ta cliente d'appeler une ambulance et rends-toi directement à l'hôpital. »

Kev me retrouva à l'hôpital. Je me sentais de plus en plus mal. En attendant d'être examinée par un docteur, je pris les mains de Kev et je les plaçai sur mon ventre. Je pus littéralement sentir la douleur se dissiper. L'énergie de guérison passait de mes mains à mon ventre par l'entremise des mains de Kev. Au bout d'un moment, je me suis endormie.

À mon réveil, j'ai regardé autour de moi et j'ai vu Kev qui sommeillait dans un fauteuil.

« Kev ? Kev ? »

Il ouvrit les yeux en regardant tout autour comme pour remettre ses esprits en ordre.

« Est-ce que ça va ? lui demandai-je.

– Je suis épuisé, dit-il. Je ne me suis jamais senti aussi vide d'énergie.

– C'est le processus de guérison. Je me suis servie de ton énergie pour m'aider. On peut vraiment se faire drainer son énergie lorsqu'on ne sait pas comment s'y prendre. Je te remercie. »

Le docteur entra pour nous communiquer de mauvaises nouvelles. Je devrais subir une hystérectomie. J'ai regardé Kev en refoulant mes larmes. Nous n'étions pas mariés depuis longtemps et j'espérais tellement avoir un enfant de lui. J'ai toujours su que les chances étaient minces, mais on s'accroche à l'espoir, aussi minime soit-il. Le docteur nous laissa.

« Je suis désolée, dis-je à Kev.

– Tu es désolée de quoi ? demanda Kev. Il n'y a qu'une chose qui compte, c'est que tu ailles bien. »

La chirurgie fut fixée le 17 novembre 2005, presque cinq mois plus tard.

Je retournai à la maison avec des mégadoses d'antibiotiques et j'ai repris le travail. Au bout d'une semaine, je me sentais mieux.

Kev devait voir à des travaux à l'appartement de la rue Watermarque. Comme je me sentais mieux, il décida de procéder. Les ouvriers arriveraient tôt le matin, alors Kev planifia de passer la nuit là-bas. De mon côté, j'en profitai pour inviter mon amie Kristen à venir prendre un verre de vin à la maison. Kev partit peu après l'arrivée de Kristen.

Vers vingt heures, je laissai Kristen seule au salon pour aller coucher Charlie. À peine étais-je revenue retrouver Kristen que Charlie apparut au bout de l'escalier.

« Maman, est-ce que je peux dormir dans ton lit cette nuit ? »

Il savait que Kev ne serait pas à la maison cette nuit-là et il voulait être près de moi. Comme je me laisse facilement attendrir, j'ai accepté.

« Bien sûr, mon chéri. »

Je suis remontée pour l'installer bien à l'aise dans mon lit et je suis redescendue au salon.

J'ai offert une séance à Kristen.

« J'adorerais cela. Il y a longtemps que je n'ai pas eu une séance de toi. »

Elle avait raison. Elle avait été jadis une cliente régulière, mais nous étions devenues de bonnes amies, et j'évite de faire des séances aux amis. Je connais leur vie et je me soucie de ce que je pourrais voir.

Nous nous sommes installées autour de la table, j'ai pris mes cartes et nous avons commencé. Nous avons discuté de différents aspects de sa vie, mais ce n'était pas une séance habituelle, probablement parce que j'étais prudente. J'ai remisé mes cartes et

Kristen se préparait à partir lorsque j'ai entendu un cri qu'aucune mère ne souhaite entendre. C'était Charlie. J'ai couru jusqu'à l'étage, et j'ai foncé dans ma chambre. Charlie était assis sur le lit, les yeux grands ouverts et fixant quelque chose sous le cadre de la fenêtre. J'ai regardé de ce côté et j'ai aperçu l'ombre la plus sombre que je n'avais vue de ma vie, une ombre si opaque que l'on aurait dit un morceau de tissu noir.

J'ai attrapé Charlie. Pendant un instant, je suis restée figée. Je ne pouvais pas détourner le regard de l'ombre. On aurait dit celle d'un homme portant un chapeau pointu. Je distinguai un long doigt noueux, recourbé comme une faux. En me tournant vers la porte, l'ombre disparut. Charlie tremblait dans mes bras et pleurait. J'ai « allumé » la lumière.

« Regarde, Charlie. C'est fini. Il n'y a plus rien. »

Il se cacha le visage dans mon cou, gémissant et ne voulant pas regarder. Je le descendis avec moi au salon. Kristen nous attendait, debout, muette et blanche de peur.

« Qu'est-il arrivé ? lui demandai-je. As-tu vu quelque chose ? »

Il lui fallut un moment pour replacer ses idées. « Cette chose… je ne sais pas ce que c'était… juste après que tu es montée à l'étage, cette espèce de chose noire ondulante emprunta l'escalier jusqu'en bas et tournoya, puis s'élança dans la cuisine avant de disparaître. »

J'étais complètement abasourdie. Toujours en tenant Charlie dans mes bras, j'ai pris mes cristaux de protection – un cristal clair et une améthyste – et avec Kristen collée à moi, nous avons allumé toutes les lumières de la maison. J'ai demandé aux esprits de protéger la maison et les personnes qui s'y trouvaient. Charlie finit par se calmer. Puis, soudain, l'ombre réapparut. Elle passa près de nous en ondulant comme une étoffe au vent et disparut vers l'arrière de la maison. J'ai attrapé mon sac à main et mes clés.

« Tu sais quoi ? Nous sortons d'ici. »

J'ai conduit Kristen à l'extérieur et j'ai attendu qu'elle s'éloigne. Puis, j'ai installé Charlie dans son siège d'auto. Je portais des pantoufles et un ensemble d'intérieur défraîchi, tandis que Charlie était en pyjama trop court pour lui.

J'ai essayé de joindre Kev, mais il était tard et il ferme toujours son cellulaire la nuit.

«Où allons-nous, maman? demanda Charlie.

– Nous partons à l'aventure.

– Qu'est-ce que c'était, maman, cette chose dans la maison?

– Rien pour s'inquiéter, mon chéri, juste une ombre.»

J'ai d'abord pensé me rendre dans un hôtel, mais j'ai finalement opté pour aller rejoindre Kev et le réveiller. En arrivant devant le grillage, j'ai sonné frénétiquement. Au moment où j'allais abandonner, un autre résident de l'immeuble revenait chez lui et nous déverrouilla la porte grillagée. Je suis allée immédiatement à la porte de l'appartement de Kev et j'ai cogné... ou plutôt frappé! Au bout d'un moment, j'entendis Kev se remuer à l'intérieur. Il ouvrit la porte, encore tout endormi et étonné de nous voir.

«Qu'est-ce qui se passe? Que faites-vous ici?»

Nous sommes entrés et j'ai raconté à Kev ce que j'avais vécu. Nous avons passé la nuit à l'appartement... avec toutes les lumières allumées.

Au matin, les ouvriers se présentèrent comme prévu. Comme j'avais une consultation à donner dans la matinée, je dis à Kev que je devais retourner à la maison. J'étais sûre que tout irait bien, mais je ne pris aucun risque et je déposai Charlie chez ma mère.

À la maison, les lumières étaient demeurées allumées et tout semblait normal. Mais, en avançant dans le salon, je constatai que mes cartes de tarot avaient été éparpillées sur le plancher. Je me souvenais très bien de les avoir rassemblées en une pile pour les ranger, ce que je fais toujours après une séance, car je porte un grand respect à mes cartes.

Kev me rejoignit peu de temps après. Nous sommes montés à la chambre. J'ai fermé les yeux et j'ai demandé la protection des esprits et leur aide pour me débarrasser de cette présence démoniaque.

J'entendis une voix masculine.

« Je ne parlerai pas tant qu'il sera dans la pièce. »

Je rapportai à Kev les paroles de l'esprit.

« Est-ce que c'est l'ombre de la nuit dernière ? demanda Kev en scrutant la chambre.

– Il semble que oui », dis-je.

Kev sortit et s'assit dans l'escalier en écoutant la suite.

« Qui êtes-vous et pourquoi êtes-vous ici ? demandai-je à l'esprit.

– Je m'appelle Jimmy. J'essaie de capter votre attention.

– Vous l'avez. Il n'était pas nécessaire de passer par Charlie pour venir à moi.

– Mais c'est la façon dont je m'y suis pris.

– Eh bien, je n'aime pas cette façon de faire. Que voulez-vous de moi ?

– Je pense que vous pouvez m'aider, dit l'esprit.

– En quoi ? Et pourquoi moi ? »

Au lieu de répondre, il apparut de nouveau, suspendu au plafond. Il était encore plus « substantiel » que la dernière fois. Pour une raison quelconque, je n'étais pas effrayée malgré son apparence sombre et lugubre. Nous discutions et les barrières tombaient.

« Pourquoi êtes-vous suspendu au plafond ? Vous ressemblez à Dracula !

– C'est ainsi qu'ils avaient l'habitude de m'appeler, dit l'esprit.

– Qui ?

– Tout le monde.

– Que vous est-il arrivé ?

– Je me suis enlevé la vie en prison.

– Pourquoi étiez-vous en prison ?

– Agression sexuelle… J'ai agressé deux fillettes. »

Il me raconta son crime en mentionnant les noms des fillettes et en avouant la honte horrible qu'il ressentait depuis ce jour. Il dit qu'il avait peur de traverser dans le monde des esprits à cause de ce qu'il avait fait.

« Mes parents sont tous les deux dans le monde des esprits, dit-il. Et je ne crois pas qu'ils vont m'accepter. »

Lorsqu'il se tut, j'ai demandé aux esprits de l'aider à traverser dans le monde des esprits et je l'ai encouragé à aller de l'avant. Au bout d'un moment, je ne l'entendis plus. La maison était devenue très calme et silencieuse. Il était parti.

Je suis allée chercher Charlie chez ma mère. En route vers la maison, Charlie m'interrogea au sujet de l'ombre. Je lui ai dit qu'elle était partie et qu'elle ne reviendrait plus jamais. Et je savais que c'était vrai.

Le dimanche suivant, même si je ne fais jamais de séance le dimanche, je reçus mon amie Margaret qui avait besoin d'aide. Margaret était l'une des femmes qui avaient assisté à mon atelier quelques années auparavant. Je lui ai parlé de mon expérience avec

Dracula. Elle m'a écoutée, les yeux grands ouverts, et elle a quitté la maison, stupéfaite. Une heure plus tard, elle me rappela.

« Lisa, je dois te confier quelque chose. Lorsque tu as mentionné le nom "Dracula", ça m'a donné un choc. J'ai un cousin que l'on surnommait "Dracula" à cause de son apparence étrange. C'était un homme troublé, perturbé. La famille a perdu tout lien avec lui, mais je sais qu'il était en prison pour agression sexuelle sur deux fillettes. »

En comparant les noms des fillettes – Dracula me les avait mentionnés la veille –, je fus abasourdie de constater qu'ils coïncidaient. Sans le savoir, Margaret avait attiré Dracula chez moi.

Je crois que j'ai aidé Dracula à traverser dans le monde des esprits, car je ne l'ai plus jamais revu ni entendu. Cependant, cet épisode m'a convaincue définitivement de ne plus faire de séances chez moi. Le mois suivant, Kev et moi avons trouvé un charmant petit bureau à Studley, dans le Warwickshire, à environ trois kilomètres de la maison. À partir de ce jour, j'y ai rencontré la majorité de mes clients.

Peu après, Kev commença à me parler de l'idée de déménager dans une plus grande maison. Quelques semaines plus tard, nous avons entrepris des démarches auprès d'agents, mais le cœur n'y était pas tout à fait. Nous nous demandions tous les deux si nous allions être appelés à vivre en Amérique.

C'est à cette même époque que j'ai vécu une autre expérience terrifiante, presque aussi terrifiante que ma rencontre avec Dracula, quoique différente. Un ami de Kev m'avait demandé de me rendre à une soirée pour y faire une série de séances. C'était un jeudi soir. Vers vingt et une heures, j'avais déjà complété cinq séances et j'étais épuisée. Je voulais retourner à la maison, mais une femme insista pour avoir une dernière séance. J'avais remarqué cette femme plus tôt dans la soirée parce qu'elle semblait profondément malheureuse. Les autres invités semblaient tout faire pour ne pas qu'elle reste isolée, mais elle avait tout de même démontré des signes d'agressivité.

Malgré ma fatigue, j'acceptai de faire une séance pour elle. Dès le début, je compris qu'elle avait tenté de s'enlever la vie trois semaines auparavant. Soudainement, je me suis sentie extrêmement fatiguée et déprimée, mais comme je ne voulais pas interrompre la séance, j'ai poursuivi jusqu'à la fin.

En retournant à la maison, j'avais toutes les misères du monde à garder les yeux ouverts, et pour une raison inexplicable, je sentais que j'aurais pu éclater en sanglots à tout moment.

À la maison, Kev lisait dans le salon tandis que Charlie était déjà au lit. J'ai fait part à Kev de ma fatigue, je l'ai embrassé en lui souhaitant bonne nuit et je suis montée me coucher. J'ai l'impression de ne pas avoir bougé une seule fois de toute la nuit.

Au matin, je me sentais dans un piteux état. Nous étions vendredi et c'était donc mon tour de préparer Charlie pour l'école – Kev et moi alternions. Cela dit, je n'arrivais pas à me sortir du lit. J'ai vraiment essayé, mais mes membres étaient si lourds que j'arrivais à peine à les bouger.

«Kev, je ne me sens pas très bien. Peux-tu reconduire Charlie à l'école pour moi, s'il te plaît?

– Si tu l'habilles et lui fais son petit-déjeuner, j'irai le reconduire», répondit Kev.

Ce n'était pas tout à fait ce que je voulais entendre et je me mis très en colère – et sachez que je suis très rarement en colère.

«Est-ce trop te demander?» lui criai-je.

Kev se tourna vers moi et me regarda. Je me mis à pleurer. «Ne sois pas stupide», dit-il en pensant sûrement que mon agressivité était reliée à un déséquilibre hormonal.

Je réussis à sortir du lit, à habiller Charlie et à aller le reconduire moi-même après lui avoir préparé son petit-déjeuner. Je parvins à contenir ma mauvaise humeur, mais au retour de l'école, je me sentais hors de moi. Kev était à la cuisine, calme comme il se doit. Ma fureur jaillit de mes entrailles.

« Je n'arrive pas à croire que tu ne pouvais pas me rendre ce petit service, lui criai-je. Sale égoïste ! » rajoutai-je.

Je l'ai alors insulté de tous les pires qualificatifs, puis je suis montée à ma chambre et j'ai hurlé à m'en fendre les poumons. J'agissais comme une enfant de trois ans à qui l'on venait de dire non. J'avais les dents et les poings serrés. Et je n'arrivais pas à comprendre pourquoi.

Au bout de quelques minutes, ayant réussi à me contrôler un tant soit peu, j'ai pris mon carnet de rendez-vous et j'ai téléphoné à mes clients qui avaient rendez-vous ce jour-là. En terminant le dernier appel, j'ai lancé mon téléphone contre le mur. Je me suis mise de nouveau à crier.

« Je déteste ce que je fais ! Je déteste mon travail ! Je déteste ma vie ! Tous ces morts vont me rendre folle ! »

Et, honnêtement, je me sentais devenir folle. Je suis retournée tempêter à la cuisine où Kev me préparait quelque chose à boire.

« Je ne sais pas ce qui ne va pas avec toi, dit-il.

– Moi non plus ! » répliquai-je sèchement.

Soudainement, je me suis couchée en position fœtale sur le plancher de la cuisine, gémissant comme un animal blessé. Kev n'avait aucune idée comment m'aider. Il devait penser que j'étais devenue complètement cinglée. Mais, lentement, avec patience, il parvint à me calmer. Lorsque je fus revenue à un état plus normal, il proposa d'aller faire une promenade.

J'enfilai mon manteau et j'attrapai mon chapeau que je me suis calé littéralement sur la tête. Kev nous conduisit jusqu'au lac le plus près. Nous avons marché autour du lac et je me suis mise à pleurer encore une fois. Je ne savais pas pourquoi je pleurais et j'ignorais comment contrôler mes émotions.

« Veux-tu bien me dire ce qui ne va pas ? demanda Kev.

– J'ignore ce qui ne va pas.

– Mais tu dois bien en avoir une petite idée, tout de même ?

– Non ! Non ! Non !

– Tu veux qu'on aille *luncher* dans un bel endroit ?

– Non, je ne veux pas être parmi les gens.

– Que veux-tu alors ? »

Je fis une pause, puis je répondis à Kev : « Je sais ! Je sais ce que je dois faire ! »

Je connaissais une petite boutique de cristaux et de divers produits ésotériques dans le coin. Je me sentis poussée à m'y rendre. Kev m'y conduisit. Ce n'était qu'à quinze minutes du lac en auto, mais plus les minutes s'égrenaient, mieux je me sentais. Je sentais que je trouverais la solution à mon problème dans cette boutique. Dès que j'y entrai, la fille derrière le comptoir me regarda.

« C'est une bonne chose que vous ayez mis votre chapeau aujourd'hui, car vous êtes victime d'une attaque psychique, dit-elle.

– Quoi ?

– Vous êtes-vous sentie bizarre aujourd'hui ?

– *Bizarre* ? Le mot est faible.

– Je peux clairement voir que vous êtes victime d'une attaque psychique», répéta-t-elle.

Elle m'expliqua qu'une attaque psychique est une agression sur l'aura d'une personne. Souvent, cette agression n'est pas délibérée. «Parfois, nous croisons la route de la mauvaise personne et nous nous sentons attaqués de toutes parts, précisa-t-elle.

– C'est exactement ça!» ajoutai-je.

J'ai repensé à la femme de la soirée précédente, celle qui avait fait une tentative de suicide. Je me suis demandé si elle n'avait pas quelque chose à voir avec mon état, même si c'était sans doute involontaire.

La fille de la boutique disparut entre les étagères et revint avec un livre qu'elle me tendit. Le livre était écrit par David Ashworth et portait le titre *Dancing with the Devil*.

«Tenez, dit la jeune fille. Lisez ceci. Je crois que ça peut vous aider.»

De retour à la maison, après avoir fouillé dans le livre, je savais exactement ce que je devais faire. J'ai placé des pierres tout autour de la maison – améthystes, tourmalines et quartz clairs. Puis, j'ai brûlé de la sauge en me promenant dans toutes les pièces de la maison et j'ai déposé de la sauge fraîche dans chacun des recoins de la maison. Puis, j'ai pris un bain d'eau salée et de bicarbonate de sodium. J'avais lu que ça pouvait purifier mon aura. Tout cela sembla avoir eu l'effet escompté.

«C'est hallucinant! dit Kev.

– Tu sais ce qui est encore plus étrange? Avant de quitter la maison, lorsque je me suis calé le chapeau sur la tête, j'ai agi par pur instinct. J'ai ainsi bloqué l'accès à des visiteurs indésirables, comme si j'avais mis une pancarte *Ne pas déranger* adressée aux esprits.

– Je n'ai aucune idée de ce que tu m'expliques», dit Kev.

Même si je pouvais généralement utiliser ou non mon don à volonté, me couvrir la tête sembla être une protection supplémentaire.

Quelques semaines après ce houleux épisode, Charlie, Kev et moi étions en visite pour une fin de semaine chez nos amis, Chris et Linzi, à Leeds. Tard le samedi soir, j'ai emprunté leur ordinateur pour prendre mes courriels. L'un d'eux venait d'un dénommé Ray Brune que je ne connaissais pas. L'objet du courriel portait la mention *Merv Griffin*. J'appris que Ray et son partenaire, Andrew Yani, étaient des producteurs ayant remporté des Emmys et qu'ils venaient tout juste de commencer à travailler avec Merv. Ils avaient visionné l'émission pilote et, des cinq panélistes, Ray mentionnait qu'il n'y avait que moi avec qui ils voulaient travailler. Ils me demandaient si j'étais intéressée.

J'ai failli m'étouffer. J'avais plutôt mis en veilleuse le projet de retourner en Amérique, mais j'étais heureuse et surprise de constater que l'Amérique ne m'avait pas oubliée. J'ai renvoyé une brève réponse : *Oui, je suis intéressée. Je suis à l'extérieur actuellement, mais je serai de retour dimanche soir. Rappelez-moi lundi.*

Et j'ai ajouté mon numéro de téléphone.

Le lundi, Ray me téléphona et alla droit au but.

«Merv vous adore et nous aussi. Nous aimons l'énergie que vous dégagez et nous aimerions enregistrer une nouvelle émission pilote avec vous. Nous pensons à une émission du genre "Un jour dans la vie de Lisa Williams".

– C'est très intéressant.

– Merveilleux, conclut-il. Laissez-moi reparler à Merv et à mon partenaire et nous vous rappelons.»

Nous ne nous sommes pas trop emballés, Kev et moi, car l'expérience nous avait appris qu'il pouvait s'écouler une autre année avant de recevoir d'autres nouvelles de l'Amérique. Nous nous trompions.

Bientôt, je reçus par courriel des scénarios de l'émission et nous avons commencé à discuter de la meilleure façon de me filmer en action.

Six semaines plus tard, Kev et moi avons confié Charlie à ma mère et nous nous sommes envolés pour New York. Ray et Andrew nous avaient réservé une chambre dans un hôtel près de Times Square. Dès notre arrivée, ils vinrent nous cueillir pour dîner. Je portais mon chapeau *Ne pas déranger*. J'ai raconté l'histoire derrière ce chapeau. Ray était vraiment intéressé, mais je voyais qu'Andrew n'en croyait rien. Il était un sceptique pur et dur.

Kev se tourna vers lui et lui dit : « Attends. Elle t'aura fait changer d'avis avant la fin de la semaine. »

Nous avons passé une agréable soirée, discutant et rigolant – entre autres sur le fait que nous avions emporté la température de Londres, car il pleuvait des cordes à New York ce soir-là. Nous avons appris à mieux nous connaître les uns les autres.

Le lendemain matin, à dix heures, Ray et une équipe de tournage vinrent nous rejoindre et nous avons déambulé à Times Square. Ils proposèrent de choisir des gens au hasard afin que je leur parle de ce que je voyais les concernant. L'équipe verrait ainsi comment les choses pourraient se développer. Il pleuvait toujours autant que la veille, mais apparemment, le mauvais temps ne décourageait pas les gens d'y venir.

Le premier homme que j'ai abordé était un touriste australien. Je me suis avancée vers lui en lui disant que le nom "Christopher" me venait en têtc.

« Mon grand-père s'appelait Christopher, dit-il. »

– Et qui est Mary ? Votre grand-mère, non ?

– Ouais ! fit-il, étonné. Comment avez-vous fait pour le savoir ?

– Ils me disent que vous jouiez du piano et chantiez jadis, mais très mal.

– Comment est-ce possible que vous sachiez cela ?

– C'est mon travail », lui dis-je.

Après l'entretien, Andrew secouait la tête, ayant peine à y croire. « Bonté divine ! répétait-il. Bonté divine ! »

Ray était emballé et Kev se disait simplement : *C'est ma femme !*

J'ai parlé à une jeune femme qui avait perdu une amie d'enfance dans un accident et à un père qui s'était brouillé avec son fils. Puis, on m'emmena à un Toys "R" Us – le plus grand magasin de jouets que j'avais vu jusque-là. J'y ai croisé une femme près d'un manège – une grande roue en fait. Lorsque je lui ai dit qui j'étais et pourquoi j'étais suivie d'une caméra, elle était ravie. Elle venait d'une autre ville américaine. Elle s'était promis de consulter une médium durant son séjour à New York.

« Et soudainement, vous voilà, comme sortie de nulle part, dit-elle. Quelle merveilleuse coïncidence !

– Il n'y a aucune coïncidence ! » précisai-je.

Le jour suivant, Ray et Andrew sont venus nous chercher dans une camionnette et nous nous sommes dirigés vers la partie sud de Manhattan. Je n'avais aucune idée de notre destination, et même si je leur demandais, Ray et Andrew répétaient simplement qu'ils voulaient voir ce que j'y capterais. Un peu après notre départ, j'ai eu le sentiment que nous approchions de notre destination et je leur ai mentionné. Ray a jeté un coup d'œil à Andrew, puis il m'a regardée : « Vous avez raison, dit-il. Nous sommes très près. »

L'équipe de tournage commença à me filmer.

« Il y a une jeune fille avec moi, dis-je. Elle répète le prénom "Peter". Elle dit que ce sera très difficile pour moi, mais qu'elle va m'aider. »

Puis, j'ai ressenti cet immense besoin de pleurer, mais je me suis contenue. J'ai continué de dévoiler ce que je percevais, mais je me sentais de plus en plus troublée. Et je me suis mise à sangloter. Je ne pouvais pas m'en empêcher. Même si j'avais ces étrangers devant moi et cette caméra braquée sur moi, je ne pouvais pas m'empêcher de pleurer. J'ai regardé vers la caméra et j'ai mis ma main devant l'objectif.

« Je n'en peux plus. Je ne peux faire cela. Arrêtez, je vous en prie. »

J'ai regardé autour et j'ai compris que nous étions de l'autre côté de la rue de Ground Zero. L'équipe sortit du véhicule, me laissant seule pour me permettre de me remettre de mes émotions. Lorsque je m'en suis sentie capable, je suis descendue à mon tour et, accompagnée de Kev qui me soutenait, je me suis approchée du site. C'était immense, beaucoup plus que je l'avais imaginé.

Soudainement, la petite fille réapparut.

« Venez, me dit-elle. Je vais vous montrer où se trouve Peter. »

Je l'ai suivie jusqu'à une plaque commémorative sur laquelle étaient inscrits les noms des personnes ayant perdu la vie dans l'attentat du 11 septembre 2001. Je lus le nom de « Peter Adamson ». Je me suis retournée vers la petite fille, mais elle avait disparu. C'est alors que j'entendis clairement une voix d'homme dans ma tête.

« Ma femme était enceinte lorsque je suis mort. Nous avons une petite fille maintenant. Elle aura quatre ans bientôt. Elle est très jolie. J'aurais aimé être là pour elle. »

J'ai tout répété à la caméra, et j'ai parlé aussi de ce que je captais.

La journée avait été émotive et difficile, mais l'équipe avait prévu enquêter sur des fantômes à Grand Central Station avant de terminer.

Le lendemain, nous avons retrouvé Ray et Andrew dans le hall de l'hôtel. De nouveau, la camionnette n'attendait que nous. En montant dans le véhicule, ils nous informèrent que nous allions nous rendre à une maison dite hantée à l'extérieur de la ville. Nous nous sommes dirigés vers Long Island, sous la pluie, et nous avons abouti à une immense propriété délabrée qui – je l'appris plus tard – était à vendre pour plusieurs millions de dollars.

En sortant du véhicule, j'aperçus une femme qui nous attendait sur le palier de la porte grande ouverte. Toujours sous la pluie, nous nous sommes dépêchés de nous abriter sous le toit de la véranda. La femme s'appelait Monica et elle était une historienne de la région. Elle connaissait toute l'histoire de cette maison. Elle était très ouverte au domaine des esprits et elle était d'accord pour nous aider dans notre *chasse aux fantômes*. Les propriétaires de la maison étaient assis au pied de l'escalier. J'appris plus tard que nous venions tourner un segment d'une émission portant sur les antiquités.

Dès que nous sommes entrés dans la maison, j'ai ressenti que le lieu était envahi par des esprits. Je pus entendre pleurer une fillette par là, je vis un vieil homme boiter devant le foyer et je perçus les cris déchirants d'une femme venant d'une chambre à l'étage.

J'étais attirée vers une chambre délabrée, dans l'aile ouest. La pièce était vide, mais je savais qu'elle était jadis la chambre principale. Monica et l'équipe de tournage me suivaient. Je vis un lit antique à baldaquin recouvert de dorure dans un coin de la chambre vide. Je m'en suis approchée et j'ai mis mes mains dessus.

« Je sens qu'il a appartenu à la monarchie. Je vois la lettre *M*, mais je ne suis pas certaine de ce que cela signifie. C'est sûrement relié à la France. Il appartenait au propriétaire légitime de cette maison. Cet homme boitait et souffrait aussi d'un problème à l'oreille gauche.»

Monica n'en revenait pas. «Oh, mon Dieu! C'était impossible que vous sachiez cela. Vous me glacez le sang! J'ai besoin de Valium!»

J'appris par la suite que le lit à baldaquin avait déjà appartenu à Napoléon Bonaparte. Il avait été acheté en France et expédié en Amérique par le propriétaire d'origine de la maison, F. W. Woolworth, le magnat des grands magasins. Monica nous raconta que F. W. Woolworth croyait être la réincarnation de Napoléon. Quant à la lettre *M*, Monica croyait qu'elle faisait référence au château de Malmaison où Napoléon et Joséphine vécurent un temps.

Nous sommes retournés à Manhattan et les jours suivants, je fis des séances pour des gens choisis au hasard par l'équipe de tournage. Durant l'une de ces séances avec un individu, un jeune homme vêtu pour faire de la moto apparut. Je décrivis le jeune homme au client pour qui je faisais la séance, mais ce dernier ne put faire aucun lien. C'est alors qu'Andrew – le sceptique qui l'était beaucoup moins depuis l'épisode de la maison hantée de Woolworth – me regarda et dit: «En fait, je crois que ce message me concerne.»

Je me suis concentrée sur Andrew. «Le jeune me dit qu'il est mort dans un accident de motocyclette; l'accélérateur était encore à fond. Il dit qu'il est désolé et qu'il aurait dû écouter les avertissements. Il veut simplement vous dire adieu.»

Andrew pâlit. Il n'en avait glissé mot à personne, mais il avait reçu un appel la veille l'informant que l'un de ses amis était mort dans un accident de moto à Los Angeles. C'est un ami commun qui l'en avait informé. Ce dernier avait roulé avec la même moto dans la matinée et il avait dit à l'homme, qui allait finalement mourir, de ne pas l'utiliser avant qu'elle soit inspectée, car il semblait y avoir un problème. Malheureusement, il n'avait pas écouté et il était mort dans l'après-midi. Secoué, Andrew quitta la pièce.

En tout et partout, le voyage à New York fut un réel succès. Ray et Andrew allaient nous faire parvenir dès que possible une copie de la bande de présentation et nous nous sommes dit au revoir.

Kev et moi sommes retournés à la maison. Le 17 novembre, je subis mon hystérectomie. Par la suite, les bouffées de chaleur et la ménopause s'installèrent dans ma vie, mais je pouvais vivre avec ces inconvénients. Cependant, j'avais plus de difficulté à entendre mon fils me demander si j'allais mourir chaque fois que je me retrouvais à l'hôpital. J'avais beau le rassurer, lui dire que tout allait s'arranger, la mort le préoccupait.

Ironiquement, c'est à cette période que je reçus un appel d'une jeune femme qui luttait pour sa vie. Elle s'appelait Mel et elle avait 24 ans. On venait de lui diagnostiquer un cancer des ovaires. Mon cœur s'attendrit en l'écoutant, car c'est à cet âge que je reçus un diagnostic de cancer.

Mel souffrait d'un cancer au stade 4 et les docteurs évaluaient ses chances de survie à 30 % seulement. Je savais ce qu'elle traversait et je voulais l'aider. J'en ai parlé à Kev, car je savais que ce serait intense et que ça modifierait quelque peu notre vie familiale. Comme toujours, il m'appuyait. Je me souviens qu'il m'ait alors dit que j'étais venue sur terre pour aider et que je devais faire tout ce que je pouvais pour y arriver.

J'ai convenu avec Mel de la voir tous les deux jours. Je lui expliquai que les sessions de guérison que je lui donnerais devaient accompagner les traitements habituels de la médecine.

Deux jours plus tard, elle arriva chez moi. Elle était toute menue, avec de longs cheveux blonds et un joli visage souriant. Je lui ai d'abord demandé ce que les docteurs avaient dit. Elle m'a tout raconté, de la chimio qu'elle devait recevoir aux opérations qu'elle devrait affronter. Pas une fois elle ne perdit son magnifique sourire.

«Lisa, je vais m'en sortir. Je ne vais pas laisser le cancer remporter la victoire», assura-t-elle.

Son positivisme était incroyable. Ça l'aiderait sûrement à survivre.

Pour les six semaines suivantes, j'ai dû réaménager mon horaire pour voir Mel tous les deux jours. Je plaçais des cristaux sur les points d'énergie majeurs de son corps – les chakras – et je plaçais mes mains aux endroits qui la faisaient le plus souffrir. Elle commença la chimio et des traitements de radiothérapie tout en recevant mes traitements de guérison.

C'est durant cette période que je reçus un courriel en provenance de Los Angeles avec un fichier annexé : la présentation vidéo ! Kev et moi nous sommes installés devant l'ordinateur et avons visionné la vidéo. J'étais éblouie ! Je ne pouvais croire que c'était moi dans l'écran. «On dirait un imposteur, dis-je à Kev. Je ne connais pas cette femme !»

Nous avons rigolé. Après l'avoir visionnée deux fois, j'ai téléphoné à Ray et Andrew.

«Est-ce que ça vous plaît ? demanda Ray.

– Si ça me plaît ? Mais j'en raffole !

– Bien. Nous devons vendre le concept à des réseaux, dit-il. Ce serait bien que vous nous accompagniez. Pourriez-vous venir quelques jours à Los Angeles ?

– Oh ! je crois que oui », répondis-je. Je semblais calme, mais à l'intérieur, j'explosais de joie.

En attendant, je continuais de voir Mel pour ses traitements. Elle avait traversé un intensif traitement de chimio. Malgré tout, les docteurs doutaient d'une amélioration de l'état de Mel. Cela dit, l'éternelle optimiste, Mel, continuait de lutter pour sa vie. Elle dut se rendre à l'hôpital pour recevoir un traitement de radiation durant 24 heures. Dès qu'elle eut terminé, Mel m'appela. Elle était si excitée que je pouvais difficilement saisir ses paroles.

« Vous ne le croirez jamais ! Lorsque je me suis éveillée après l'opération, les docteurs m'ont dit que le cancer avait régressé de 80 %. »

Je n'en croyais pas mes oreilles. « L'un des docteurs m'a dit qu'il n'avait jamais vu une amélioration aussi remarquable. Il ne croyait pas au traitement de guérison que vous me donniez, mais il avoua que ça avait forcément fonctionné. Lisa ! Vous m'avez guérie ! »

Elle se mit à pleurer pour la première fois depuis que je la connaissais. J'étais très heureuse pour elle et je me sentais soulagée de pouvoir partir pour Los Angeles l'esprit dégagé.

Deux semaines plus tard, je pris l'avion pour Los Angeles. Charlie resta en Angleterre avec Kev et je leur promis de leur téléphoner tous les jours.

Le lendemain de mon arrivée, je suis partie avec Ray, Andrew et Mark Itkin de William Morris Agency pour rencontrer les responsables d'un premier réseau. Nous devions en rencontrer toute la semaine. Toutes les rencontres me semblèrent positives. Les dirigeants des réseaux avaient visionné la présentation vidéo en silence et n'avaient que de bons commentaires à nous donner à la fin. Cependant, Ray m'expliqua que les dirigeants des réseaux de télévision et des producteurs au cinéma étaient toujours positifs devant de nouveaux projets, ce qui rendait impossible de savoir ce qu'ils en pensaient vraiment.

Le troisième jour, nous devions rencontrer Jessica Samet, l'une des têtes dirigeantes de Lifetime. En arrivant à Lifetime, Jessica n'était pas disponible et nous avons plutôt rencontré David Hillman, un autre dirigeant. Nous lui avons présenté la vidéo, comme nous l'avions fait pour nos réunions précédentes. Au moment où la photographie de Peter Adamson apparut à l'écran, David Hillman s'écria :

« Je connais ce gars ! Il était chambreur au collège avec mon meilleur ami !

– Wow ! Quel hasard ! dit Andrew.

– Il n'y a pas de hasard, repris-je. David, puis-je vous poser une question ? Peter m'a confié que sa femme a eu une petite fille qu'il n'a jamais connue – il est mort avant qu'elle naisse. Nous n'avons pas ajouté cette histoire à la vidéo parce que nous n'avions aucun moyen de valider l'information, mais ça m'est resté en tête depuis. »

David était visiblement remué et il m'a regardée avec étonnement.

« Eh bien, je peux vous dire que sa femme était enceinte lorsque Peter est décédé et qu'elle a donné naissance à une petite fille quelques mois après les funérailles.

– Avait-il aussi une sœur qui serait morte en bas âge ? demandai-je. Car il y avait une fillette sur le site. C'est elle qui m'a conduite vers Peter.

– Je ne sais pas, dit-il, mais pour le bébé, ça, je le sais. »

Il secouait la tête. « Je n'arrive pas à le croire. Quelles étaient les chances que vous arriviez avec ça ? Trois mille personnes sont mortes dans l'attentat du World Trade Center, vous vivez à quelque cinq mille kilomètres d'ici et vous êtes dans mon bureau à me parler d'un gars que j'ai connu. Incroyable. »

Plus tard, cette journée-là, Andrew me téléphona pour me dire que David Hillman avait parlé de la vidéo à Jessica Samet et qu'elle désirait fortement la voir à son tour. Elle avait déplacé tous ses rendez-vous du lendemain matin pour que nous puissions la rencontrer. En arrivant de nouveau chez Lifetime, David Hillman nous conduisit au bureau de Jessica et nous la présenta. Jessica parut très enthousiaste par rapport au projet d'émission, mais j'avais appris à ne pas trop m'emballer.

Soudainement, j'ai senti que quelqu'un voulait transmettre un message à Jessica. J'ai donc poliment demandé à Jessica si elle voulait que je le lui transmette. Elle était d'accord et, devant tout le monde, je fis une minisession pour elle. Elle ne dit rien, mais en m'écoutant, des larmes coulaient de ses yeux. Puis, elle sourit et me remercia.

« Vous ne savez pas ce que ça signifie pour moi », dit-elle.

J'apprécie toujours lorsque les gens me font ce type de commentaires.

Je suis retournée à l'hôtel. J'ai appelé Kev et j'ai parlé à Charlie, puis je suis sortie faire un peu de magasinage. Comme c'était mon dernier soir à Los Angeles, j'avais prévu dîner avec Andrew. Lorsque je suis arrivée au restaurant, il m'attendait avec une bouteille de champagne.

« Félicitations, dit-il en souriant franchement. Lifetime vient d'acheter l'émission ! »

Épilogue

« Lifetime vient d'acheter l'émission ! »

J'étais dans les toilettes du restaurant. Voulant sans tarder annoncer la bonne nouvelle à Kev, j'ai téléphoné à la maison, sans me soucier de l'heure insensée qu'il pouvait être en Angleterre pour être dérangé par un coup de téléphone. J'espérais que Kev ne s'en offusque pas.

« Es-tu réveillé ? Est-ce que tu m'entends ? Ils ont acheté l'émission !

– Oh, mon Dieu ! dit Kev.

– Je sais, je sais ! »

Je m'envolai le lendemain matin pour retourner à la maison, encore sous l'excitation de la nouvelle et essayant de comprendre ce qui venait de se passer. Kev et Charlie m'ont accueillie à l'aéroport et nous nous sommes enlacés en pleurant de joie. Je n'étais pourtant partie que depuis une semaine, mais c'était si agréable de retrouver mes gars !

Durant les semaines suivantes, nous n'avons eu aucune nouvelle de Los Angeles, et j'ai commencé à me demander si l'émission allait vraiment être en ondes un jour. Après tout, on entend toutes sortes d'histoires sur Hollywood. La ville bouillonnait d'excentricité, les gens ne tenaient pas leurs promesses ou changeaient d'idée chaque jour, parfois deux fois dans la même journée…

« Nous devons avoir un plan B, dis-je à Kev. L'émission ne sera peut-être jamais diffusée. Ça n'a pas de sens de demeurer en attente. »

Déterminés à aller de l'avant, nous avons poursuivi notre recherche d'une maison plus grande et nous en avons finalement trouvé une qui nous plaisait, pas trop loin de notre demeure actuelle en plus. Elle offrait une chambre d'amis et un grand jardin en friche que Kev rêvait d'aménager. Nous avons fait une offre d'achat et avons mis notre maison en vente. Mais, curieusement, je n'avais pas l'impression que nous allions vivre dans la nouvelle maison.

Je continuais de donner des traitements de guérison à Mel, une fois par semaine dorénavant, tandis qu'elle continuait d'être traitée par les médecins. Elle devait être examinée dans quelques semaines pour savoir si la chimio et la radiothérapie avaient bien fonctionné.

Durant ces semaines, les appels concernant l'émission commençaient à devenir sérieux. Chaque fois que le téléphone sonnait après vingt et une heures, nous savions que c'était en provenance d'Amérique. C'était soit Ray soit Andrew qui nous donnait des nouvelles.

« Lisa, c'est en train de se concrétiser, vraiment ! »

Un soir, Merv lui-même téléphona. « Lisa, dit-il de sa voix grave, vous êtes une *star* ! Je suis si fier de vous. Vous avez un talent si étonnant. Nous allons produire une émission à succès ensemble, vous verrez.»

Les appels devinrent plus fréquents, jusqu'au jour où Ray nous annonça la grande nouvelle.

«Lifetime a décidé d'accélérer le processus pour lancer l'émission.

– Super!» dis-je sans trop comprendre.

Habituellement, un réseau exige une émission pilote complète, et selon le résultat obtenu, il décide d'aller de l'avant en commandant une série d'émissions. Mais Lifetime était si enthousiaste devant notre projet que les responsables ont commandé immédiatement six épisodes qu'ils avaient prévu mettre en ondes dès l'automne. Pour bien comprendre, il faut se rappeler que la vidéo de présentation réalisée à New York était un outil pour vendre l'émission, et non une émission pilote. Elle avait pour but d'ouvrir les portes et ça a fonctionné.

Entre-temps, nous avions négocié la vente de notre maison et Kev travaillait à conclure l'achat de l'autre maison. Puis, notre dernière offre fut acceptée, mais Kev et moi ne savions pas si nous devions nous en réjouir ou en pleurer.

«Je t'avais dit que je ressentais qu'on ne l'habiterait jamais, cette maison», dis-je.

Kev haussa les épaules.

«De toute façon, c'est un bon investissement.»

Une semaine après avoir conclu l'achat et la vente de nos maisons, Ray téléphona. Le projet de l'émission avançait et Lifetime avait engagé Bruce Toms pour la réalisation. En déposant le téléphone, j'étais emballée, mais j'eus soudain le sentiment que Bruce Toms n'était pas la bonne personne pour ce projet. J'ai partagé mon sentiment à Kev.

« Tu n'as jamais rencontré ce gars ! dit Kev.

– Je sais, ce n'est qu'un sentiment. Je suis certaine que c'est un gars très bien, mais pas pour ce projet. »

Je devais aller à Los Angeles pour participer à l'élaboration de l'émission. Mon vol était le même jour où Mel devait subir une tomodensitométrie à l'hôpital. Impatiente d'en savoir plus, je lui envoyai un message texte de l'aéroport lui demandant de me tenir au courant des résultats dès qu'elle les obtiendrait. En montant dans l'avion, mon téléphone sonna. C'était Mel.

« Il est parti ! Le cancer est parti ! »

Je n'arrivais pas à le croire.

« Merci, merci beaucoup », ajouta-t-elle.

C'était seulement la deuxième fois que j'entendais Mel pleurer, et cette fois-ci, je pleurais avec elle.

En arrivant à Los Angeles, je louai une auto et je me dirigeai, sans même regarder une carte routière, au Beverly Hilton Hotel. Il était quatorze heures. Je suis ensuite allée visiter la maison que les producteurs pensaient louer pour Kev, Charlie et moi, à West Hollywood. La maison était très sombre. Elle était de plus ceinturée de hautes haies, ce qui accentuait son aspect cloîtré. Et il y régnait une odeur musquée. Par contre, on y trouvait un beau et grand jardin à l'arrière que Kev adorerait. Je quittai la maison pour me rendre à un rendez-vous avec Ray et Andrew, à dix-sept heures.

« Qui allons-nous rencontrer ? leur ai-je demandé. On ne m'a pas informée auparavant d'une rencontre quelconque.

– Vous verrez ! » se contenta de dire Ray.

En sortant de l'auto en compagnie de Ray et d'Andrew, je vis que nous étions devant le Ritz Carlton à la Marina Del Rey.

C'est plutôt chic, ici, ai-je pensé.

La rencontre prévue n'allait de toute évidence pas se tenir au Ritz Carlton. Nous avons traversé le hall et emprunté une sortie arrière. Nous avons longé la marina et les rangées de yachts, tous plus impressionnants les uns que les autres.

«Alors, qui rencontrons-nous?» demandai-je de nouveau.

Andrew gesticula en imitant un animateur à la télé et me désigna le plus spectaculaire yacht que je n'avais jamais vu. On l'avait baptisé «The Griff». Bien sûr, il appartenait à Merv Griffin. Ce n'était pas vraiment un yacht. C'était plutôt un sacré beau bateau luxueux. Sur le pont, Merv nous attendait en grillant une cigarette. Il nous sourit et nous salua de la main.

Nous avons retiré nos chaussures au pied de l'escalier et on nous a escortés jusqu'aux luxueux quartiers de Merv. Un véritable palace! D'un côté, il y avait une salle de projection. La pièce centrale était un salon, garni d'un piano, qu'une salle à manger complétait. Et ce n'était que ce que je pouvais voir.

Merv vint nous rejoindre à la hâte, sans ses souliers lui aussi.

«Lisa, Lisa, Lisa! dit-il en me donnant une longue accolade. Bienvenue à bord. Je suis si heureux de vous voir.»

Nous avons dîné sur le pont, avec la vue sur le Ritz Carlton. Je me sentais comme dans un conte de fées.

Si mes amies pouvaient me voir! pensai-je.

À un moment donné, j'ai entendu la sonnerie d'un téléphone au loin. Un instant après, l'agent de bord de Merv apparut et chuchota à l'oreille de son patron. Merv nous dit qu'il devait répondre à un appel et le téléphone lui fut apporté à la table. Il s'excusa de cette interruption et il commença à discuter au téléphone.

Ray, Andrew et moi tentions de poursuivre le repas sans écouter la conversation de Merv au téléphone, mais je l'ai clairement entendu dire :

« Non... elle est ici. Elle dîne avec moi. Pourquoi ne pas le lui dire vous-même ? »

Merv me tendit le téléphone.

« Nancy voudrait vous dire un mot.

– Nancy ?

– Nancy Reagan. »

La femme de l'ancien président voulait me parler ?

Je pris l'appareil.

« Allo ? »

Et j'ai alors entendu la plus douce et la plus gentille des voix.

« Bonjour, Lisa. Je suis heureuse de vous parler.

– Je suis heureuse de vous parler, moi aussi, madame. »

J'essayais de contenir mes émotions.

« Merv m'a fait visionner la vidéo qu'il a réalisée sur vous. Je vous trouve extraordinaire. »

Wow ! C'était fou ! Je n'arrivais pas à le croire. Nancy Reagan avait visionné la vidéo et nous discutions ensemble au téléphone comme deux vieilles amies !

Lorsque je remis le téléphone à Merv, j'étais estomaquée.

« C'était Nancy Reagan, dis-je à Ray et à Andrew. Nancy Reagan me parlait à moi, la petite Lisa ! »

– Bienvenue dans votre nouvelle vie », dit Ray.

Le lendemain, j'ai rencontré Bruce Toms, le réalisateur, et Bob, le producteur, et nous sommes tous allés prendre un verre au Roosevelt Hotel, sur Hollywood Boulevard. C'était un lieu riche en histoire concernant Hollywood. Je crois même que c'est à cet endroit que se tint le premier Academy Awards.

Nous venions à peine de nous asseoir lorsque j'ai vu Marilyn Monrœ descendre l'escalier gracieusement et survoler le parquet du hall jusqu'à la sortie. Elle portait sa fameuse robe blanche. J'en suis restée bouche bée.

« Quelque chose ne va pas ? demanda Bruce.

– Je viens tout juste de voir Marilyn Monrœ. »

Personne ne dit un mot. Qu'auraient-ils pu dire ? Je ne crois pas qu'ils m'aient crue, et je n'étais même pas sûre de croire à tout cela moi-même. Peut-être ai-je simplement voulu voir Marilyn Monrœ. Après tout, j'étais à Hollywood, et pas plus tard qu'hier, je parlais au téléphone avec Nancy Reagan !

Lorsque le serveur vint noter notre commande, je ne pus m'empêcher de lui en parler.

« Excusez-moi, je ne sais pas si vous croyez en ce genre de trucs, mais je pense avoir vu Marilyn Monrœ.

– Eh bien, je ne sais pas moi-même si je crois en ce genre de trucs, dit-il. Je ne l'ai jamais vue, mais vous n'êtes pas la première personne à prétendre avoir vu Marilyn Monrœ ici. »

Il se tourna et désigna l'escalier.

« Juste en haut de l'escalier, derrière le mur, vous pouvez voir un miroir que mademoiselle Monrœ a offert à l'hôtel. »

Nous sommes montés à l'étage voir le miroir. Nous pouvions nous y mirer de toute notre grandeur. Sur le mur, tout à côté du miroir, se trouvait une plaque expliquant que ce miroir était un don de Marilyn Monrœ elle-même. Wow ! J'adorais cet endroit !

Après deux autres jours de réunions, je retournai à Londres pour planifier le futur. Nous devions retourner à Los Angeles le 4 août, ce qui convenait parfaitement bien puisque Charlie terminait l'école en juillet. Nous devions passer six semaines là-bas, enregistrant les six émissions coup sur coup. Nous devions vivre dans la sombre maison de West Hollywood, mais je n'avais pas à me plaindre. En fait, nous avions hâte d'être en Amérique.

Entre-temps, les transactions immobilières étant conclues, nous avons emménagé dans notre nouvelle demeure le 1er août, même si nous devions partir trois jours plus tard.

Effectivement, le 5 août, nous étions à West Hollywood. La demeure avait été nettoyée et la haie était taillée de sorte que l'endroit était plus agréable.

Nous devions amorcer les tournages la semaine suivante, mais j'eus le pressentiment que quelque chose clochait, ce dont je fis part à Kev. Et pas moins de 24 heures plus tard, Ray et Andrew me téléphonèrent pour m'informer que Bruce avait abandonné le projet à cause de divergences artistiques, mais qu'il ne fallait pas s'inquiéter, car ils avaient déjà trouvé quelqu'un pour le remplacer.

« Quel est son nom ? demandai-je.

– Yann DeBonne, répondit Ray.

– Je l'aime. C'est notre homme !

– Bien, parce que nous l'avons déjà engagé », ajouta Andrew.

Le tournage fut retardé, évidemment. Il était clair que nous ne serions pas de retour à la maison le 10 septembre, comme prévu. Un soir, assis dans le jardin à déguster un verre de vin, Kev et moi discutions de ce que nous allions faire. Nous devions penser à

Charlie. Il manquerait le retour en classe. Et il y avait cette nouvelle maison à Redditch qui, pour l'instant, servait plus de remise.

Le tournage débuta enfin et tout alla comme sur des roulettes. Avant de conclure le tournage avec le dernier épisode, Kev et moi savions que nous ne voulions plus quitter Los Angeles. Nous ignorions si Lifetime allait vouloir faire à l'automne une deuxième saison. Nous étions donc devant une impasse. Nous avons tout de même décidé de demeurer en Amérique. Nous avons trouvé une copropriété à Beverly Hills, nous avons inscrit Charlie à l'école du quartier et nous avons commencé à réfléchir à ce que nous allions faire de la nouvelle maison à Redditch.

Un matin, Dallas, un employé de Merv, me conduisait au bureau de son patron. Il entreprit la conversation. «Vous savez que votre vie est sur le point de changer du tout au tout, n'est-ce pas?

– Non, elle ne changera pas. Je vais continuer de faire mes vingt séances chaque semaine. La seule différence, c'est que ça se passera en Amérique.»

Dallas se contenta de sourire.

Nous nous sommes arrêtés au Jamba Juice pour mon habituel jus «Strawberry Nirvana». En me voyant, la commis derrière le comptoir s'écria:

«Vous êtes Lisa Williams!

– C'est moi, confirmai-je un peu surprise. (Je devais sans doute avoir l'air de poser une question plutôt que d'affirmer.)

– J'ai vu des séquences promotionnelles de votre émission. J'ai tellement hâte que ça commence.»

À partir de ce jour, partout où je me rendais, les gens me reconnaissaient et venaient me saluer. À la pharmacie, au supermarché, au centre commercial... c'était presque surréaliste.

La première émission prit l'antenne lundi, le 30 octobre, le jour même de notre anniversaire de mariage – pas une coïncidence. Tous nos nouveaux amis se rassemblèrent chez nous pour visionner l'émission et célébrer. Le lendemain, j'avais plus de dix-sept messages dans ma boîte de courriel et il en rentrait sans cesse pendant que je lisais les premiers. On me demanda de faire une apparition en direct sur le Web – sur le site de Lifetime – après chaque diffusion d'émission pour répondre aux questions du public. Ce fut si populaire que le serveur ne put soutenir la demande des gens et il planta. J'avais fait planter le serveur de Lifetime ! Je ne pouvais pas le croire !

Ray et Andrew appelèrent pour dire que les cotes d'écoute avaient été excellentes et que les responsables de Lifetime étaient emballés.

« Je le suis tout autant », répondis-je.

Kev et moi étions aux anges. Je ne savais plus où donner de la tête. Kev ouvrit une bouteille de champagne que nous avions mise au frais. Nous avons dégusté le champagne en nous disant à quel point nous avions de la chance. Nous étions privilégiés.

À travers mes émissions, je savais que j'allais procurer du bonheur et du réconfort aux gens, tant par la connexion avec un être cher disparu que par une inspiration puisée dans l'émission. Ce qui comptait le plus, c'est que je puisse utiliser mon don pour apporter paix et bonheur au plus grand nombre de personnes possible. C'est ce que l'émission me permettait de faire enfin.

Au début de décembre de cette année-là, avec Noël qui approchait, mes pensées étaient tournées vers la nouvelle année qui s'en venait. Kev et moi avons réfléchi à l'avenir, mais je savais que de nouveaux horizons s'ouvriraient pour moi. Je sentais que je serais appelée à aller encore de l'avant. J'avais eu une période fantastique avec Lifetime. Les séries de télévision ont été vendues à travers le monde. Cela dit, l'intimité des séances personnelles me manquait. Je revenais à mes débuts.

De plus, environ trente mille personnes m'avaient écrit pour obtenir un conseil ou une consultation. L'horaire démentiel qui était le mien ne me permettait pas de leur répondre. La télévision, c'est merveilleux, mais rien ne vaut le contact humain.

J'ai donc pris la décision de recommencer les consultations en plus d'offrir des soirées pour de vastes auditoires. Et j'ai commencé à répondre à mes courriels ! À ceux qui m'avaient écrit sans que je leur aie répondu, j'écrivis : *Soyez patients, votre réponse s'en vient.*

En attendant, permettez-moi de répondre aux questions qui me sont le plus souvent posées.

Oui, je crois à la vie après la mort. Lorsque je dis que je parle à un esprit, je fais référence à une personne qui est passée à cette autre dimension : le monde des esprits. Je crois que ce dernier est en quelque sorte un débarcadère, comme ceux que l'on voit derrière les grands supermarchés ou les centres commerciaux. Lorsque nous mourons, nous aboutissons tous au même débarcadère où nous est offerte l'occasion de réfléchir à notre plus récente vie : le bien que nous avons fait, les blessures que nous avons causées, les erreurs que nous avons commises... Une fois cet examen complété, nous sommes dirigés vers une sphère particulière, selon les actions entreprises et les comportements adoptés durant notre vie terrestre. C'est ce que l'on appelle le « karma ».

Oui, je crois à la réincarnation. Je crois que la vie est un cycle perpétuel de naissances et de renaissances qui se terminera lorsque nous aurons atteint la perfection.

À ce moment, nous atteignons une fois de plus le débarcadère, mais pour découvrir que nous ne retournons pas dans un corps physique. Nous aurons alors appris toutes nos leçons, nous aurons vécu une dernière vie irréprochable et nous ferons partie du « siège social », si l'on peut dire. Certains l'appellent « Dieu », d'autres, la « Source » ou encore « Yahvé », « Allah » ou « Bouddha ». Le nom importe peu. Nous désignons tous la même chose. En atteignant ce stade, nous finissons une longue aventure. C'est la récompense de la vie – ou de plusieurs vies plus exactement – bien vécue.

Vous allez tituber sur le parcours, assurément, et même tomber, mais vous devez vous secouer et être déterminé. Et rappelez-vous ceci : vous n'avez pas à être seul dans ce long périple. Observez, écoutez, ressentez ! Les esprits sont tout autour de vous pour vous aider et vous guider.

Tout ce que vous avez à faire est de vous ouvrir à eux.

Remerciements

Je remercie les deux « hommes » de ma vie, Charlie et mon mari, Kev.

Charlie, mon petit ange, tu es ce que j'ai de plus précieux dans la vie. Tu me fais rire et pleurer. Tu remplis ma vie de joie. Je n'aurais jamais imaginé pouvoir aimer quelqu'un autant que je t'aime. Que Dieu te bénisse, mon amour. Qui est le garçon spécial à sa maman ?

Kev, depuis que tu es dans notre vie, tu nous as respectés et aimés, Charlie et moi. Je ne pouvais demander mieux. Tu es assez fort pour nous trois et tu sais rendre les choses parfaites. Tu as accepté mon parcours et mon don ct tu as compris que tu dois me partager avec tous ceux qui souffrent. Mais tu es celui qui me guérit inconditionnellement. Je t'aime !

Je remercie ma famille.

Maman et papa, vous avez toujours été forts et prêts à me soutenir lorsque tout s'écroulait. Je peux toujours compter sur vous deux. Toi, maman, tu ne le sais peut-être pas, mais tu m'as poussée à faire de mon mieux avec mon don. Tu m'as enseigné à honorer et à reprendre l'héritage de mamie. J'espère que j'en suis digne. Merci de m'encourager en venant à mes soirées publiques et d'essayer de convaincre papa de venir aussi. Toi, papa, tu m'as appris à reconnaître les différents points de vue et à comprendre que le monde serait ennuyeux si nous étions tous pareils.

Christian, mon frère, je sais que tu es difficile à convaincre, mais je fus très heureuse de te voir assister à l'une de mes soirées publiques. Je ne pense pas que tu sois devenu crédule, mais ton scepticisme m'a obligée à travailler plus fort, ce qui fait qu'aujourd'hui, je me donne entièrement chaque fois que j'utilise mon don. Merci pour tout cela.

Grand-maman et grand-papa, je ne pourrai jamais assez vous remercier pour tout ce que vous avez fait pour moi tout au long de ma vie. Et toi, grand-p'pa, merci d'être l'ange gardien de Charlie !

Je remercie mes amis intimes.

Janey, tu as été présente pour moi dans les moments les plus difficiles. Nous nous sommes appuyées comme des sœurs l'auraient fait. Par contre, ce que je vais me rappeler le plus, c'est tout le plaisir que nous avons eu ensemble. Ton amitié vaut de l'or pour moi. Sache que je serai toujours là pour toi, peu importe où la vie m'amènera. Tu me manques ! Je te remercie de ton honnêteté, de ton amour, de ton soutien et par-dessus tout de m'avoir initiée aux délices du champagne. Je t'aime, ma belle !

Mike et Jonesy, vous avez été les rochers auprès desquels Charlie et moi avons pu trouver appui. Nous ne l'oublierons jamais. Votre amour et votre soutien nous ont toujours rassurés. Jonesy, ton niveau élevé de conscience et ton honnêteté m'ont permis de traverser bien des tempêtes dans ma vie. Sois assurée que Charlie restera toujours ton « petit singe ». Malgré les kilomètres qui nous séparent, vous êtes toujours dans nos cœurs. Je vous aime, les amis.

Nykki, je te remercie pour les promenades, les discussions et l'amitié. Merci aussi de m'avoir botté le derrière lorsque je le méritais. Nous sommes fiers de toi et du chemin que tu as parcouru. Tu feras toujours partie de la famille !

Sam « Mampa », tu as toujours cru en mon don, même lorsque je ne le voulais pas. Même lorsque toi, tu avais peur, tu m'as enseigné que je n'avais rien à craindre. Tu seras toujours une personne spéciale à mes yeux. La vie continuera de nous rapprocher. Je sais que nous ne nous oublierons jamais.

Rob et Raven, merci de nous avoir aidés et guidés de toutes les façons. Nous avons l'impression de vous connaître depuis toujours – peut-être est-ce le cas !

Je remercie aussi plusieurs amis.

Anita, Denny, Richard, Chris et Linzi, Frankie, Elaine, Dick, Donnie, Stacee, Jodi, Joleen, Rebecca, Tanya, Mélanie, d'Afrique du Sud, vous nous avez émus de tant de façons et nous sommes heureux que vous soyez dans notre vie. L'aventure n'aurait pas été aussi facile sans vous. Merci !

Simon, Louise et Daisy, je sais que nous avons eu des hauts et des bas, mais il faut parfois passer par ces moments pour trouver un point d'équilibre où chacun se sent bien. Je crois que nous l'avons trouvé. Merci d'aimer Charlie comme vous l'aimez. Ça signifie beaucoup pour moi. Merci de nous avoir appuyés dans notre cheminement et de ne pas nous avoir mis de bâtons dans les roues, même si ça voulait dire d'accepter que Charlie soit loin. Il vous aime et vous lui manquez. Merci !

Je remercie tout le monde de Merv Griffin Entertainment d'avoir cru en moi et pour le professionnalisme et l'intégrité avec lesquels vous avez produit les émissions. Je remercie spécialement Dallas d'avoir été à mes côtés durant les longues journées de travail et pour m'avoir rappelé que ma vie allait changer du tout au tout – tu avais raison !

Je remercie Ray Brune et Andrew Yani – oui, je sais, je fais partie de la famille. Je n'oublierai jamais New York où tout a commencé. Je regarde souvent en arrière et je m'étonne toujours de tout le chemin parcouru. Ce fut formidable de partager cela avec vous, les gars.

Yann et Susan, vous êtes absolument merveilleux. Nous sommes si heureux que vous soyez dans notre vie et nous vous remercions d'avoir réalisé une émission aussi formidable.

Aux incroyables membres de l'équipe qui ont travaillé à la série *Life Among the Dead*, je dis merci. Vous avez voulu aller plus loin encore dans la deuxième série et je me suis dit : *Mon Dieu ! Ils sont fous !*

Je vous aime tous. Je remercie spécialement Rob Scott pour son indéfectible appui et pour toutes les accolades. Quant à toi, Scotty, ça me manque de ne pas me retrouver face à face avec toi dans les corridors. Je remercie aussi Jilly, Sharon et Stef – l'équipe *Glam Squad*. Les filles, vous êtes formidables ! Et je remercie Bob, Paulie et Chris d'être ce qu'ils sont.

Je remercie aussi chaleureusement les dirigeants de Lifetime qui m'ont donné ma chance. J'ai adoré faire partie de la famille de Lifetime.

Je remercie Tricia Boczkowski, mon éditrice chez Simon Spotlight Entertainment, qui m'a toujours guidée avec doigté et confiance et qui a été ma plus grande admiratrice depuis le premier jour. Je remercie aussi Mel Berger qui a joué un rôle d'intermédiaire entre Tricia et moi.

Je remercie aussi Pablo Fenjves sans l'aide de qui je n'aurais pas pu écrire ce livre. Je me sentais comme à la maison chez toi, assise dans cette confortable chaise et dévoilant ma vie. Je te remercie de ta patience et de tes rires, et d'avoir rendu ce projet si amusant. Tu es mon « fantôme d'ami » !

Et je vous remercie, vous, lecteur, d'avoir lu mon histoire, d'avoir suivi les séries télévisées et d'avoir cru en moi. C'est grâce à vous si je peux partager mon don. Je vous en serai éternellement reconnaissante.

MARQUIS

Québec, Canada

RECYCLÉ
Papier fait à partir
de matériaux recyclés
FSC® C103567

FSC
www.fsc.org

Imprimé sur du papier Enviro 100% postconsommation
traité sans chlore, accrédité ÉcoLogo et fait à partir de biogaz.

    BIO GAZ
ÉNERGIE

100% PERMANENT